돈을 사랑한 예술가들

돈을 사랑한 예술가들

걸작 뒤에 숨은 예술의 경제학

오브리 메넨 지음 | 박은영 옮김

열대림

옮긴이 _ 박은영

이화여대 국문학과를 졸업하고『스위트홈』,『디자인 비즈니스』,『디자인』등
잡지사 기자와 (주)학수정, 필커뮤니케이션에서 편집자로 일했다.
디자인회사 토트디자인 대표이며, 번역가로도 활동하고 있다.
옮긴 책으로『커피의 역사』,『모차르트, 천 번의 입맞춤』,『디자인의 유혹』등이 있다.

돈을 사랑한 예술가들

초판 1쇄 인쇄 2004년 3월 10일
개정판 1쇄 발행 2009년 7월 25일
개정판 2쇄 발행 2011년 5월 10일

지은이 오브리 메넨
옮긴이 박은영
펴낸이 정차임
펴낸곳 도서출판 열대림
등록 2003년 6월 4일 제 313-2003-202호
주소 서울시 영등포구 양평동3가 66 삼호 1-2104
전화 02-332-1212
팩스 02-332-2111
이메일 yoldaerim@korea.com
ISBN 978-89-90989-38-3 03900

＊잘못된 책은 바꿔드립니다.
＊값은 뒤표지에 있습니다.

아, 돈이여!
돈 때문에 얼마나 많은 슬픈 일들이
이 세상에서 일어나고 있는가.

ー 톨스토이

예술은 비즈니스다

이야기는 피카소를 열렬히 추종하는 한 젊은 미국인이 어찌어찌하여 이 존귀한 인물의 집에 발을 들여놓는 것에서 시작된다. 피카소는 평소처럼, 저택 주변을 순시하는 경호원의 손길을 용케도 벗어난 이 젊은이를 매우 사근사근한 태도로 대했다.

그 친절함에 감읍한 젊은이가 자신도 모르게 불쑥 내뱉었다. "어떻게 하면 피카소처럼 될 수 있지요?"

피카소는 그에게 1달러짜리 지폐를 가지고 있느냐고 물었다. 젊은이가 1달러를 건네자 피카소는 지폐를 이젤 위에 걸린 캔버스에다 핀으로 고정시킨 뒤 예의 굵은 붓놀림으로 두어 번 그 위에 칠을 함으로써 몇 분 안에 전혀 새로운 디자인으로 재탄생시켰다. 거기다 사인까지 한 뒤 완성된 그림(?)을 추종자에게 주면서 말했다. "이제 자네의 1달러짜리 돈은 500달러의 값어치를 지니게 됐네. 이것이 바로 피카소처럼 된다는 의미일세."

물론 나는 알고 있다. 예술을 사랑하는 수많은 이들이 이 이야기가 사실이 아니기를 바랄 것임을. 사람들은 피카소의 작품이 단순히 재산을 뛰어넘는 무엇이기를 바랄 것이다. 또한 천재적인 예술가들이 적어도 돈에 매달리지 않는 사람이기를 바랄 것이다. 사실상 저들은 돈에 찌든 상업적 세계에서 예술만이 진리라고 믿고 있다. 그런데 정말 그럴까? 예술가가 돈에 대해 생각한다고 해서, 그 이유만으로 그의 작품이 변질되는 걸까? 나는 이름만 대면 누구나 알 만한 숱한 예술가들의 예를 통해서 그렇지 않다는 증거를 댈 수 있다. 그들이 누구인가 하면 바로 페이디아스, 미켈란젤로, 레오나르도, 베르니니, 보로미니, 라파엘로, 티치아노, 루벤스, 모네 등이다.

피카소의 이야기로 돌아가자. 런던에 있는 빅토리아 앤드 앨버트 박물관에는 순수예술에 관한 방대한 서적이 소장되어 있다. 그 카탈로그 속에서 나는 피카소가 직접 만든 소책자 하나를 찾아냈다. 물론 박물관에는 이 외에도 그에 대한 많은 책이 있었지만 그것들은 한결같이 진실을 비켜가고 있었다.

이른바 "예술은 비즈니스다"라는 명제가 그것이다. 어찌됐든 소책자의 내용으로 파악하건대, 피카소는 앞의 젊은 미국인 같은 누군가의 질문 공세에 시달렸던 것 같다.

피카소는 이렇게 썼다. "어떤 이가 내게 물었다. '노련한 사업가들이 현대미술 작품에 수만 파운드의 대가를 지불하는 것은 무슨 이유인가요?'라고. 이 질문에 대한 답을 한 가지만 말한다면, 그건 그들이 노련하기 때문이다."

그는 계속해서 모든 이상주의자들이 반겨할 문장을 덧붙였다. "예술은 무한한 화폐의 흐름이다." 독자 여러분도 아트스쿨의 담벼락에나 씌어질 법한 이 아름다운 구절에 동의할 것이다. 그러나 곧이어 그는 또다시 정곡을 찔렀다. "그런데 그걸 아는 건 내가 부자이기 때문이다. 또 그것이 당연하고."

'무한'이라는 개념에 대해 그는 이렇게 설명하고 있다. "유통되는 화폐, 즉 통화로서의 예술은 결코 가치가 떨어지는 법이 없다. 예를 들어 루브르 박물관에 소장된 미술 작품들이 어느 날 한꺼번에 소실되어 버린다고 해도 아무 염려가 없는 것이, 또다른 피카소는 여전히 건재하기 때문이다. 그가 걸작을 거듭거듭 그려내면 되는 것이다."

그는 이런 이야기도 하고 있다. "한 남자가 파리 경매에서 10만 파운드(20만 달러)가 넘는 돈을 내고 고갱의 작품을 한 점 샀는데, 그게 여러분 생각에 너무 비싼 것 같은가? 사실 그 사람은 고갱의 다른 작품들도 소장하고 있는데, 또다시 10만 파운드를 내고 새 작품을 사들인 것은 그나마 그 작품이 다른 것들보다 쌌기 때문이라고 한다면? 아깝게 경매에서 진 사람이 이 사람에게 전화를 걸어와 고맙다는 인사를 했다는 사실을 알면 여러분은 더 놀랄 수도 있겠다. 그럴 것이, 그 역시 고갱의 작품을 다섯 점 소장하고 있는데, 덕분에 가격이 덩달아 뛰어올라 재산 가치가 5분 만에 월등히 상승했으니까! 다른 사람들이 5년 동안 뛰어도 못 따라올 정도로!

"폴 고갱 스스로도 이 점을 십분 이해하고 있었을 것이다. 화가가 되기 전에는 그도 파리 금융권의 주식 브로커였으니까."

결국 피카소는 "노련한 사람들이 예술 작품을 사는 이유를 궁금해 하는 사람들은 스스로 자문해 보아야 한다"고 결론을 내리고 있다. '내가 왜 이런 질문을 하는 거지? 혹시 내가 아둔해서 그런 건 아닐까?' 라고.

그 젊은이는 피카소에게 그런 질문을 던지고서 얼마나 후회했을까! 피카소는 서로 말을 주고받으며 논쟁을 벌이기가 녹록한 사람이 '결코' 아니었다. 그러나 천국에서라면 (틀림없이 페이디아스에게 돈 문제를 가지고 말을 걸고 있을) 피카소를 상대로, 그가 격동의 시기를 살았다는 것에 이의를 제기할 수 있을지도 모른다. 그가 살았던 때는 금전이 점진적으로 평가 절하되어, 뭔가 대체할 만한 것을 찾아야 하는 시기였다. 그렇다면 혹여 예술이 비즈니스인 것은 오로지 우리의 슬픈 시대에만 적용되는 이야기일까? 그렇다면 예술을 직업적으로 연마했던 황금시대란 없었을까? 그렇지는 않다. 또한 예술의 연마가 순수하게 예술지상주의의 발로만은 아니라고 가정한다면(이 부분은 상당히 쓰기가 까다로운 문구이다!) 금전적인 부분말고 달리 무엇을 상정할 수 있을 것인가?

|차례|

일러두기

1. 이 책에 나오는 여러 옛 화폐 단위는 환산의 근거가 정확하지 않아 환산을 생략하였다.

2. 인명과 지명, 작품명 등은 대부분 해당 국어의 외래어 표기법을 따랐다.

3. 옮긴이 주는 옮긴이 주임을 표기했고 그 외의 주는 원주이다.

4. 작품명은 「 」, 책 제목은 『 』로 표기하였다.

1

고대의 아티스트들

신전의 금을 빼돌린 페이디아스

황금 시대라 불리는 호시절이 있었다. 이때의 황금은 매우 실제적인 의미로서의 '골드gold,' 그것이다.

1922년에 하워드 카터는 완벽하게 보존된 소년왕 투탕카멘의 묘를 발견했다. 그곳에서 발굴된 보물들은 전세계에 순회 전시되었고, 말 그대로 수백만 명의 예술애호가들이 감상했다. 당연히 전시품들은 대개 옮기기 쉬운 것들로 구성되었다.

이와는 별도로 카이로의 박물관에는 닫힌 석관이 든 세 개의 커다란 상자가 있다. 상자 하나의 크기가 조그만 방만하고, 서로 거의 맞닿을 정도로 나란히 놓여 있으며, 문자가 새겨진 황금 이파리로 전체가 뒤덮여 있다. 그것들은 지금, 애초에 장례식 횃불이 묘지 내부를 비추었을 때나 카터가 발견했을 당시보다 훨씬 더 눈부신 빛을 발하고 있다. 천 조각이 덮여 있는 가장 깊은 상자의 모서리 한 쪽을 제외하고는.

사람 발만한 크기로 때운, 전혀 빛이 나지 않는 그곳은 당시 공사 책임자였던 이가 금을 떼어낸 흔적이었다. 도둑은 금 대신에 구리로 빈 공간을 메워놓았는데, 주중에 묘지가 개방되어 있을 동안에는 별 문제가 없어 보였지만 위조꾼들이 좋아하는, 영원 같은 어둠이 상자 위로 내려 덮이면 황금과 묘지의 역할은 180도로 변한다. 사제들이 말하듯 어린 소년왕 투탕카멘이 이 세상에서 누렸던 존경과 영화를 다음 세상에서도 이어갈 수 있게 하기 위해 신에게 이 모든 것을 보여주는 본연의 역할로 돌아가는 것이다.

어쩌면 금을 훔친 남자는 무신론자였을지도 모른다. 무신론이 만연하던 때, 그가 장식을 맡았던 무덤의 소년은, 구舊종교를 없애려 노력했으나 후사로 대를 잇는 데 실패한 아크나톤(이집트 제18왕조의 제10대 왕 – 옮긴이)의 양자였을 수 있다는 이야기다. 아니면 그 도둑에게 예술은 비즈니스일 뿐이었던가. 그래서 그에게는 빚을 갚고 아이들을 먹여살리는 일이 훨씬 중요했을지도 모르겠다. 어느 경우든 그는 꽤 괜찮은 사람들을 사귄 셈이다. 주로 궁정에서 활동하던 아티스트들을 상대했으니.

1976년 카이로 박물관의 큐레이터 한 사람이 전시를 앞두고 철저한 조사를 하느라, 발굴된 이래 전문가들로부터 놀라운 작품이라는 찬사를 한몸에 받던 목걸이를 자세히 들여다본 일이 있었다. 그는 보석이 가짜라는 사실을 알아차렸다. 청금석도 가짜였다. 모두 유리였다.

시간의 회랑을 따라 끊임없이 울려퍼졌던 그 문제를 누가 설정해두었든, 나는 그 울림 속에 그의 비웃음이 섞였을 것이라 생각한다.

그는 대체 얼마나 능숙한 아티스트였기에 최고로 식견 있는 감식가들을 속이고 가장 극적인 상황에서 백일하에 진실이 드러나게끔 세상을 기만할 수 있었던 것일까. 자, 이 일이 그를 예술가 자격이 없다고 폄하하는 원인이 될 수 있을까? 아니면 위상을 더 높이는 계기가 될까? 그는 정직했어야 하는 걸까, 혹은 자신의 재능이 비범하다는 걸

깨달은 이상 정직 따위는 버렸어도 되는 걸까?

분명한 것은 고대 이집트인들이 우리의 동맹군이라는 점이다. 우리는 그들의 예술에 감탄하지만 사랑하지는 않는다. 그들은 돈벌이를 위한 속임수에 능할 뿐 아니라 저 거대한 피라미드에서 고양이 미라에 이르기까지 참으로 다방면에서 능수능란한 재주를 가졌다. 서구 예술 문화의 발단은 훨씬 나중에 그리스인들에 의해 이루어졌지만, 그들이 이집트인들에게서 차용한(혹은 배운) 부분은 실로 엄청난 것이었다. 그리고 그것들을 기가 막히게 변형시켰다. 이집트인들이 없었다면 오늘날 예술은 아예 존재하지 않거나 완전히 다른 모습이 되어 있을 것이다. 그러면 이쯤에서 우리의 관심을 고대 그리스의 가장 위대한 조각가 중 한 명인 페이디아스Pheidias에게로 돌려보자.

불멸의 조각가 페이디아스. 하지만 명성에 비해 작품은 변변히 남아 있지 않다. 지금 남아 있는 조각 중 그의 손으로 만든 것이라고 단정할 만한 작품은 하나도 없다. 티베르 강에서 인양한 아폴로 신상만 해도 너무 아름다워서 몇몇 학자들이 그의 작품이라고 추정한 것일 뿐이다. 어쩌면 그는 몇 차례 조각칼을 갖다대기만 했을 수도 있다. 어쨌든 증명이 가능한 사실만 살펴본다면, 확실한 것은 그가 크리셀레판틴chryselephantine으로 알려진 매우 이국적이고 비싼 작업을 했다는 점이다.

크리셀레판틴은 상아와 금을 엄청나게 소비하는 작업이다. 일단 목재 구조물을 설치하고 나면 신과 여신의 형상을 표현하는 나머지 부분은 모두 금과 상아로 주조된 얇은 판으로 성형되었다. 이렇게 작업된 페이디아스의 작품 중에서도 두 가지는 꽤 널리 알려져 있는데, 그중 하나가 거대한 규모의 「제우스 좌상」이다. 크기나 자세를 보면 ―

주로 침침한 곳에서의 이야기지만 — 오늘날 워싱턴의 링컨 기념관에 있는 에이브러햄 링컨의 조상影像과 매우 흡사한데 결정적으로 다른 점이 있으니 바로 재료의 가격이다. 이것이 페이디아스의 작업 규모를 짐작해 볼 수 있는 좋은 본보기임은 분명하다.

두번째로 꼽을 작품은 아테네의 파르테논 신전 안에 서 있는 아테나 신상이다. 페이디아스는 문제의 「아테나 파르테노스」를 전성기인 기원전 438년에 마무리했는데, 아테네 시민들은 이 조각상을 너무 좋아한 나머지 그를 다시 돌아올 수 없는 곳으로 추방해 버렸다. 그가 그처럼 얄궂은 운명을 맞게 된 이유는 무엇일까?

그리스는 지도에서 보면 지중해에서 한 뼘 거리에 자리한 반도로서 우리에게 매우 익숙한 곳이지만, 소아시아에 퍼져 있던 일련의 연안 도시들, 즉 이오니아 역시 그리스에 속했고 그리스 예술의 영감이 사실은 이곳에서 발원되었다는 설이 지배적이다. 그러나 불행히도 이오니아는 대제국의 야망을 지닌 나라 페르시아에 정복당하는 역사를 겪었다. 이오니아인들은 폭동을 일으켰지만 진압되었고, 아테네인들이 원조의 손길을 뻗었으나 그 일로 그들은 페르시아와 불구대천의 원수가 되었다.

그 다음은 역사상의 위인들이 전해주고 있는 이야기 그대로이다. 다리우스가 그리스를 침공했으나 마라톤 전투에서 대패한 것, 아들 크세르크세스가 재차 침공했으나 저 위대한 스파르타군에 의해 테르모필레 전투에서 한 차례 발목이 잡힌 후, 살라미스에서 아테네 함대에 회복 불능의 참패를 당한 것 등등. 이오니아 도시국가들은 해방되었고 자신들의 구원자가 되어준 아테네인들과 동맹을 맺었다. 델로스 동맹으로 알려진 그 사건이다.

페르시아가 주로 패한 것은 해전에서였다. 따라서 동맹의 목적은 아테네의 지휘 아래 함대를 유지함으로써 추가적인 침공에 대비하자는 것으로 귀결되었다. 그러자니 선박과 선원들에 드는 비용이 만만치 않았다. 대가를 바라지 않고 목숨을 바치는 테르모필레의 영웅들이 늘 있는 것은 아니었기 때문에 동맹국에게 분담금이 할당되었다. 그리고 그 자금, 즉 금은 아테네에서 일괄 관리했다.

당시 그리스에서는 주요한 신전을 도시의 금고金庫로 삼는 풍습이 있었다. 에이브러햄 링컨 동상 뒤편에 좁다란 방이 있다고 생각해 보면, 아테네인들이 평상시에 이용하는 '은행'의 그림이 그려질 것이다.

그러나 그것은 어디까지나 평상시이고, 당시의 시국은 심상치가 않았다. 크세르크세스를 상대로 거둔 승리는 아테네인들을 들뜨게 하였고, 심지어 페리클레스Perikles(고대 아테네의 정치가 – 옮긴이) 같은 가장 현명한 이들에게서도 그런 모습이 보였다. 페리클레스에 대해서는, 실천이 뒤따랐는가 하는 문제는 차치하고 그의 연설 자체를 믿는 학자들과(사실 그의 연설은 매우 훌륭했다), 말이 아닌 행동으로 그를 판단하는 이들, 양쪽 모두에게서 무수한 논의가 있어 왔다. 후자들은 그가 제국을 건설하기 위해 동맹에 가담한 파트너들을 승리의 아테네에 종속시키는 일을 꾀하고 있었다고 주장한다.

그의 궁극적인 목적이 무엇이었든 페리클레스는 상당히 노골적으로 동맹국의 재원을 훔쳤다. 아테네의 자유 시민들 대다수의 동의하에 그는 낡고 상대적으로 수수한 신전을 허물고 그리스 전체에서 가장 크고 아름다운 신전을 건조하여 도시의 수호여신인 아테나에게 봉헌하기로 했다. 이것이 파르테논 신전이다.

파르테논은 건립 이래 인류가 만든 가장 예술적인 창조물로 여겨져

왔다. 그러나 아테네인들이 자신들에게 위탁된 자금을 횡령하지 않았더라면 파르테논은 탄생하지 못했을 것이다. 횡령은 인간이 할 수 있는 가장 수치스러운 행위로 인식돼 온 것이 사실이다. 특히 공금을 유용한 경우에는 더욱! 그러나 이 경우 결과적으로 아테네인들이 고지식하게 굴었어야 했을까?(그랬다면 파르테논도 없을 것이다.) 아니면 파르테논이 순전히 아테네인들의 주머니에서 나온 돈으로만 다시 지어졌어야 한다고 해야 하나?(그럴 경우 건축 예술의 최고봉이 탄생하지는 않았을 것이다.) 그도 아니면 위대한 예술은 공정한 돈거래보다 우위에 있다고 말해야 하는 걸까?(이 경우에는 고갱이 주식 브로커로 일하면서 태평양으로 가기 위해 돈을 훔쳤다는 이야기도 용서가 된다.)

아테네인들은 이 중 어느 쪽도 아니었다. 그들은 돈을 유용했을 뿐 아니라, 약탈품을 보란 듯이 전시해 놓기까지 했다. 보물을 조각상 뒤에 숨겨둔 것이 아니라 조각상 위에다 황금으로 도금을 해 입힌 것이다. 더욱이 도금은 분리가 가능하여 ─ 왜냐하면 그 금이 도시의 재원을 대표하고 있었으므로 ─ 시시때때로 꼼꼼히 저울로 잴 수 있게 되어 있었다.

그런데 정확하기 이를 데 없는 회계사 하나가 이 저울질을 통해 페이디아스가 받은 금의 양이 작품에 사용한 금의 양과 일치하지 않는다는 사실을 밝혀냈다. 차이가 나는 부분만큼 페이디아스가 빼돌렸다는 의혹이 제기되었고, 작품을 완성한 지 6년 만에 페이디아스는 재판을 받게 되었다. 당시에도 도덕론자들이 있어 이 경우는 단순한 도둑질이 아니라 일종의 신성모독에 해당한다는 결론을 이끌어냈다. 뿐만 아니라 페이디아스는 조각상이 들고 있는 방패에 자신과 페리클레스의 초상을 새긴 일로도 고발되었다. 결정적으로 이 일 때문에 아테네 최고의 위대한 조각가로 명성을 떨치던 페이디아스는 도시로부터 추방되었다. 그럼에도 불구하고 이 치욕이 그의 천재성을 감퇴시킨 것은 아니었던 것 같다. 다른 곳에서 아주 바쁘게, 성공적으로 작품 생활을 한 기록이 남아 있으니 말이다.

더욱이 페이디아스는 자신의 횡령에 대해 별다른 죄책감을 가지지도 않았던 것 같다. 실제로도 그가 페리클레스의 친구로서 아테네의 정치에 너무 깊숙이 개입되어 있던 탓에, 페리클레스의 정적政敵들이 그를 먼저 숙청한 것일 수도 있었다. 흥미로운 것은 페이디아스가 당대 최고의 예술가였음에도 불구하고 대중적인 숭배의 대상은 아니었다는 점이다. 그도 보통 사람들과 하등 다를 바 없는 그저 시민일 뿐이었다. 끌을 다루는 솜씨만큼이나 노련하게 그는 파르테논의 작업 감독이라는 가장 실질적인 지위를 수행해 냈다.

그렇다면 당시 작업감독이 한 일은 무엇이었을까? 오늘날 파르테논은 우리의 심미적인 감흥을 불러일으키는 대상이다. 우리는 그 조화로움과 정갈한 선에 감탄하고, 특히 고전적인 절제의 미에 경의를 보낸다. 그러나 지금 우리가 보고 있는 파르테논은 수세기 동안의 세월이 마치 파도가 바닷가의 조약돌을 씻어내듯 오랫동안 다듬어놓은 형상이라는 점을 상기해 보자. 작업감독의 임무는 분명 찾아오는 이들의 눈을 깜짝 놀라게 할 무언가를 이루어내는 것이었을 텐데, 지금 우리 눈에 보이는 것만으로는 실제로 그가 한 작업을 미루어 짐작하기란 쉽지 않다.

그리스의 아트 프로덕션

1976년, 영국 대영박물관에 작은 갤러리 하나가 문을 열었다. 지금까지도 많은 이들이 무심코 지나쳐 가는 그 방에는 파르테논에서 가져온 것들이 전시되어 있는데, 일부는 엘긴 마블[1]로 유명한 엘긴 경이, 또 일부는 다른 이들이 들여다놓은 것들이다. 그 중 대략 2피트의 길이와 18인치 높이의 프리즈frieze(띠 모양의 장식, 장식대 – 옮긴이)에 제작 당시에 칠해진 색깔을 식별할 수 있는 흔적이 남아 있는데, 그 바로 아래에 똑같은 크기의 치장 벽토로 된 복제품에 본래의 색깔을 재현해 놓은 것이 있다. 하지만 그 색은 낡은 회전목마에 새로 페인트칠을 한 것처럼 지나치게 번쩍거린다. 디즈니랜드조차 그 거슬림에는 두 손을 들 것이다.

알렉산드로스 대왕이 아테네인들(자신이 정복한)의 마음을 풀어주기 위해 파르테논을 빙 둘러서 걸어놓을 수 있는 황금 방패를 선사한

---

1) 영국의 엘긴 경(卿) T. 브루스가 터키 주재 영국 공사로 있을 때, 1801~1903년에 걸쳐서 그리스에서 매입하여 영국에 운반한 그리스 조각품들. 1816년 영국 정부가 매수하여 대영박물관에 수장하였으며, 현재도 '엘긴 마블'이라는 명칭으로 이 박물관에 보존되어 있다. ─옮긴이

일이 있다. 이것은 군에서나 통용되는 고상하지 못한 사후 처리 방식의 하나였지만, 대영박물관의 조그만 전시실을 들여다보면 그가 지금의 우리보다도 더 아테네인들을 잘 이해하고 있었다는 사실이 한눈에 드러난다. 아테네인들은 도시의 새로운 건조물 하나에 수백만 달러가 넘는 돈을 소비하는 이들이었다. 예술은 그들에게 사업일 뿐 아니라 판촉의 도구였다. 파르테논은 아테네가 도시국가들 가운데 최고라는 사실을 모두가 알아볼 수 있도록 내건 광고판이었던 것이다.

알렉산드로스는 비즈니스로서의 예술이 예술가에게 직접 이익을 가져다주는 계기를 만든 이다. 아펠레스Apelles(기원전 4세기 후반의 그리스 화가 – 옮긴이)는 흔히 고대인들(그의 그림을 직접 본)과 오늘날의 미술사가들(그의 작품이 몽땅 소실되어 직접 볼 수 있는 행운을 가지지 못한) 양쪽에게서 "서구 그래픽아트의 아버지"라 불리는 예술가로, 돈에 대한 감각이 매우 탁월했다.

어릴 때 그는 팜필리우스 문하에서 공부했는데 기원전 4세기 당시에는 교육이 가장 저렴한 서비스여서 그때도 선생들은 오늘날처럼 보수가 박했다. 그런데 투자 감각이 뛰어났음은 물론 대중을 상대로 한 선전에도 일가견이 있던 알렉산드로스가 팜필리우스에게 큰 뭉칫돈을 아펠레스에 대한 수업료로 내놓았다. '탤런트'라는 당시의 화폐 단위가 지금의 얼마에 해당하는지는 알 수 없지만 보통 사람들이 평생 일해도 벌기 어려울 만큼의 탤런트를 내놓았다고 하니, 선생이 다른 직업에 비해 훨씬 보수가 적었던 때였음을 감안하면 대충 짐작이 가는 액수이다.

그의 투자는 성공이었다. 아펠레스는 알렉산드로스 대왕의 공식 화가가 되었는데, 우리에게 익숙한 이 왕의 영웅적이고 수려한 용모를 그린 초상화는 아펠레스의 천재성에 힘입은 바 크다. 일설에는 아펠레스가 포도송이를 그리면 새들이 날아와 그림을 쪼았다고도 한다. 한번은 예술에 대해서는 거의 문외한인 알렉산드로스 대왕이 아는 체하면서 그가 그린 말 그림을 평한 적이 있는데, 아펠레스가 살아 있는 말에게 그 그림을 보여주자 말이 화답하듯 '히힝' 하고 울었다. 그러자 그는 알렉산드로스에게 말이 오히려 그림에 대해 더 잘 아는가 보다고 말했다고 한다. 이렇듯 아펠레스는 분명 골수 사실주의자였으나 그가 자신의 주인인 황제의 결점까지 시시콜콜 다 그렸다고 보기는 어렵다. 알렉산드로스는 감정적이고 자만심이 강한 사람이었고, 아펠레스는 역사상 최초의 직업 초상화가였다.

따라서 그 또한 예술 작품의 가격 책정이라고 하는 미스터리의 양산에 상당히 능숙한 솜씨를 보였으며, 결과적으로 갤러리 주인들의 수호성인 역할을 자처했다. 마치 피카소가 고갱의 경매에서 보여주었던 것과 똑같은 방법을 사용, 아니 발명했다고 해야 할 것이다. 아펠레스 역시 동시대의 동업자들에게 늘 관대했다. 그들 중 하나가 프로테게네스로, 사업적인 머리라고는 전혀 없는 이였다. 시민들은 그가 부르는 그림의 가격에 늘 꼬투리를 잡았다. 아펠레스는 40탤런트라고 하는, 기가 찰 정도로 엄청난 가격에 그의 그림을 사들였다. 아무리 현대적인 광고 기법을 이 골동품에 적용한다고 해도 절대로 실제 매매가 이루어지는 일이 없을 정도의 가격이었다.

왜 아펠레스는 그토록 거액을 들여 프로테게네스의 그림을 샀을까? 누군가에게서 그 질문을 받고 그는 이렇게 대답했다고 한다. "그림이 너무 마음에 들어서 사인을 하여 내 작품인 척하자고 제의해 보려 했지." 이런 식으로 그는 모든 위조꾼들의 수호성인 역할 또한 마다하지 않았다. 어쨌든 아펠레스의 잔머리는 성공적이었다. 경외심을 지니게 된 시민들은 하늘을 찌르는 자긍심에 상처를 입을세라, 그토록 가치 있는 작품이 손가락 사이로 빠져나가도록 놔둘 수가 없다는 결정을 내렸고, 프로테게네스에게 만족할 만한 수준의 생활과 지위를 부여해 줌으로써 그 그림을 도시 안에 붙잡아두기에 이르렀다. 오늘날에도 어마어마한 기금들이 이와 똑같은 원리에 의해 대중들의 주머니에서 나와 쌓인다.

그리스의 '아트 프로덕션'에서 더 가치로운 측면으로 기억되어야 할 것은 소위 '도시예술'이라고 하는 부분이다. 당시 조상彫像들은 주로 올림픽 경기에서 승리한 젊은이들처럼 '기념할 만한 지역의 영웅들'에게 봉헌되었는데, 그러다 보니 운동선수들이 근육을 기형적으로 변화시켜 감에 따라 조각가들 역시 이에 화답하듯 완전한 인간의 신체에 대한 새로운 공식을 산출해 냈다. 그리고 이 공식에 의거해 제작된 구성물들이 기부자들의 눈을 즐겁게 했고, 그것이야말로 지금까지 우리들이 넋을 잃고 바라보는 그 아름다움이 된 것이다.

반면 남신과 여신의 신상들은 가능한 한 생생하고 살아 있는 것처럼 보이도록 그려졌다. 그렇게 해야만 참배자들의 수가 많아지고 기부금도 늘어났기 때문이다. 크니도스의 시민들이 프락시텔레스가 제작한 「비너스」 조각상을 비티니아의 니코메데스 왕에게 팔지 않겠다고 한 것도 그런 맥락이다. 왕이 도시 전체가 진 무거운 부채를 전액 갚아주겠다고 했음에도 불구하고, 프락시텔레스의 작품이 여행자들을 꾀어 오래지 않아 니코메데스에 필적할 만한 자금을 끌어들일 수 있을 것이 분명했기 때문이다.

광적인 수집가, 키케로

기원전 146년은 순수예술의 역사에서 기억할 만한 날이다. 그리스가 로마를 정복한 해이기 때문이다. 물론 역사적인 사실에 입각해서 말하면 로마가 마침내 그리스를 평정하고 제국의 영토를 확장했다고 해야겠지만, 풍자적으로 표현하면 그리스가 정신적으로 '자신의 정복자를 정복했다'고 말할 수 있겠다.

이전에 로마인들은 미개하고 무례하며, 자신들이 그렇다는 걸 오히려 자랑으로 아는 사람들이었다. 이탈리아 반도를 공략하여 제국을 건설해 가는 동안 이들은 로마를 건국했다고 믿는, 머리가 텅 빈 농부들을 찬양하는 일을 미덕으로 여겼다. 사실상 로마는 죄지은 자들이 숨어드는 성역권을 이루고 있던, 카피톨리누스 언덕과 인접한 팔라틴 언덕의 비호 아래 모여든 일단의 추방자들과 불량배들로부터 시작되었다. 이들은 후에 포럼Forum으로 알려진 시장을 중심으로 농부, 목부牧夫, 상인들의 공동체를 형성했으며 한동안은 이웃 부족인 에트루리아의 통치를 받았으나 곧 자신들에게 적합한 생활방식을 개발했다.

그들에게 전형적인 영웅은 농부 킨키나투스였다. 소명을 받은 그는 쟁기를 던져버리고 시민들을 이끌고는 국경의 접전에서 승리한 다음 다시 농장으로 돌아간 인물이다(조지 워싱턴도 꼭 같은 일을 훨씬 더 큰 규모로 했다). 킨키나투스는 흙을 경작하는 농부로, 흙의 단순한 미덕을 믿는 사람이었다. 물론 이는 순수예술의 진가를 인정하는 것과는 전혀 별개의 문제이다.

로마가 도시로서 성장해 감에 따라 이런 미덕들은 실생활에서는 사라졌고 대신 공공의 가치로서 높이 평가되었다. 대★ 카토(로마의 정치가이자 장군, 문인 – 옮긴이)는 기존 가치를 수호하는 대표주자였다. 그는 옛 방식이 최선이라는 굳건한 믿음을 고수했다. 그에게는 그것이 아들과 딸, 아내를 망라하여 삶과 죽음의 힘, 그 권위를 포함하는 가치였다. 이러한 믿음에 의하면 노예는 너무 늙어서 쓰임새가 없어져 폐기될 때까지 가차없이 일을 해야 했고 번지르한 차림은 절대 불가였다. 또한 그 자신은 원로원에서 목청 돋우기를 좋아했지만, 철학적 논쟁이나 예술에 대한 토론을 싫어하여 그런 것들을 공히 여자나 할 법한 '그리스적'인 것으로 간주했다. 그만큼 그의 인생철학은 흡사 시골 잡화점을 연상케 하는 투박한 것이었다.

그렇다고 그에게 무뚝뚝하나마 유머가 전혀 없었다고 하면 그건 또 공정하지가 않다. 매음굴에서 나오는 젊은이들과 마주치면 그는 호기롭게 "좋아 좋아" 했는데, 같은 젊은이가 또다시 매음굴에서 나오는 것을 보면 "내가 좋다고 한 건 '매일'을 말한 것이 아닐세"라는 유머를 발휘했다고 한다. 만약 젊은이가 매음굴이 아니라 예술가의 작업실에서 나오는 것을 보았어도 그가 같은 반응을 보였을지는 의문이다.

카토의 신념과 무관하게 로마는 강탈과 공물로 날로 부강해졌다. 부유함은 안일을 불러와 힘들고 고된 일은 노예들이 도맡았다. 공화국 말기에 어느 장군이 킨키나투스의 흉내를 내어 쟁기질하는 생활로 되돌아갔더라면, 그의 결말이 어떻게 달라졌을지는 상상도 할 수 없을 것이다. 그리스를 정복하고, 그리스인들이 오래전에 식민지로 개척했던 남부 이탈리아까지 로마의 지배 아래로 들어오자, 그 지역의 상류계급 사이에서는 로마인들이 '일확천금을 움켜쥔 시골뜨기'에 불과하다는 인식이 퍼지기 시작했다. 곧이어 '그리스 것'에 대한 열풍이, 계급을 막론하고 돈을 마음껏 뿌려댈 수 있는 사람들에게로 휘몰아쳤다. 그 열광의 직접적이고도 본질적인 증거들이 지금껏 남아있는 것은 다행이 아닐 수 없다.

마르쿠스 틸리우스 키케로는 다방면에서 뛰어난 재능을 가진 이였다. 그 재능 중 하나가 '불운하게도' 두뇌, 즉 머리였는데 기원전 43년 그의 머리는 안토니우스에 의해 잘려나갔다. 키케로는 저술가로서 불후의 명성을 남겼다. 디즈레일리나 처칠, 드골이 보여주었던 것처럼 산문에 정통한 것이 정치에서 반드시 장애로 작용하는 것은 아니지만 키케로의 경우 그 재능은 아무런 도움이 되지 않았다. 율리우스 카이사르의 암살에 뒤이은 정쟁에서 키케로는 안토니우스에 맞서 옥타비아누스(후의 아우구스투스)를 지원했는데, 그것이 대부분의 사람들을 위해서는 옳은 선택이었음이 밝혀졌으나 단 한 사람 그 자신에게는 그렇지 못했다. 옥타비아누스가 방향을 선회하여 안토니우스 쪽으로 돌아서자 키케로는 종말을 맞이했다.

그렇게 되기 전에는 그도 '그리스 열풍'에 사로잡혔다. 특히 조각에 심취하여 탐욕스럽게 작품 수집에 열을 올렸다. 친구이자 에이전트이기도 했던 아티쿠스 역시 끈질기게 작품 구매를 종용하여 두 채가 넘는 키케로의 저택을 온통 조각으로 장식하게 만들었다. 아래 글을 보면 그의 열광이 어느 정도였는지 짐작할 수 있다.

자네가 권해준 메가릭대리석 조상을 사기 위해 킨키우스에게 줄 2만 400세스테르티우스(고대 로마의 화폐 단위 – 옮긴이)를 모았네. 그리고 자네가 편지에 썼던 펜텔릭대리석으로 되어 있고 두상이 청동으로 된 헤르메스의 형상들 말이야. 난 벌써 푹 빠져버렸다네. 그러니 그것들을 보내주게. 그리고 자네 생각에 내 집에 어울릴 만하다거나, 조각에 대한 나의 열정에 합당하다거나, 아니면 자네 기호에 맞는 것이 있으면 부디 꼭 보내주게. 많으면 많을수록 즐겁고, 빠르면 빠를수록 좋아. 특히 자네가 연무장演武場과 내 개인 회랑에 들여놓으려고 했던 것들은 빠뜨리지 말고. 난 그 보물들이 어찌나 좋은지 사람들이 비웃을까 염려될 정도라네. 물론 자네는 아낌없는 격려를 보내줄 테지만 말이야.

— 키케로가 아티쿠스에게 보낸 글

이쯤에서 키케로가 지불한 돈이 지금 시세로 치면 얼마나 될까 하는 궁금증이 당연히 생길 것이다. 그러나 이건 상당히 난처한 질문이다. 고대의 통치자들은 재정 악화나 화폐 가치가 떨어질 때 통화량을 감소시키는 것이 얼마나 이득인지 잘 알고 있었다. 이를 고려하면 금액을 산출하는 것이 가능하기는 하다. 그러나 불행히도 수치를 계산해 내는 순간 우리 스스로 현재의 통화 가치를 떨어뜨리게 되므로, 처음부터 몽땅 다시 계산해야 하는 결과를 되풀이하게 된다.

그나마 다행인 것은 화산폭발 덕에 키케로의 구매력이 얼마나 높았는지 추정할 수 있다는 것이다. 그의 저택 중 한 채가 폼페이에 있었기 때문이다. 정작 문제의 저택은(관광안내서에는 나와 있지만) 발견되지 않았지만, 폼페이 사람들이 가계부를 채색된 담벼락에 낙서 형태로 보관하는 것을 좋아했기 때문에 고고학자들의 발굴 작업으로 폼페이가 완전히 파헤쳐졌을 때 이 장부들이 모습을 드러냈다. 따라서 우리는 키케로 시대의 생활비에 대해 불완전하나마 유용한 정보를 가지고 있는 셈이다.

키케로는 2만 400세스테르티우스로 노새 9마리를 사고도 4분의 1마리를 더 살 수 있었다. 같은 금액으로, 그가 추가로 조각상을 사들이지 않았더라면 8명의 노예를 사서 앞서의 노새들을 돌보게 하고도 웬만큼 남길 수 있었을 돈이다. 노예들은 옷을 입어야 하니까 그들을 입히려면 조각상을 더 사는 일은 포기해야 했을 테지만, 그 돈이면 그들이 평생 입을 1,360벌의 단순한 튜닉을 사는 일쯤은 쉽게 해결이 되었을 것이다. 한마디로 키케로는 엄청난 돈을 조각을 사는 일에 쏟아부었다. 그러나 그럼으로써 그는 충분히 행복했다.

나는 지금 몹시 애타게 기다리고 있네. 진행이 너무 더뎌. 이게 내 조그만 약점일세. 부디 분발해 서둘러 주게나. 자네에게 벽 속에 넣어둘 두 점의 낮은 부조 작품과 그에 딸린 덮개에 관한 걸 모두 일임하겠네.

그의 열의는 예의 보물들이 배에 실려 도착할 때쯤엔 거의 숨이 넘어갈 지경에 이르렀다.

자네가 구해준 조각상들이 가에타에 도착했네. 아직 시간이 없어 가보지는 못했지만 사람을 보내 운임을 지불하라고 시켰다네. 그것들을 입수하느라 자네가 고생이 많았네. 그처럼 저렴하게 구해준 것도 얼마나 고마운지 몰라.

조상들과 조각물들은 그리스에서 쏟아지듯 나왔고, 마침내 키케로는 모든 수집가들이 맞닥뜨리는 질문, '그 모든 수집품들을 어디에 둘 것인가?'에 대한 대답을 해주었다.

> 헤르마테나에 관한 자네의 소식에 마음이 아주 흡족해. 그것이야말로 헤르메스를 빼고는 그 어떤 수업도 완성되지 못하는 때, 내 학당Academy을 위한 가장 안성맞춤의 장식품이 아니겠나? 지난번에 보내준 조상들은 아직 못 보았네. 지금 포르미아에 있는 내 집에 갖다놓았지. 곧 투스쿨룸으로 모두 옮기려고 해. 그곳이 다 채워지면 가에타의 집 장식을 시작하려 하네.

키케로에게는 시대와 국가의 특수성에 따른 또다른 문제가 있었다. 사실 그는 매우 성공한 법조인이었다. 그의 법정 장광설은 단연 으뜸이었다. 그럼 이제, 우리 시대의 성공한 법조인들을 생각해 보자. 그들이 마티스의 데생이나 드가의 청동 조상, 미로의 유화를 소장하고 있다가 내보인다면 대개는 그의 고급한 취미에 감탄하고 그가 벌어들이는 수임료를 부러워할 것이다. 적어도 그를 여자 같다거나, 경박하다거나, 신뢰할 수 없다거나, 또는 비애국적이라고 여기지는 않을 것이다. 그러나 카토를 중심으로 한 로마인들은 새로운 예술의 열기를 딱 그렇게 생각했다.

역사적 호기심의 결과로 우리는 예술에 대한 남다른 감식력의 소유자이자 뛰어난 수집가가 자신의 직업에 대한 평판을 지키려고 전혀 그렇지 않은 척해 보였다는 사실을 간파해 볼 수 있는 것이다.

시실리의 총독인 베레스를 고발한 키케로의 연설은 한 문장 한 문장이 모두 고전이다. 덕분에 그가 그렇게 법정에 첫 탄원서를 낸 후 베레스의 변호인은 자신의 고객에게 국외로 떠나라고 충고했고 그는 그렇게 했다.

베레스는 총독으로 있으면서 숱한 범죄 사건으로 고발되었다. 재물의 부당 취득, 공공연한 강도 행각, 각종 공금횡령 등등. 로마 역사를 통틀어 지방의 총독들이 불법을 저지르는 것은 당연시될 정도로 일반적이었지만 베레스의 문제는 그가 골동품 수집가이기도 했다는 데 있었다. 그의 행위는 대단한 스케일로 행해져서 흡사 헤르만 괴링[2]의 행적을 방불케 했다. 그가 원한 것은 예술품으로 가득 찬 저택들을 통째로 빼앗아 저택 주인의 이름만 바꾸어서 원래 자기 것인 양 보이는 일이었다. 또한 후대 19세기의 백만장자들처럼 대리인을 고용하여 보물의 염탐까지 하고자 했다.

키케로는 이 모든 것에 경멸과 비난을 퍼부었는데, 어쩌면 그렇게 하는 것이 이름난 법정 변호사의 당연한 일과였을 수도 있다. 그러나 수집가로서의 그는 예술품에 대한 새로운 취미가 그때까지도 얼마나 어정쩡한 것인지를 보여주는 단서를 덧붙였다. 다름아닌, 그리스의 가장 유명한 조각가 중 한 명인 폴리클레이투스를 모른다고 고백한 것이다. 그리스에서 3년 동안 수사학을 배웠던 그로서는 어찌할 수 없이 그 이름에 친숙해 있었을 것이고, 아티쿠스가 그 작품을 보내겠다고 하면 또다시 애가 타게 기다렸을 것이 분명한데도 말이다.

---

2) 히틀러 치하 나치 독일의 2인자였다. 문화재에 조예가 깊었던 히틀러는 유난히 미술품에 욕심을 냈고, 헤르만 괴링이 만든 문화재수집특수부대는 점령지의 미술품을 닥치는 대로 약탈했다. 다 빈치, 렘브란트, 루벤스, 벨라스케스 등의 그림이 주 표적이었다. 루브르 박물관의 경우 아예 통째로 뜯어가려 했다. ─옮긴이

로마의 위조 미술품 열풍

안토니우스는 키케로의 수집에 결국 마침표를 찍었다. 키케로는 그처럼 소중하게 아름다운 예술품으로 채워놓은 저택으로 가던 중에 목이 잘렸다. 안토니우스 역시 아름다움의 신봉자였으나 클레오파트라라고 하는 살아 있는 대상에 더욱 경도하여 결국 비극적인 결말을 맞았고, 옥타비아누스가 최고 권력을 장악했다.

고맙게도 원로원에서 부여한 아우구스투스('존엄자'라는 뜻임 – 옮긴이)라는 이름 아래 옥타비아누스는 로마 세계에 평화를 가져다주었다. 키케로가 그때까지 살아 그걸 보지 못한 것은 안타까운 일이다. 평화는 전례 없는 융성함을 동반했고, 돈은 예술에 대한 기호를 불러일으켰다. 그것도, 남자답게 보이지 않을세라 두려워하며 숨어 있던 극소수의 감식가들 사이에서만이 아니라 돈을 가진 사람들 중 원하는 모든 이들 사이에서 예술의 바람이 불었던 것이다. 그리스의 원작들은 하늘 높은 줄 모르고 값이 치솟았다.

미의식에 대한 법칙은 빠른 속도로 수요와 공급의 법칙으로 대체되었다. 돈을 내는 대중은 조각상을 원했으며, 그 수요가 기하급수적으로 늘자 이를 전문적으로 공급하는 산업이 형성되었다. 그리스 조각의 모사품이 쉴새없이 쏟아져 나왔는데, 그 숱한 모사품 중 최악의 것 두 가지가 살아남았다. 그것도 공공연히, 수세기를 유유히. 그것들은 로마의 퀴리날레궁 광장에서 상좌를 차지하고 있는, 두 마리 말을 제어하고 있는 두 젊은이의 상으로 우리에게 익숙하다. 그 중 하나의 기부基部에는 페이디아스의 이름이 새겨져 있고, 나머지 하나에는 프락시텔레스가 새겨져 있다. 이들의 이름은 그야말로 수백 점의 다른 모사품에도 새겨졌고, 바야흐로 '위조 미술품' 시대가 본격적으로 열렸다.

예술에 관한 취미가 만연할 때에는 예외 없이, 돈 있는 사람들이라면 너나 없이 좋아라고 달려드는 바람에 정작 감식안을 가진 진정한 애호가들은 점차 싫증을 내는 현상이 나타난다. 이들은 예술의 원류로 눈을 돌려 다른 사람들 눈에 지나치게 생경한 것으로 비칠 수도 있는 작품들을 사 모으기 시작한다. 그리하여 빅토리아 여왕 시대 사람들이 라파엘로와 귀도 레니에 정신을 팔고 있을 때, 앨버트 공은 두초의 작품이나 소위 이탈리아 프리미티브Italian Primitives(르네상스 이전의 화가나 그 작품 – 옮긴이)들의 패널화를 사들임으로써 그나마도 없는 인기에 찬물을 끼얹었다. 윌리엄 벡퍼드가, 다른 이들이 클로드 로랭을 앞다투어 살 때 노래 한 곡을 위해 벨리니를 산 것도 같은 맥락이다. 물론 벡퍼드와 앨버트가 산 그림들은 지금은 런던 내셔널갤러리 최고의 자랑거리다.

어쨌든 바로 이런 현상이 '초기 그리스 조각품에 대한 추구'로서 로마에서도 일기 시작했다. 이들 작품에서 보이는 뻣뻣한 자세와 냉랭한 미소 등은, 분명 곡선미가 살아 있는 여인상이나 정말 소년처럼 보이는 소년상을 기대하는 신흥 부자들에게는 어필하지 못했을 것이 당연하다. 그럼에도 불구하고 초기 아티스트들은 형식상의 제한 내에서는 최상의 예술가들이었다. 또한 이들의 작품은 그 계승자들의 작품보다 베끼기가 훨씬 쉬웠다. 고미술의 위조가 판을 치기 시작했고, 위조품 중 일부는 살아남아 투탕카멘 왕비의 목걸이처럼 오랫동안 전문 감식가들마저 속여넘기는 사례가 생겨났다. 게다가 판단을 더 까다롭게 하는 문제가 있었으니, 위조꾼들의 똑똑함이 도를 넘어 대리석을 그리스의 채석장에서 가져다 쓰는 단계에까지 이르렀다는 것이다.

아우구스투스 치세에 로마는 조각가들로 넘쳐났고, 그 중 많은 이들이 그리스에서 이주해 왔다. 아우구스투스 스스로도 자기가 벽돌투성이의 로마를 대리석으로 변모시켰다고 자랑했다. 그만큼 그는 남다른 사람이었고, 고전 미술의 역사는 상당 부분 그의 현명함 덕택인 것도 사실이다. 수많은 전제군주와 마찬가지로 그도 예술을 자신을 영광스럽게 하는 데 이용했으며, 그 결과 그리스인들이 자신들의 영웅을 누드로 조각하는 관습에 편승하여 아우구스투스의 나신상은 제국 전체에 편재하게 되었다. 재미있는 것은 아우구스투스 자신은 추위에 매우 민감하였다는 기록인데, 당대의 전기작가인 수에토니우스에 따르면 그는 항상 양모로 된 외투를 입고 있었다고 한다.

2

예술가의 돈줄, 교회

로마인들, 졸작에 투자하다

"**악화**가 양화를 구축한다"는 유명한 말이 있다. '나쁜 예술'도 마찬가지 역할을 한다. 아우구스투스 시대의 비할 데 없는 성취 이후로는 꾸준한 쇠퇴가 이어져 그 기운이 마침내 로마제국 전체를 뒤덮었다. 위대하지만 빈곤한 예술가의 몰락은 세간의 비난을 면치 못하는 법이다. 그러나 더 정확히, 솔직히 말하자. 대중이 졸작을 사는 데 기꺼이 돈을 내는 풍조가 만연할 때, 최선을 다하는 예술가들은 아무런 의욕도 없었으리라는 점을 간과하지 말자는 것이다. 런던 트라팔가 광장에 있는 청동 사자상들은 디자인 면에서는 그런 대로 무난하지만 기법 면에서는 약하다. 그러나 그것들이야말로 빅토리아 시대의 대중이 원한 바로 그것이었다. 대중의 요구에 부합할 줄 아는 아티스트들이 당대에 인기를 누렸으며 부자가 될 수 있었다.

넬슨Horatio Nelson(1758~1805)을 위해 건립된 이 사자상들의 커다란 기둥, 즉 기념비를 세우는 풍조는 로마제국에서 비롯되었다. 로마에 남겨진 트라잔 황제와 마르쿠스 아우렐리우스의 기념비가 일종의 모델이었던 셈이다. 두 기념비 모두 나선형의, 전투 장면과 성을 공격하는 장면이 부조로 새겨진 띠가 둘러쳐 있다. 언젠가 나는 그것들 중 하나의 복원 작업이 진행되던 중에 허락을 얻어서 사다리를 타고 꼭대기에 올라가 본 일이 있다. 높아서 올라가기가 힘들었고 현기증이 일었지만 조각가가 어떻게 해서 저 위 높은 곳에다 그렇게도 형편없는 작업을 해놓았는지 계속해서 알아볼 참이었다. 결국 나는 참지 못하고 다른 하나의 기둥도 연구하기 시작했다. 그 다른 하나, 트라잔의 기념비도 더 나을 것이 하등 없었다.

어쩌면 그 부조들이 시선보다 훨씬 높이 있어서 눈에 띌 일이 없기 때문에 조악한 작업이 무사히 검사를 통과했을 수도 있겠다. 그렇다고 해도 트라잔 기념비의 경우에는 대충 넘어갈 여지가 없는 것이, 도서관 하나가 기둥을 둘러싸고 3면으로 자리하고 있어서 그 건물의 높은 층에서는 충분히 살펴볼 수가 있었을 것이다. 그보다는 로마인들이 그걸 형편없는 작업이라고 아예 생각하지 않았을 것이라는 편이 훨씬 신빙성이 높다. 실제로 로마인들은 이 기둥을 매우 좋아하여, 트라잔이 죽었을 때 그의 유골이 든 납골단지를 기둥 밑쪽에 넣어두기까지 했다. 한 세기 후에 세워진 셉티미우스 세베루스 황제의 아치형 건조물은 훨씬 더 심각했고, 로마가 제국의 수도로서 종착역에 다다른 콘스탄티누스 대제에 이르러서는 예술가들의 태만함이 지나쳐 앞선 시대의 기념비를 강탈하여 마무리만 하는 모습까지 연출되었다. 또 황제 자신의 거대한 조상에 대해 말하자면 부적절함이 말로 다 표현하기 어려울 정도였다.

오죽하면 이블린 워Evelyn Waugh (1903~1966)가 자신의 소설 『헬레나Helena』에서 예술가들의 변명을 억지 주장으로 폄하하고 이를 조소했을까. 그에 따르면 "당대의 구미에 맞췄을 따름이며 황제가 얼마든지 취사선택할 수 있었다"는 것이 예술가들의 변이었다. 이렇든 저렇든 워가 당시의 예술가들을 좋아하지 않았던 것만은 분명하다. 버나드 베렌슨(미국의 미술사가 – 옮긴이)은 예술가들이 어떻다는 이야기는 하지 않았지만 그건 다분히 적을 만들지 않는 것이 직업상 유리하다고 판단했기 때문인 듯하다. 그러나 그도 앞서의 아치형 건조물을 조사하면서 예술가가 어떻게 그처럼 형편없을 수 있는지 의아해 했다.

우리는 워나 베렌슨보다 좀더 공정한 입장에서 보자. 솔직히 말해 사람들이 원하면 최고의 예술가는 늘 존재하는 법이다. 하드리아누스는 예술과 미소년에 대한 고급한 기호를 고집했던 황제로, 자신의 기호를 대중에게 강요했다고 해도 좋을 정도였다. 결국 그는 제국 전체에 널려 있는 미소년 안티노우스의 조각상 몇 점을 꽤 괜찮은 작품으로 찾아 소장할 수 있었다. 헤라클레스로 표현된 코모두스 황제의 흉상[1]은 한 조각가의 솜씨와 지휘하에 만들어졌는데, 특이하게도 그 아티스트가 새긴 흉상의 얼굴 표정은 마치 무엇엔가 빠진 듯한 느낌을 준다. 이는 아마도 투기장에서 격투 장면을 보고 있는 코모두스를 묘사한 것이 아닌가 생각된다. 실제로 운동에 전력투구하는 사람들에게서 심심치 않게 그런 표정이 보이니까 말이다.

그러나 사람들은 이런 조각가들을 특별히 찾지는 않았다. 돈은 그리스의 걸작품을 베끼고 또 베낀 작품으로만 몰렸다. 키케로가 그리스 조각의 원작을 만나보는 일에 애를 태웠다면 그 아류들은(훨씬 두둑한 지갑을 가지고서) 조각과 그림으로 가득 채워진 새 저택을 소유하

---

1) 코모두스 황제는 보는 것뿐 아니라 직접 검투사 경기를 즐겼고, 자칭 로마의 헤라클레스라 했으며, 흉상을 제작할 때도 헤라클레스처럼 사자 가죽을 뒤집어쓴 모습을 연출했다. —옮긴이

는 일에 목을 매었으며, 덕분에 폼페이와 헤르쿨라네움에 남은 프레스코화엔 온통 날림의 흔적이 뚜렷하다. 마치 오늘날 다국적 기업의 새로 지어진 사무실에 빠짐없이 걸려 있는 숱한 그림들처럼. 그러니 작품을 대량으로 빨리 공급할 수 있는 사람들에게로만 거간비가 건네지는 현실에서, 말하기 좋다고 하여 예술가만 비난할 수는 없는 일이다. 더구나 그가 찾아낼 수 있는(또는 평자들이 그에 대해 찾아낼 수 있는) 이유 중 일부가 '충분히 값을 쳐 받기 때문' 이라면 더더욱 그렇다.

기독교혁명과 그림쟁이들

콘스탄티누스 대제는 312년에 기독교를 공인했다. 그 일은 예술의 자유와 황제 자신의 수입 양쪽 모두에 참혹한 결과를 가져왔다.

콘스탄티누스의 의도는 정치적인 데 있었다. 자신의 제국에서 일하는 관리들과 제국의 방어에 동원되어야 할 군인들이 자꾸 기독교로 개종했기 때문이었다. 관리들이 예수를 추앙하는 것은 예수 그리스도가 세리들에 대해 긍정적으로 이야기하는 몇 안 되는 사람 중 하나였기 때문이므로 일견 당연한 일이었다. 그런데 군인의 경우는 콘스탄티누스 대제 자신의 종교만큼이나 모호한 현상이었다. 알려진 것처럼 그는 그리스도 수난의 유보遺寶를 경외할 만큼 소중히 여겨, 예수의 십자가에서 나온 두 개의 못으로 말의 재갈을 만들 정도였다. 그러나 정작 그는 죽는 순간까지도 비기독교도로 남아 있었으며, 마지막 숨을 몰아쉴 때에야 비로소 기독교 신앙을 고백함으로써 최소한 침실로 밀어닥친 사제들에게 속죄를 받았다.

어쨌든 콘스탄티누스 자신이 알고 있었든 그렇지 않았든 그는 혁명을 시작한 셈이었고, 그것은 예술가들에게는 참으로 불길한 징조가 되었다.

기독교혁명과 함께 막대한 돈이, 돈을 다룰 줄 모르는 사람들의 손으로 들어갔다. 그리고 그들 중 많은 이들이 그 사악한 물건을 철저히 무시하겠노라 서원을 한 수천 명의 주교와 수도원장, 수도사들이었다. 이들의 승인을 얻은 사람들에게는 황금이 비오듯 쏟아졌다. 자신들의 죄를 깨달은 부자들은, 졸지에 매우 실감나는 협박이 되어버린 '사후 영혼의 구제'를 사제들이 빌 수 있도록 그들에게 재산을 떼어 주었다.

돈은 권력을 뜻하게 되었다. 주교에게 잘못을 지적할 수 있는 유일한 사람은 황제와 동료 주교들뿐이었지만, 그럴 경우 신학상의 해석을 둘러싼 다툼이 일어 길거리에서 유혈극이 벌어지거나 변방으로 추방당하는 사태가 벌어질지도 모르는 일이었다. 그러니 예술가처럼 평범한 사람에게는 주교나 수도원장의 말은 곧 법이었다. 비잔티움에서의 예술가가 현대의 광고회사에서 시키는 대로 그림을 그리는 '그림쟁이' 정도의 지위였다고 해도 전혀 과장이 아닌 것이다. 고객이 요구하는 내용을 충실히 담아내야 하고, 고객이 만족하면 보수를 받지만 그렇지 못하면 바로 해고당해야 하는.

고객이 요구한 메시지는 당연히 기독교였다. 무엇보다 교회를 짓는 일이 시급했다. 신자들을 이교도의 사원으로 모이게 한다는 건 생각할 수도 없는 일이었다. 그러나 기독교의 교회가 어떻게 생겨야 하는지를 아는 사람이 없었다. 그때까지만 해도 예배를 행하던 곳은 신도의 집이었다. 어쩌면 하드리아누스 황제 같은 탐미주의자의 치세에서라면 새로운 설계와 디자인을 동원한 대대적인 건축의 개화가 이루어질 수도 있었겠지만 주교들은 그런 쪽에는 영 젬병이었다. 그들은 건축가에게 돈을 주면서 고전 건축물의 가장 평범한 형태, 즉 법정을 본떠 교회를 만들라고 했다. 소위 바실리카라고 하는 건물이었다. 바실리카는 널따란 직사각형의 홀로 이루어져 있고, 귀퉁이에는 후진後陣(교회당 동쪽 끝에 내민 반원형 부분으로 성가대의 뒤 – 옮긴이)이나 판사석으로 마련된 단상이 있는 형태였다. 결국 콘스탄티누스 황제 대의 첫번째 교회, 성 베드로 성당은 이 바실리카의 디자인을 모방하여 세워졌다. 베들레헴에 있는 예수탄생기념교회들은 물론, 성묘聖墓, 로마의 '벽 없는 성 베드로 성당'도 마찬가지였다. 물론 이것들 모두가 세워질 당시와는 대단히 다른 모습을 하고 있지만(원래의 성 베드로 성당은 완전히 파괴되었다), 폼페이와 렙티스마그나에 있는 바실리카에서는 이 디자인의 훌륭한 모델을 몇몇 찾아볼 수 있다.

이 텅 빈 건물의 장식에 대해 이야기하자면, 처음에 주교들은 아무 것도 하지 말라고 했다. 1세기에 열린 엘비라공회의에서 그림을 전면 금지시켰기 때문이었다. 때문에 최초의 교회사가敎會史家인 유세비우스는 콘스탄티누스 대제의 누이에게서 예수의 화상을 한 점 보내달라는 부탁을 받았을 때에도, 신의 화상을 만드는 행위는 이교도들이나 하는 짓이라며 그 자리에서 거절의 답장을 썼다. 다행히 이제는 그런 식의 타락의 계절은 지나갔다.

만약 그런 믿음이 계속되었다면 예술가는 마치 청교도혁명 당시의 영국에서처럼 제국에서 완전히 자취를 감추고 말았을지도 모른다. 지금도 미국과 유럽, 그 외 다른 지역의 몇몇 기독교 종파에서 집회 장소에 관한 한 원래의 단순주의로 되돌아가려는 시도를 하고 있기는 하다. 사실 '텅 빈 성찬대'는 우리 시대에 열린 제2차 바티칸공회의의 결정사항으로 권고되고 있는 부분이다.

종교에 의한 사회 편제 때문에 가난해진 비잔틴 시대의 예술가는 그렇다고 교회를 등지고 개인 후원자를 찾아 멋진 작품을 만드는 일로 앙갚음을 할 수도 없는 형편이었다. 후원자들도 영생이 불가능해질 수도 있는 위험을 무릅쓰고 주교를 거스를 용기는 없었으며, 아내의 보석 장신구나 무늬를 넣어 짠 옷감으로 자신의 옷을 해 입는 정도에서 예술적 취향을 표현하는 일이 고작이었다. 그림이나 조각, 심지어 삽화가 들어간 책에 대해서는 조심스럽게 종교적 지침에 따랐다. 황제의 궁정에서도 마찬가지였다. 황제 자신은 물론 주교와 사제들도 호화로운 관복을 입었다. 자연히 막대한 돈이 옷에 몰렸다. 예술가가 의상 디자이너로 방향 전환을 한 것은 생계를 위한 궁여지책이었다.

또한 오늘날 우리가 당연히 의아하게 생각할 법한 종교적 논쟁이 벌어지지 않았더라면 주교의 지갑 끈이 예술가 때문에 풀리는 일은 결코 없었을 것이다. 이것은 다른 신학자들에게는 상당히 흥미롭지만 그 외 다른 사람들에게는, 신심이 깊은 사람들에게서도 별 관심을 끌지 못할 연구이다. 그러나 당대에는 종교적인 논쟁이 제국 전체를 분개하게 만들 수도 있었다. 마치 마오쩌둥이 러시아 공산당의 계획을 망쳐놓았던 것처럼.

당시에는 신을 그릴 수 없었듯 그리스도 역시 그릴 수 없는 존재였다. 신은 신이었기 때문인데, 그렇다면 그리스도는 왜 그릴 수 없었을까? 예수는 의심할 여지없이 한 남자였다. 소아시아의 작은 지역에서 태어나고, 살았으며, 죽었다. 이 사실은 신앙의 깊이를 더하는 자부심의 원천이기도 했지만, 문제는 알렉산드리아에서 철학적 논쟁을 좋아하는 한두 명의 나이 많은 성직자들이 '사람이 신이 될 수 있는가, 그렇다면 예수는 아주 제한적인 의미로만 신성神性을 가지는 것이 아닌가' 하는 토론을 벌인 것이었다. 그 결과, 본인의 의사와는 무관하게 아리우스는 자연스럽게, 빠른 속도로 퍼져나간 이 종파의 우두머리가 되었다.

그리스도의 신성을 부인하는 아리우스주의가 교회의 일체화에 대단히 해가 되었음은 물론이다. 그런데 엉뚱하게도 이것이 예술가들에게는 은총이 되었다. 때로 소란을 일으키기도 하면서 꽤 길게 이어진 논쟁 끝에, '예수는 부분적으로 ─ 동시에 전체가 ─ 성부, 성자, 성령의 거룩한 삼위일체'라고 하는 교회의 공식적인 신경信經이 공포되었는데, 주교에게는 만족스러웠던 이 교리는 일반인들이 쉽게 이해할 수 있는 내용은 아니었던 듯, 생각만큼 사람들 속에 파고들지 못했다. 따라서 그리스도가 명백히 한 남자이되, 거기에 더하여 경외감을 불러일으키는 신이기도 하다는 것을 상징적으로 보여줄 무언가를 사람들 앞에 내놓아야 한다는 긴급한 과제가 요구되었다.

그것이 무엇이 되어야 할까. 신자들 대부분이 문맹인 상태에서 책을 만드는 일은 별 소용이 없었다. 설교를 통한 방법도 시도되었지만, 모인 이들이 읽을 수는 없을지라도 잠을 못 자는 사람들은 아니었기 때문에 그것도 무위로 돌아갔다. 결국 예술가를 다시 불러들이는 일 외에는 방법이 없었다. 그러나 그들에게서 창의성은 배제되었다.

그의 창의성은 매디슨 가에서 쉽게 볼 수 있는 현대의 닮은꼴 아티스트처럼 극도로 제약을 받게 되었다. 무엇보다 성적인 매력에 관련된 일체의 표현이 금지되었다. 누드가 일제히 자취를 감추었고, 아름다운 남자와 여자의 신체로 시선을 끄는 일도 물론 금지였다. 마치 청소년들이 담배 광고에서 사라지듯, 예술에서 성性이 사라져버린 것이다. 게다가 실종의 이유도 같다. 흡연은 우리 시대의 의사들에 따르면 건강에 해롭기 때문에 안 된다는 것이고, 성은 주교들이 말하듯 정신을 해치기 때문이라는 것이다. 우리는 그나마 의사들과 논쟁이라도 할 수 있지만 당시의 신실한 크리스천이라면 주교의 말에 이의가 있을 수 없었을 것이다. 사실 3세기 동안 기독교도들은 이교도들에 의해, 난교 파티를 동반하는 의식을 벌인다는 비난을 받으며 고통의 세월을 살아왔다. 물론 그들은 완강히 부인했고, 사실은 대단히 순결한 삶을 영위한 것으로 드러났지만.

그러다 보니 순결함을 드러내는 일에는 나름의 효과적인 광고가 따라야 했다. 그리고 그것은 복장에서도 드러났다. 덕분에 비잔틴 시대의 예술가들은 빵을 사기 위해 그때까지 자신의 직업을 뒷받침해 주는 버팀목이었던 인간의 신체를 포기해야 했다. 온몸을 가리는 넉넉한 옷을 디자인하여 가능한 한 모든 신체 부위를 가려야 했고, 옷 밖으로 드러날 수 있는 맨살은 얼굴과 손, 아주 특별한 경우의 발(은둔자 내지 수행자라고 알려진 사람들의 경우) 정도로만 국한되었다. 마치 오늘날 미용실에서 화장품 회사의 압력 때문에 여자들의 얼굴을 판에 박은 듯 똑같이 만들어버리듯, 당시에는 교회가 내는 돈의 위력 때문에 비잔틴 예술가들이 의상 디자인의 무한한 복잡성을 줄여서 복제하기 쉬운 형태로 단순화해 버렸다.

이탈리아의 라벤나에 가면 당시의 의상을 표현한 유명한 모자이크가 많으므로 이 '혁명'에 관한 연구를 어렵지 않게 해볼 수 있다.

홍보 수단이 된 걸작들

이제 본격적으로 돈에 대한 이야기로 들어가 보자. 요즘으로 치면 은행가였던 율리아누스 아르겐타리우스는 비잔티움 궁정의 권력층과 친분이 두터웠던 인물이다. 물론 황제의 신임도 얻고 있었기에 간혹 황제는 그에게 특별하고도 은밀한 임무를 맡겼다. 그 중 하나가 서고트족 권역에 있던 북이탈리아의 라벤나를 손에 넣을 수 있도록 준비하는 일이었다. 서고트는 제국의 국경을 넘어 물밀듯 치고들어가 그곳에 자신들의 나라를 세우고 스스로 기독교로 개종까지 한 상태였다. 그러나 그들은 삼위일체설이 아니라 아리우스파의 이설異說을 받아들였다. 물론 그들이 두 신경 사이에 어떤 근본적인 차이가 있는지를 이해하고 있었다고 보기는 어렵지만, 어쨌든 정통 교회의 입장에서 이들을 축출할 근거는 충분한 셈이었다. 게다가 유스티니아누스 황제에게는 벨리사리우스라고 하는, 그 일을 훌륭히 수행해 낼 장군도 있었다. 결국 아르겐타리우스가 쓴 책략으로 라벤나는 함락되었고 '이단자'들은 쫓겨났다.

그러나 원래의 시민들은 남아 있었다. 문제는 그들에게 어떤 방법으로 고향을 돌려주느냐였다. 적어도 야만적 이교도의 예속에서 풀려난 찬란한 기쁨을 실감케 해주는 작업이 필요했다. 이제 그들은 저 먼 비잔티움에 앉아 있는, 온갖 좋은 것들을 시혜하는 전능한 황제의 백성들이었다. 또한 삼위일체의 신에게 다가갈 수 있는 단 한 사람인 주교의 진정한 믿음 아래 놓임으로써 더할 수 없는 특전을 누리게 된 것이기도 했다. 그러니 시민들의 마음속에 깃든 서고트족에 얽힌 기억은 모조리 들어내버려야 했다.

요즘식으로 보자면 공산주의 국가에서 행해지는 사상 재교육쯤이 될 텐데, 이건 그리 돈이 들지 않는 일이다. 그저 가르칠 사람과 교본 몇 권만 있으면 되고, 물리적인 설득 방법을 추가한다고 해도 역시 큰 돈이 들지는 않는다. 게다가 사상의 기치를 높이 든 행렬이 늘 뒷받침을 해준다.

그러나 라벤나의 교회는 금전적인 부분에 있어서 절약을 해야 할 아무런 이유가 없었다. 교회측은 새로운 상징물이 역사상 가장 비싼 것이 되어야 하며, 당연히 영원불변이어야 한다는 주문을 했고, 그에 따라 522년 아르겐타리우스는 원주민들만의 교회인 산 비탈레 성당을 재건축했다. 예술가들이 불려왔고 벽면을 장식할 모자이크화가 속속 제작되었다. 이때 만들어진 모자이크화 중 두 점이 비잔틴 예술의 걸작으로 꼽히는 그것들이다.

한 점은 궁정에서의 황제의 모습을 표현한 것[2]으로, 예의 '몸 가리기' 때문에 신체의 대부분이 길고 뻣뻣한 옷으로 덮여 있다. 표정은

---

2) 「유스티니아누스 황제와 시종들」 또는 「유스티니아누스 1세」라고 불리는 모자이크화로서, 비잔틴 시대가 교회의 정신적 힘과 국가의 세속적 힘이 통일된 시기였음을 암시한다. 황제의 왼쪽에 막시미아누스 주교가 서 있는데, 특이하게도 그의 머리 위에만 이름이 씌어 있다. ─옮긴이

깊이를 헤아릴 수 없을 만큼 ─ 거의 부처님을 방불케 한다 ─ 고요하여 방문자들로서는 감히 범접할 수 없는 경외감을 느낄 정도이다. 이는 살아 있는 초인적 존재를 표현하기에 상당히 효과적인 방법이었다. 실제로 당시에는 누군가 궁정에 들어가려고 하면 머리를 조아려 삼배를 하는 것이 예법이었다. 예술가들에게 보수가 주어졌음은 물론이다. 이것이 이 작품을 통해 그들이 전하고자 한 첫번째 메시지였다.

두 번째 메시지는 좀더 실제적이었다. 교회는 받는 것보다 주는 것이 훨씬 축복받는 일이라고 가르쳤다. 그러므로 황제 역시 은혜를 내리는 사람으로 연출되었고, 그 본보기로서 라벤나 사람들에게 대주교를 보내준 것으로 되었다. 그림을 자세히 보면 오늘날의 광고 기법과도 같이 노골적으로 메시지를 드러낸 부분이 있는데, 주교의 머리 윗부분에 주변 디자인과 동떨어지게 거슬릴 만큼 큼직한 검정 글씨로 쓰어진 그 자신의 이름, '막시미아누스MAXIMIANUS'가 그것이었다.

같은 크기의 또다른 모자이크 작품은 「황후 테오도라와 시녀들」이다. 테오도라는 비범한 여자였다. 전직인 매춘을 적절하게 활용하였으며, 자신의 역할을 남편인 유스티니아누스에 버금가는 수준으로 끌어올려 공동대관共同戴冠 후, 여제女帝로서 통치에 커다란 영향을 끼쳤다. 그녀는 언젠가 매춘 무희였던 지난날을 돌이켜보면서 단 한 가지 후회되는 일이 고작 일곱 차례 남에게 몸을 허락한 일이었다고 고백했다(기번스가 라틴어로 쓴 글의 각주에 밝혀놓은 자료임). 예술가들로서는 그 모든 이야기를 알고 있었더라도 모자이크화에서 그런 분위기가 느껴지게 해서는 안 되었다. 결국 그림 속의 테오도라는 너무도 순결해 보여서 오히려 두려울 정도의 인물로 묘사되었다.

이 모자이크화들을 만든 이들은 의심할 바 없이 최고 수준의 예술가들이었다. 흥미로운 것은, 그럼에도 그들이 스스로 자신의 개성을 완전히 억눌렀다는 점이다. 규칙을 엄격히 지켜 작업을 완수하고 작품 대금을 받아냈다. 그러면서도 이 두 모자이크화는 이후 모든 시대를 통틀어서 동류의 작품 중 비교를 불허하는 최고의 작품들임이 틀림없다.

당시에 작품이 광고로 쓰였다고 하는 부분에 일말의 의문이 남는다면 더 작은 교회에 있는 그리스도를 살펴보자. 앞에서 아리우스파가 예수의 신성에 대한 정통성에 반발한 것을 보았듯이, 사람들이 더 이상 이교에 매달리도록 둘 수 없다는 것이 교회의 입장이었다. 이 작은 교회에 걸려 있는 예수의 화상은 손에 책을 한 권 펼쳐 들고 있는데, 펼친 면의 한 쪽에는 즉 "나를 보는 자, 아버지를 볼 것이다Qui vidit me vidit patrem"라고 써 있고 반대편에는 한층 박력 있는 글이 씌어 있다. "나와 아버지는 하나이다Ego et pater unum sumus."

신도들 대부분이 글을 읽지 못한다는 것은 아무런 문제가 되지 않았다. 교회는 지극히 간단한 방법, 즉 사제로 하여금 되풀이하고 또 되풀이해 들려주는 방식을 취했기 때문에 마치 오늘날의 징글(비슷하고 쉬운 소리를 반복해 노출하는 광고 기법 – 옮긴이)처럼 확실한 효과를 보았던 것이다. 오늘날, 당시의 교회가 광고에 투자했던 정도의 물량을 동원할 수 있는 집단을 꼽자면 가솔린 회사나 청량음료 회사 등이 있겠다. 코카콜라 회사 역시 전세계의 모든 문맹자들을 대상으로, 문맹은 아니더라도 외국어를 못하는 많은 사람들을 대상으로 수십 년 동안 부단히 광고를 해왔기 때문에, 누구라도 코카콜라 로고를 보면 당연히 '콜라구나' 하고 알아보듯이 말이다.

교회의 고리대금 사업

이렇게 암흑시대(서로마제국이 멸망한 476년부터 1000년경까지의 유럽 시대를 일컬음 – 옮긴이)와 중세 초기를 통틀어 교회는 자신들의 지시를 잘 이행해 주는 예술가들을 지원했다. 나는 이 시기에 생산된 작품들의 미학적 측면에 대해 판단하고 싶지는 않다. 그저 18세기의 고딕에 대한 경멸이나 오늘날 전기 전자에 대한 감탄처럼, 오랜 세월 동안 새로운 시각으로 재평가되는 과정을 거치면서 다양하게 변모해 온 시대적 취향의 문제로 남겨두자. 그보다는 교회가 예술 활동의 결과물을 장려하기 위해 투여한 돈에 대해 더 세밀하게 고찰해 보고자 한다. 그러자면 당대의 작품들 대다수가 발견되는 서유럽에 국한하여 좀더 자세한 논의를 해보는 편이 명확한 결론을 얻는 데 도움이 될 것이라 생각한다.

야만인들의 침략으로 한바탕 공포와 참상이 지나가자 교회는 서유럽에서 가장 돈 많은 유일한 곳이 되었다. 토지를 소유한 귀족들은 재산을 지키느라 작은 싸움을 끊임없이 벌였고 거기에 돈을 썼다. 로마의 도로가 피폐해지고 바다가 해적들의 노략질 터가 된 후로 교역은

답보 상태에 머물렀고, 10세기가 되자 서지중해는 마호메트의 새롭고도 호전적인 종교에 의해 지배되는 이슬람교의 호수가 되었다.

이 모든 혼란의 와중에서 교회는, 예수가 어부 제자인 베드로라는 사람에게서 찾을 수 있으리라고 예언했던 반석이었다. 임종의 서약에 대한 표시로 헌정된 어마어마한 부동산이 교회의 것이 되었다. 수도회는 현명하게도 일하는 것이 기도하는 것이라는 모토를 내걸고 끊임없는 침략으로 불모화된 땅을 조사하여 황무지를 거대한 토지로 개간함으로써 교회보다도 훨씬 더 많은 땅을 소유했다.

삶의 더럽고 너저분함(귀족의 비위생적인 성에서조차)에서 벗어날 수 있는 탈출구가 교회의 의식을 통해서만 가능했던 때에 성직자는 막대한 금, 은, 보석을 거둬들일 수 있는 최상의 직업이었다. 매일 성찬대 위에 놓이는 예수의 살과 피는 현세의 바람들이 무참히 짓밟히고 좌절되는 현실에서 그야말로 대단한 의미를 지닐 수밖에 없었다. 막대한 금이 예수와 교회에 바쳐졌다.

교회가 부를 획득한 방식은 마치 오늘날 보험회사가 돈을 버는 방식과 흡사했다. 교회에 내는 헌금은 지옥을 피하게 해주는 보험과 같았다. 또한 사람들 사이에서 살아갈 수 있게 지상의 평화를 보장해 주는 안전장치이기도 했다. 서유럽은 광범위하게 농경 경제로 변모해 갔으며, 이를 지탱해 준 것은 일련의 의무 규정에 의해 주인에게 예속된 땅을 경작하는 농부들이었다. 그들은 의무 규정에 따라 자신의 노동의 결과물 중 상당한 몫을 주인에게 갖다 바쳤고, 부름을 받으면 주저 없이 무기를 들었으며, 일정 기간 동안은 무상으로 일해야 했다. 이것이 소위 봉건제라고 알려진 바로 그 체제이다.

그러나 실상 경직된 사회에서 합리적 체제나 꿈 같은 것은 존재하지 않았다. 농부들은 무자비한 착취의 대상물일 뿐이었으며, 이따금의 봉기를 통해서만 일말의 개선이 이루어졌다. 그리고 기본적으로 종은 주인에게 복종해야 한다는 교의를 가르치는 교회가 봉건적인 장치를 정당화해 주었다. 물론 가끔은 격분한 농부의 리더가 나서서 '봉건' 체제가 하느님의 뜻에 따르는 일인지 의문을 제기하기도 했다. 존 볼John Ball(?~1381. 영국의 사상가이자 농민반란 지도자 - 옮긴이)이 말했듯 "아담이 밭을 갈고 이브가 실을 자았다면 귀족이 어디 있었겠느냐?"는 것이었다. 그러나 교회는 아담과 이브가 신의 의지에 굴종하는 방법을 보여주는 드물고도 훌륭한 사례일 뿐이라는 말로 응수했다. 귀족들은 현대인들이 세금으로 공권력을 유지하는 것과 같은 이유로 교회를 존속시켰다.

교회가 부를 축적할 수 있었던 데에는 또다른 이유가 있었다. 귀족의 파산이 그것이다. 전쟁을 하려면 돈이 들었고, 그런 때 흉작은 그야말로 재앙이었다. 교회는 몰락 지경에 이른 성을 유지할 수 있게 대출을 해주거나, 경작을 재개할 수 있도록 종잣돈을 대주거나, 그나마도 불가능할 정도로 땅이 피폐해졌을 때는 사람들이 목숨을 부지할 수 있을 정도로만 식량을 나눠주기도 했다. 오늘날 재난시에 공권력이 공적부조기관의 역할을 하는 것과 매한가지다.

그러나 뭐니뭐니 해도 교회로 부가 집중된 현상의 핵심은 경쟁자의 부재, 즉 대적할 상대가 없었다는 것이다. 구약성서에는 이자를 받고 돈을 꾸어주는 일은 죄악이라고 명시되어 있다. 누구든 돈을 꾸어주는 행위로 이득을 취한 자들은 고리대금업자요 죄인이라고 단호하게 꾸짖고 있다. 그러니 독자 중에서도 당좌대출 때문에 협상을 해본 적이 있는 사람이라면 일말의 가책을 느껴야 할 일이다. 물론 지금 세상에 이자 없는 돈이란 눈씻고 찾아봐도 없지만. 그런데 교회가 그 일을 했다. 뿐만 아니라 대부 사업을 통해 두 마리 토끼를 잡는 성과를 올렸다. 교회는 빚을 대주는 일은 '비즈니스가 아니다'라는 방패막이를 내걸고 막대한 부를 끌어모았던 것이다. 주교의 비위를 맞추는 일이야말로 요즘 은행 대부계 책임자들을 상대로 한 로비 그 이상으로 중차대한 일이었음 또한 물론이다.

그러나 대부 사업의 독점권은 물샐 틈 없는 방비를 갖추지는 못했으니, 유대인들 역시 성서를 읽었고 구약 신명기에 유대인들이 이자를 받고 돈을 빌려주는 일이 오로지 유대인들을 상대로 할 때만 금지되어 있음을 잘도 찾아냈다. 돈을 꾸는 사람들이 이방인이거나 외국인일 때는 대부 사업도 당연히 '가능'했으므로 유대인들도 적극적으로 대부 사업에 뛰어들었다. 이 부분의 원문 비평에 대한 유일한 대답은 이따금의 유대인 학살로 나타났다.

같은 기독교도들 사이에서도 채무자가 실제로 받은 돈보다 더 많은 빚을 지고 있음을 인정하고 돈을 빌렸다가 웃돈을 얹어서 갚는 암거래 시장도 나타났다. 또한 고리대금업자가 돈을 되돌려받지 못할 경우를 대비해 미리 일정한 이자를 제하고 돈을 빌려주는 행태도 나타났다. 다양한 견제에도 불구하고 교회가 유럽의 은행 역할을 한 기간은 14세기까지 이어졌다.

이것은 또한 우리가 서유럽에 산재한 위대한 고딕풍 대성당들에 빚을 지고 있다는 이야기다. 그러나 간과하지 말아야 할 것이 있다. 토마스 베케트[3]는 부자이기는 했으나 자신이 살해되었던 그 성당을 지은 건축가가 아니었다는 사실이다. 건축가인 윌리엄 오브 센즈가 뒤를 이어 돈을 댔지만 그 역시도 숙련된 장인 이상은 아니었다. 더 정확히 말하면 고리대금업자들이 주머니를 풀기 전까지 예술가가 자신의 사재를 털어 예술을 일으키는 일은 결코 없었다. 예술을 예술로서 부활시키는 일, 즉 우리가 르네상스라고 부르는 그 일을 시작한 사람들은 다름아닌 고리대금업자들이었다.

---

3) 영국의 성직자. 노르망디 이주민인 상인의 아들로 태어나 1162년 캔터베리 대주교로 선임되었다. 교회재판권을 제한하는 클래런던 재판법에 반대하여 왕과 대립하였으며, 결국 왕의 측근인 '4인의 기사'에 의해 캔터베리 대성당 안에서 살해되었다. ─옮긴이

3

예술가, 자유를 회복하다

엄격한 길드의 장인들

이제 예술가들이 르네상스의 도래와 더불어 어떤 방법으로 예속을 풀고 오늘날 우리가 아는 독립적인 존재로 서게 되었는지를 말할 차례다. 그러기에 앞서 나는 르네상스라는 말이 불러일으키는, 미켈란젤로 같은 거장들의 작품에 대한 환상에 일침을 놓지 않을 수가 없다. 예술의 해방은 전혀 드라마틱한 사건이 아니었을 뿐만 아니라 거기에는 프로메테우스가 이룬 것 같은 도전이나 혹은 낭만적인 반항도 전혀 없었다. 예술에서 '자유'라는 단어와 관련지어 첫번째로 거론될 인물은 퀘르차Jacopo della Quercia이다. 그는 매사 쭈뼛거리고 별 생각 없이 사는, 그래서 늘 후원자들에게 사과를 해야 하는 인물이었다. 무슨 말인가 하면 예술가의 자유는 그들 개개인의 특성에 따른 것이 아니라 돈 때문이었다는 것이다.

이를 이해하려면 중세에서 14세기까지 예술가들의 작업 환경을 알아야 할 것이다. 즉 예술가들은 누구나 자신이 속한 직업 사회의 구성원으로서 한 마을에 살았다. 전 유럽에 걸쳐 이 점은 어디서나 동일했다. 물론 직업 사회를 일컫는 말은 나라마다 달랐다. 독일에서는 암트

Amt, 이누흐Innug, 춘프트Zunft 내지는 한트베르크Handwerk라고 했고, 프랑스에서는 메체métier, 영국에서는 크라프트 길드Craft guild, 이탈리아에서는 아르테arte라고 했다.

이러한 길드 또는 조합의 기원은 명확히 알려져 있지 않다. 아마도 로마의 콜레기아collegia(로마 제정 후기의 동직조합同職組合 − 옮긴이)가 잔존한 것이거나 셰익스피어의 코리올라누스(셰익스피어의 비극 「코리올라누스」의 주인공 − 옮긴이)가 일을 하는 데 필요한 도구와 표시를 지참하지 않았다고 꾸짖었던 그 장인들의 집단일 수 있겠으나, 그들 사이의 연관성을 추적한다는 건 쉽지 않은 일이다. 확실한 것은 그들이 안전과 보호에 대한 인간의 기본 욕구를 통해 자라났다는 점이다. 따라서 기원이 어떠했든 그들은 막강한 힘을 가진 조직으로 성장했으며, 오늘날 우리가 클로즈드숍이라고 부르는, 조합원들만을 고용하는 사업장, '길드'를 만들었다.

아무리 숙련된 장인이라 해도 이 길드에 속하지 않고서는 그 도시에서 일할 수 없었고, 길드에서 그를 일원으로 받아주지 않으면 들어가는 것도 불가능했다. 길드의 허락을 받은 뒤에는 누구나 도제 생활부터 시작했다. 그리고는 자신의 기량이 길드에서 요구하는 표준에 합당하다고 판단될 때부터 정식 멤버가 되고, 나중에는 마스터의 지위까지 올라갈 수 있었다. 여기에서 마스터란 단순히 기량에 국한된 말이 아니라 다른 의미로는 그의 휘하에서 일하는 모든 직공들을 부린다는 걸 의미했다. 그의 말은 곧 법이었다.

길드는 자신들이 만들어내는 상품의 가격을 정하고 모든 구성원들은 거기에 따랐다. 어떤 식으로나 경쟁은 엄격히 금지되었다. 예를 들어 어느 금세공인이 다른 이들보다 반지나 브로치, 식탁용 소금 그릇을 월등히 잘 만든다고 해도, 자신의 노력의 대가에 대해 남보다 한푼이라도 더 받아서는 안되었다. 더구나 길드에서는 특정한 사람이 동료 장인들을 능가하는 일 자체를 장려하지 않았다. 제작물의 질에 대한 표준항목이 세세히 작성되어 있어서 만들어진 제품은 엄격한 검열을 통과해야 했다. 그 이상도 그 이하도 용납되지 않았다. 벤베누토 첼리니(이탈리아의 조각가이자 금속 세공가 – 옮긴이)같이 남다른 행동을 일삼는 조각가는 그야말로 천덕꾸러기 취급을 받았다.

화가든 조각가든 이제 예술가는 양모 기술자나 금속 세공인 또는 가구 제조업자와 똑같은 장인이었다. 현대 예술애호가들의 눈으로 보면 충격적인 일일 수도 있겠으나 정말로 훌륭하게 활동하는 예술가들을 제외하면 장인이란 말에도 분명히 매력은 있다. 언젠가 헨리 무어(영국의 조각가 – 옮긴이)가 내게, 사람들이 조각에 대해 설명해 달라고 성가시게 굴면 그는 이렇게 대답한다고 했다. "난 석수예요. 더럽게 솜씨 좋은 석수 말이오." 그러나 헨리 무어도 무슨 직업 노동조합에서 자신의 최근작에 4만 파운드를 매기지 못하게 하면 노발대발했을 것이다.

그런데 그 일이 중세의 아티스트들에게 일어났던 것이다. 장인이 되려면 길드에 가입해야 했고, 길드의 구성원들은 부유해지는 일이 용납되지 않았다. 한 장인이 대단히 부유하려면 반드시 다른 구성원들과 경쟁 관계에 놓일 수밖에 없고, 당연한 결과로 집단적인 위협을 받게 되었다. 심지어 마스터 자리에 오를 때도 이런 구속은 여전했다. 마스터 역시 유산을 상속받을 때조차도 외부의 재원을 획득하는 것이라 하여 자신의 사업을 늘려나가는 일에 쓸 수가 없었다.

그러나 유럽의 관습과 풍습에도 서서히 변화가 일기 시작했다. 그

때까지의 훌륭한 삶이란 교회에서 가르친 것처럼 내세를 기다리는 것이었고, 현세란 원래가 고난이었다. 그러던 기독교도들도 점차 지상에서도 찬란한 삶을 영위하는 사람들이 있다는 사실을 깨닫게 되었다. 게다가 그 군상들은 기독교와는 거리가 먼 사람들이었다. 바로 이슬람교도들이었다. 그들은 메디나에서 휘몰아쳐 나와 제국을 일으켰다. 그들 역시 천국을 믿었는데, 천상미녀들이 남성과 여성을 자유자재로 바꿈으로써 성性의 영원한 문제를 해결한다는 곳이었다. 하지만 아랍인들은 지락至樂을 기다리고만 있지는 않았다. 그들은 하늘 아래, 현세에서 지락을 누렸다. 호화로운 궁전을 건립하여(스페인의 알람브라 궁이 그 예이다), 그곳에서 화려하고 안락한 생활을 영위했다. 그들의 의상은 기독교도들의 것보다 더 미려했고, 음식은 촉촉하고도 다채로웠으며, 보석은 한마디로 예술이었다. 십자군 원정은 이 모든 허영과 낭비를 끝장내려는 목적으로 시작되었으나 실제로 그들이 가지고 돌아온 것은 사치스러운 삶에 대한 새로운 취미였다.

문제는, 사람들은 이국적인 물건을 사고 싶어하게 됐는데 폐쇄적인 길드에서 그것들을 공급해 줄 수 없다는 것이었다. 교회는 고리대금업을 금지했지만 교역을 막지는 못했다. 길드가 한 도시를 틀어쥐고 있는 사이, 관할 구역 밖에서는 교역의 물길이 드세게 소용돌이치기 시작했다. 프랑스의 샹파뉴 지방은 특히 성황을 이루었다. 이곳의 여러 센터는 연중 문전성시를 이루어, 장이 서는 날짜 자체가 무색해질 정도였다. 전 유럽에서 상인들이 모여들어 베네치아에서 수입해 들여온 아시아산 고운 비단과 장신구, 향신료 등을 사고 팔았다. 개중에는 이탈리아에서 제작된 예술품들도 끼어 있어 새로운 고급 취향을 만족시켜 주었다. 길드는 어쩔 수 없이 오늘날 우리가 외국 무역이라고 부르는 또다른 형태의 노동자 조합을 인정하는 상황으로 몰렸다.

이 모든 것들은 금융 시장의 괄목할 만한 성장이 뒷받침되지 않았더라면 예술가들에게 그다지 큰 의미를 가져다주지 못했을 것이다(이슬람 사회의 예술가들은 기독교 사회 내의 동업자들에 비해서도 훨씬 더 자유롭지 못했다. 아예 사람의 형상 자체를 만들지 못할 정도였으니까).

메디치, 예술가의 지위를 바꿔놓다

유럽 전역을 오가며 엄청난 양의 동전을 짊어지고 다닌다는 것은 힘들고도 바보 같은 짓이었으므로 상인들은 신용장을 발명해 냈다. 롬바르디아에서 샹파뉴의 시장으로 운송된 상품을 이탈리아의 구매 대행회사에서 발행한 종이 한 장으로 살 수 있게 된 것이다. 자연히 회계 장부를 작성하는 기술도 발전했다. 회계에는 롬바르디아인들이 타의 추종을 불허할 만큼 뛰어났다. 어찌나 장부를 잘 정리했던지 역대 교황들은 로마로 쏟아져 들어오는 막대한 돈을 관리하는 데 늘 이들을 고용할 정도였으며, 나중에 아비뇽으로 일시 거처를 옮겼을 때도 데리고 갔다. 런던의 금융 중심지 롬바드 스트리트를 보면 당시의 금융 혁명이 어떠했고 어디서 시작되었는지를 짐작할 수 있다. 그러니 본격적으로 돈을 다루는 실재의 은행은 아니었지만 이탈리아인들이 유럽 금융업의 중심에 서게 된 것은 당연한 결과일 것이다. '은행가'들은 근본적으로 상인들이었다.

그들은 빠른 속도로 어마어마한 부자가 되었다. 웬만한 군주도 그들의 부에는 미치지 못했다. 군주들은 별로 내켜하지 않는 지역의 호족들에게서 강제로 돈을 거두지는 못하면서 늘 돈이 많이 들었기 때문이다. 게다가 아랍인들에게 잡힌 십자군들과 다른 이들의 몸값도 군주들이 내야 할 몫이었다. 군주들은 상인들에게 돈을 빌렸다. 그들에게 돈을 빌려준 상인들 중 한 사람이 예술가의 지위를 영원토록 변화시키는 데 가장 핵심적인 역할을 한 '그 인물'이다.

바로 코지모 데 메디치(1389~1464)다. 그는 후대 자손들의 화려함이나 문화와는 상관없는 상인, 그 이상도 이하도 아니었다. 다만 그는 돈의 위력을 아는 사람이었다. 피렌체의 영주 역시 돈이 무섭다는 걸 아는 사람이었으므로, 메디치의 영향력이 자꾸만 커져 가는 것이 두려워 메디치를 도시에서 추방했다. 메디치는 베네치아로 가서 왕처럼 살면서 그곳 사람들에게 돈을 빌려주어 때마침 벌어진 전쟁을 치를 수 있게 해주었다.

교회도 필요할 때 적시적소에 현금이 투여되었을 때의 가치를 익히 알고 있었으므로 이자에 대한 성경의 가르침에 대해 눈 먼 사람 행세를 하기 시작했다. 그 결과 메디치가 돈을 빌려준 사람 중에 토마조 파렌투첼리가 포함되게 되었고 그 일은 상당한 투자 성과로 돌아왔다. 그가 나중에 교황 니콜라우스 5세가 되었으니 말이다. 물론 코지모에게 교회 내에서 그처럼 지존의 위치에 있는 친구들이 있을 필요가 있었을까는 의문이다. 이 외에도 메디치에게서 돈을 빌린 유명인사로는 부르고뉴의 공작과 영국 왕 등이 있었다. 사실상 메디치 가문은 나름의 방식으로 이들 권세가들에 버금가는 힘을 소유하고 있었던 셈이다. 당대 프랑스의 역사가였던 코밍스Commyns는 돈의 모든 것을 황홀경으로까지 몰아갔다. 그에 따르면 돈은 "일찍이 이 세상에 존재하지 않았던 가장 큰 짐"이었다.

길드는 오늘날의 직종별 노동조합이 생존하는 방식으로 화폐 경제를 수용함으로써 명맥을 유지했지만 예술가의 유일한 수입원이라는 위치는 이미 상실한 상태였다. 한편 코지모는 그 많은 돈에도 불구하고 사회적 배경이 너무 빈약했다. 교회는 대부사업에는 더 이상 제재를 가하지 않았지만(영국의 주교도 돈을 빌릴 정도였으므로), 코지모가 고리대금업자라고 하는 오명은 여전히 남아 있었다. 그로서는 대대로 내려오는 토지 귀족의 신분과 작위라고 하는 부속물로 자신을 치장할 필요가 있었다. 저택과 조그만 관저도 있어야 했고 사람들의 시선을 끌 만한 화려한 무언가도 장만해야 했다. 마침 그는 예술에 약간의 취미가 있었다. 이것이 후일 무소불위의 메디치 가를 이루는 시발이 되었다. 조반니가 가계를 일으켰고, 코지모는 조반니의 아들이며, 코지모의 손자가 저 '위대한 로렌초'이니, 영국인들이 말하듯 신사 하나를 만드는 데 3대가 걸린 셈이다. 코지모는 자신의 주변에서, 특히 지적으로 뛰어난 사람들 사이에서 어떤 일이 벌어지는지를 파악하는 직감이 뛰어났다. 오늘날 성공한 갑부들이 대개 그렇듯이.

아랍의 뒤를 이어, 같은 신앙으로 무장한 투르크가 콘스탄티노플을 위협해 들어왔다. 그곳의 그리스 정교회는 친구를 찾다가 로마 카톨릭교회와의 연대를 모색했다. 바야흐로 두 교회간의 오랜 불화에 종지부를 찍고 화해의 시대가 열리리라는 희망이 드높아진 순간이었다. 1439년, 피렌체에서 위원회가 열렸다. 이 위원회는 두 교회의 역사에는 아무런 영향을 끼치지 못했지만 대신 예술의 역사에는 결정적인 전환의 계기가 되었다.

그리스인들은 자신들이 그 후계자인 그리스 고전 문화를 대동하고 다가왔다. 대개의 이탈리아인들에게 그리스어는 이른바 "도통 뭔 말인지!" 였으나 피렌체의 엘리트들 사이에서는 그리스어 배우기 열풍이 불었다. 플라톤을 수월하게 읽을 수 있는 사람은 아무도 없었지만 교양 있다 하는 사람이라면 서재에 플라톤의 흉상 하나쯤은 가져다놓아야 하는 분위기가 되었고, 경우에 따라서는 흉상 앞에 타오르는 촛불도 하나 켜놓아야 격이 맞았다.

코지모 역시 그리스 배우기에 여념이 없었다. 수시로 방문객들을 끌어들여 토론을 벌이기도 했는데, 그의 학문이 그다지 깊지 않았음은 자명한 일이었겠지만 예나 지금이나 돈 있는 사람 말에는 누구나 귀를 기울이는 법이다. 게다가 그가 새로운 풍조에 참여하는 방식은 대단히 실질적이었다. 주치의의 아들인 마르실리오 피치노에게 뛰어난 학자가 될 조짐이 보이자 코지모는 적극적으로 피치노의 후원자가 되었다. 그리고 얼마 지나지 않아 그리스에 정통한 피치노는 피렌체 철학계의 리더로 떠올랐다.

피치노는 자신만의 철학을 완성했는데, 그 점이 왜 중요한가 하면 그로 인해 플라톤 철학이 집대성되었기 때문이다. 자연히 플라톤이 이상적인 공화국을 설계했을 때 나라를 이끌 사람으로 지목한 소수 엘리트들이 철학과 수학, 과학 그리고 '예술'을 교육받은 사람이어야 한다고 한 부분이 중요하게 부각되었다. 로마제국의 몰락 이래 처음으로 예술가가 존경의 대상이 되는 순간이었다. 실로 오래전에 죽고 없는 사람들의 이름이 이리저리 사람들 입에 오르내렸다. 페이디아스, 프락시텔레스, 아펠레스 등등. 아펠레스는 알렉산드로스 대왕에게 말대꾸를 했고 더욱이 후한 보수까지 받았으니 좀 예외이기는 했다.

그 누구도 살아 있는 예술가들(즉 장인들)이 그리스에 버금가는 작품을 만들 거라고는 생각하지 않았다. 그런데 그 '그리스' 조각들이 로마 전역에 묻혀 있으니, 사람들이 땅을 파기 시작한 것은 당연지사였다. 물론 그것들은 대부분이 부자들의 저택을 장식하기 위해 만들어진 로마시대의 모사품들이었고 아주 질이 떨어지는 것들도 몇몇 있었다. 피렌체의 조각가들 중에서는 그것들을 보고서 자기도 그 정도는 만들 수 있겠다거나 심지어 그보다 훨씬 더 잘 만들 수 있다는 생각을 하는 사람들이 생겼고, 그리스의 선배들에 필적할 만한 작품료를 받을 수도 있겠다는 자신감을 얻었다. 마침내 그때까지도 거친 옷을 입고 있던 변변찮은 예술가들이 상류사회에서 오가는 대화의 화젯거리로 등장하게 되었다. 코지모의 돈은 피치노를 대성시켰고, 피치노는 플라톤에 대해 설명했으며, 플라톤에 따르면 예술가들이 국가의 핵심적인 구성원이었다. 바야흐로 르네상스가 시작되었고, 코지모의 돈은 그 원동력이었다.

그러나 상인들에 의해 사다리를 타고 오를 수 있도록 북돋워지기는 했으나 예술가들의 사회적 지위가 변화되는 속도는 느렸다. 그들을 일개 장인으로 여기게끔 오랫동안 체제를 유지해 온 교회가 앞을 가로막았다. 이 부분은 두 예술가의 경험을 이야기하면 명백히 이해될 것이다. 한 사람은 여전히 중세의 올가미에 매어 있으면서 거기서 도망쳐 나오기로 결심한 쾌르차이며, 다른 한 사람인 도나텔로는 아마도 새롭고 중요한 종種으로 분류된 최초의 예술가일 것이다.

내 권리는 내가 지킨다, 퀘르차

야코포 델라 퀘르차는 1370년에 태어났다. 그러니까 도나 텔로보다는 16년 젊고, 코지모 데 메디치에 비해서는 19살이 어린 셈이다.

그의 작품은 다른 이탈리아 거장들에 비해 상대적으로 덜 알려져 있지만 그렇다고 재능이 그만 못한 것은 결코 아니다. 존 러스킨(영국의 예술비평가 - 옮긴이)은 예술 작품을 보는 눈이 대단히 까다로운 사람이어서, 자신의 저서 『베니스의 돌 The Stones of Venice』에서 마음에 들지 않는 교회의 외관에 대해 극도로 화를 내고 있다. 그러나 퀘르차는 그런 러스킨까지 황홀경으로 이끌 수 있는 사람이었다. 비록 살아생전에는 나중에 러스킨이 그에게 바친 것 같은 따뜻한 찬사를 들어보지 못했지만.

퀘르차의 걸작 중 하나는 루카에 있는 대성당 내의 「일라리아 델 카레토의 묘비」이다. 일라리아의 형상이 지중해식 스타일로 무덤의 직사각형 블록 꼭대기에 놓여 있는데, 러스킨은 1845년 처음 그것을 보고 이렇게 썼다. "나는 예술로 장사하는 사람들을 상대로 실내장식업을 하다가 그만둔 그날부터 자신의 묘 위에 누운 일라리아 델 카레토의 조각상 옆, 이탈리아와 그 외 모든 예술에 대해 진심으로 공부하기 시작했다." 그는 이탈리아 사람들에 대해 좋지 않은 선입견을 가지고 있었던 것 같고 그 부분에서는 오해의 여지가 없지 않지만, 오로지 돈 때문에 작업하는 사람들에 대한 경멸은 의심할 여지없이 명백하다. "예술로 장사하는 사람들." 그렇다면 무엇이 묘비에 새겨진 일라리아의 형상만큼이나 차가운 러스킨의 마음을 움직인 것일까? 그의 속내를 알아보는 데 그 자신의 글만큼 좋은 근거는 없을 것이다.

눈여겨보아야 할 것은 재료의 분명한 진실성에도 불구하고 이 조각품은 여전히 꿈의 조각품이라는 점이다. 눈이 내리덮인 듯 정갈하게 가로놓인 곧은 주름들은 손으로 새긴다는 것이 불가능하리 만치, 대가들의 솜씨가 그렇듯 마치 강철 광선처럼 흔들림이 없고 중력의 법칙에 구애되지 않는 햇살처럼 정직하다.

어느 의미로 퀘르차는 예술계의 아이삭 뉴턴이라 할 수 있다. 그 시대에 묘지를 방문한 사람들은 일단 외양이 닮은 것에 놀라고, 러스킨의 상상력을 사로잡은 라파엘 전파 여성들의 곧게 드리워진 드레스에도 매혹되었다. 스물여섯이라는 젊은 나이임에도 러스킨의 눈은 정확했던 것이다. 그만큼 퀘르차는 누가 뭐래도 독창적인 사람이었다. 볼로냐에 있는 산 페트로니오 성당의 포르타 마그나(정문) 위에 있는 퀘르차 판版 「아담의 창조」만 보아도 그 점은 한눈에 드러난다. 많은 역사가들이 이야기하듯 그의 「아담의 창조」를 보고 미켈란젤로가 감명을 받았을 것이 틀림없으며, 그 결과가 바로 시스티나 성당의 천장화이다.

정작 내가 비중 있게 이야기하고 싶은 부분은 단순한 비즈니스를 뛰어넘는, 심지어 중력의 법칙까지도 무력화시키는 조각가의 영감에 대한 러스킨의 신념이다. 그런데 실제로 퀘르차는 돈에 대해 아주 민감한 사람이었다. 동시대 사람들이 남긴 말에 따르면 돈에 관한 한 고지식함과는 거리가 멀었다고 한다.

산 페트로니오 성당의 사제들이 그에게 입구 부분의 작업을 해달라고 하면서 작성한 계약서가 남아 있는데, 그가 맡은 일은 선지자의 조각상을 새기는 것이었다. 이 일로 퀘르차는 교황이 특별히 발행한 금화 5,600플로린을 받기로 되어 있었는데, 계약 자체는 순조로웠으나 문제는 지불된 선수금이었다. 금액이 고작 150플로린에 불과했기 때문이다. 그 돈으로 퀘르차는 돌도 사야 했고 운송비며 발판 재료비도 지불해야 했고 조수에게 일당도 주어야 했다. 선불금을 다 써버리고 나자 뒤이은 작업에 드는 비용을 감당하기 위해 그는 수시로 일 중간에 다른 도시로 가서 또다른 일거리를 맡아 진행하느라 작업에 차질을 빚었다.

사제들은 장인들이 흔히 그렇게 한다는 걸 잘 알고 있었다. 그들은 이를 사전경고로 간주했고 계약서에 이렇게 썼다. "(야코포 델라 퀘르차가) 약속을 지키게 하기 위해 마에스트로 토마지노 다 브레사가 보증인으로서, 퀘르차가 작업에 복귀하지 않을 때마다 선불금의 일부를 되돌려줄 책임을 맡는다." 그런 식으로 길드는 마스터의 이름으로 작업자의 직무 태만에 대한 책임을 졌다.

또 계약에 따르면 퀘르차는 매달 자신이 일한 만큼 보수를 받게 되어 있었는데, 그 점은 그의 위신을 더욱 곤두박질치게 했다. 말하자면 그는 일정한 임금을 받는 노동자도 아니었고 단지 일당을 받는 삯일꾼이었던 것이다. 조각품은 2년 안에 마무리해야 했고 퀘르차도 그러기로 약속했다. 2년이란 기간을 어떻게 정할 것인지 또한 계약서에 상세하게도 조목조목 명시되어 있는데, 그가 돌을 입수하여 실제로 작업을 시작하는 날로부터 계산하기로 한 것이었다. 이 조항은 대단히 오만한 내용이 아닐 수 없는 것이, 퀘르차는 쉽사리 기질을 드러내어 일이고 뭐고 팽개치고 작업실 안에 드러누워 버릴 수도 있는 사람이었기 때문이다. 그래도 사제들이야 그가 그 안에서 뭘 하는지 알 도리가 없을 것이었다. 어쩌면 토마지노 다 브레사가 가끔씩 들러 자신의 피보증인이 별 탈 없는지 확인했을 수는 있겠다.

그렇다면 계약서의 마지막 조항은 무엇이었을까? "모든 일은 디자인한 대로 마무리되어야 하며, 디자인에서 보였던 것보다 더 완벽해야 한다"가 그것이었다. 이는 태고 이래 학교 선생님들이 입에 달고 살았던 "넌 훌륭하지만 더 잘할 수도 있어"라는 말에 다름아니었다.

필체를 알아보기는 힘들지만 이 누런 계약서의 필사본을 좀더 자세히 들여다보자. 분명히 퀘르차는 이 작업을 의뢰받기 위해 스케치를 해서 고객에게 보여주었을 것이다. 그는 워낙 창조적인 천재성을 타고난 사람인지라 아담의 탄생을 해석해 내는 일에서 미켈란젤로를 앞지를 정도였다는 것은 앞서도 이야기한 바 있다. 바로 그 이유로, 일을 맡기 위해 그가 사제들에게 무료로 그려서 보여준 스케치는 스스로를 옭아매는 밧줄이 되어 계약에 불리하게 작용했다. 만약 그가 계약 조건을 거절하면 스케치에 표현된 아이디어는 다른 예술가(훨씬 저렴한)에게 건네져 곧바로 도용되고 말았을 것이기 때문이다. 그래서 이것저것 가릴 여유 없이 무조건 서명을 해야 했을 것이라는 추측이다. 계약서의 어느 부분에도 사제들이 원했던 것이 당대 최고의 재능을 지닌 예술가의 작품이라는 언급은 찾아볼 수 없다. 실제로는 그랬지만 그것을 필설로 드러내지는 않았다.

교회와 카톨릭 문서보관 창고, 바티칸 도서관 등에 남아 있는 이와 비슷한 문서들을 살펴보면 대부분의 예술가, 즉 장인들이 아무런 이의 없이 그런 식의 계약에 서명했음을 확인할 수 있다. 하지만 쿼르차는 기질이 좀 남달랐다. 그는 스스로 내키지 않을 때 다른 사람이 자신과 같은 천부적인 아티스트에게서 최고의 기량을 강요하다시피 끌어내기란 불가능하다는 사실을 잘 알고 있었다. 게다가 워낙 뛰어난 조각가였으므로 그를 찾는 곳은 얼마든지 있었다. 그래서 그는 자신만의 계약 원칙을 정해 두고서 조항을 임의로 수정하기 시작했다. 일단 일을 시작하는 것에는 동의를 하되, 경쟁 관계에 있는 의뢰인의 일도 맡는다는 것이었다. 이는 보증을 선 사람에게는 명백히 불리한 것이었지만 쿼르차 자신에게는 엄청나게 유리한 조건이었다.

이 부분은 아티스트, 장인들이 시키는 대로 일을 하고 매월 플로린을 지급하면 굽실거리며 고맙게 받아가던 날이 엊그제인 것만 같이 느끼고 있던 사제들을 끊임없이 격노하게 했다. 시에나에서 쿼르차를 불러 새로 건립되는 성당의 성수반 제작을 의뢰했을 때도 마찬가지였다. 늘 하던 대로 그는 볼로냐에서도 다른 일을 진행 중이었다. 시에나 측은 열흘 안에(1428년 8월 26일) 돌아오지 않으면 무거운 세금을 물리겠다고 을러댔다. 쿼르차는 되돌아갔지만 그들은 허가 없이는 도시를 떠나지 못한다는 명령을 내리는 해프닝을 벌였다. 그 두 해 전(1426년 2월)에도 그는 계약을 해놓고 내키지가 않아 두 점의 부조를 제작하지 않았고, 그 때문에 선지급금의 반환 건으로 고발을 당했었다. 이 모든 소동이 의미하는 것은 한 가지다. 쿼르차가 더 이상 장인이 아닌, 자신의 권리를 주장한 뛰어난 아티스트였다는 점이다. 끝내 그는 문제의 부조를 제작하지 않았다.

간혹 그가 선불금을 반환할 때도 있었는데, 주로 훨씬 더 유리한 계약을 따냈을 때였다. 또는 그가 돈을 돌려준다고 하는 내용을 썼을 경우였는데, 그건 자신의 잘못을 인정한다는 뜻이 아니라 그저 일에서 놓여나고 싶었을 경우에 한정되었다. 이것은 예술가와 예술가의 새로운 후원자들, 즉 신용장을 생각해 낸 사람들의 세상을 관통하는 바람의 첫 소용돌이였다.

쿼르차가 일하는 방식에 대한 러스킨의 생각을 실제로 쿼르차가 행한 방식과 비교해 보면 재미있을 것이다. 러스킨에게 쿼르차는, 자신의 걸작을 거의 초월적 수준으로 심오하게 이해하며, 한낱 돌을 가지고 차원 높은 경험을 창조함으로써 감수성이 뛰어난 감평자들과 소통하고자 하는, 영감을 받은 조각가였다. 러스킨은 자신에게 감명을 준 예술가들을 이런 식으로 높이 평가했다. 그는 도덕적 고상함이 없는 예술은 진정한 예술이 아니라고 확신했다. 그에게 베네치아의 바로크 스타일은 이러한 본질적인 요소가 결여되어 있는, 정나미 떨어지는 것이었다.

루카에 신흥 부자 일가가 있었는데, 자신들 정도면 루카 대성당에 가족 예배당을 마련해도 충분하다고 생각한 모양이었다. 일가는 쿼르차에게 조각을 의뢰했고 금전적으로 특별한 문제는 없었다. 다만 늘 그랬듯이 쿼르차 스스로가 곤경을 자초했다. 그는 평소와 같이 칸막이를 치고 그 뒤에서 작업을 했으며, 돈을 받고 하는 일인 만큼 신경을 곤두세워 매진했음에는 의심의 여지가 없다. 그러나 어느 날 그는 일만 하고 놀지 않는 인생은 무디어지게 마련이라는 생각을 했던 것 같다. 1413년 성당의 칸막이 뒤에서 그는 절도, 강간 및 조수인 조반니 디 이몰라와의 남색 행각을 벌인 일로 고발되었다. 그를 강간죄로 고발한 여자는 어느 상인의 아내였다.

러스킨은 고문서 연구에 그다지 많은 노력을 기울이지 않았다. 워낙 뛰어난 문장가였기 때문에 특별한 필요를 못 느꼈을 것이고, 그 때문에 나는 그가 이 탈선행위를 알지 못했을 것이라고 확신한다. 만약 알았더라면 자신이 생각하는 예술가의 도덕성에 크게 손상을 입힌 이 사건에 아마도 큰 충격을 받았을 것이다. 그것이 아니라면 시기심으로 인한 마음의 상처를 입었거나. 특히 그 상인의 아내 부분에 대해서. 러스킨의 아킬레스건은 바로크말고도 또 있었으니 그가 성 불능자라는 것이었다.

관대한 부자 예술가, 도나텔로

퀘르차가 끝내 제작하지 않았던 시에나의 부조들은 후에 도나텔로(1386~1466)로 알려진 도나토 디 니콜로 디 베토 바르디에게로 넘어갔다. 도나텔로는 피렌체 출신으로 지독히도 불우한 환경에서 태어나고 자랐다. 그의 아버지는 두 번의 추방령과, 목이 베인 뒤 시체를 당나귀에 매어 이리저리 끌고 다니는 형을 선고받은 사람이었다. 다행히 아버지가 집행유예로 풀려났고 도나텔로는 금 세공인이 되어 길드에서 일할 수 있었다.

그러나 오래지 않아 그는 로마로 가서 고전의 새로운 경향을 좇는 추종자인 조각가들을 만났다. 그도 다른 사람들처럼 그들 조각가들을 대단히 존경했지만 자기도 그만큼은 조각을 할 수 있을 것이라고 생각했다.

시절은 무르익어 있었다. 장인과 예술가 사이의 경계가 생기기 시작했고 도나텔로가 그 선두에 섰다. 1406년 11월 23일로 기록된 날로부터, 즉 도나텔로가 서른네 살이 되던 날부터 그는 금화 10플로린을 선지급 받고 포르타 델라 만돌라에 얹어둘 선지자들의 조각상 제작에

82

들어갔다. 그리고 그 첫번째 완성작은 보는 이들의 감탄을 자아냈으며, 사람들의 감명은 자연스럽게 그에게 돈을 올려주는 일로 이어졌다. 그는 나머지 한 작품의 대가로 16플로린을 받았다. 사흘 후에는 다비드상의 제작이 그에게 맡겨졌다. 사람들은 어느 때보다 경탄했지만 이 조각상의 역사는 시대의 불확실한 취향을 말해주는 단적인 예였다. 도나텔로의 「다비데」는 어느 지하창고에 쳐박혀 있다가 1416년 7월 부수도원장의 다급한 요청에 의해 겨우 바깥 세상을 볼 수 있었다. 누군가 이 우아한 청동의 소년을 무척이나 싫어했던 모양으로, 도나텔로는 금화로 5플로린인 그 작품의 대금을 받지 못했다.

이때쯤 도나텔로는 코지모가 주변에 포진시켜 놓은 예술가 무리에 끼어 있었다. 하지만 도나텔로는 남에게 알랑거리는 스타일이 아니어서 코지모는 그의 환심을 사기 위해 값비싼 옷 한 벌을 선물로 보냈다. 도나텔로는 두 번 입어본 뒤 자기 같은 사람이 입기에는 너무 우아하다며 옷을 돌려보냈다. 이는 여러 가지로 해석할 수 있는 모호한 행동이었다. 그가 스스로 그런 척해 보였던 것처럼 그저 일개 장인일 뿐이었다면 아마 코지모에게 정면으로 거스를 배짱은 없었을 것이다. 그러나 그는 코지모가 자신의 행동을 묵인할 것이라고 확신했다. 왜냐하면 코지모에게는 (자기와 같은) 피렌체 최고의 예술가를 측근에 두고 있다는 말을 듣는 것이 무엇보다 중요한 때였기 때문이다. 선물이야 어찌되었든지.

도나텔로는 이런 식의 남다른 면모를 꽤 많이 지닌 사람이었다. 무엇보다 그의 빛나는 점은 생활의 여유가 없는 예술가들과 친분을 유지하기를 진심으로 바랐고, 가장 실질적인 방법으로 그 일을 실천했다는 데 있었다. 그는 자기 작업실에 있는 밧줄에 상자를 매달아놓고 거기에 돈을 넣어두었는데, 돈이 필요한 친구라면 누구나 꺼내갈 수 있도록 배려한 것이었다. 이것은 뭔가 하면, 단순히 그의 천성이 관대했다는 의미에서 나아가 한 예술가로서 그가 경제적으로 성공했다는 사실을 보여주는 일례이기도 한 것이다. 그도 자신의 가치를 충분히 인식하고 있었기 때문에 코지모가 농장을 선물했을 때는 기쁨을 감추지 않았다. "이제 굶어죽을 일은 없겠군"이라고 하면서. 그러나 일 년 후, 그는 코지모의 아들인 피에로에게 농장을 되돌려주었다. 농부들한테 신경쓰고 싶지 않다는 것이 이유였다. 그 일로 그가 굶어죽는다 해도 그는 그럴 사람이었다.

사실 그는 그런 말을 해도 될 만큼 여유가 있었다. 그의 값어치는 하늘을 찌를 듯했다. 「가타멜라타 장군 기마상」은 지금도 세계적인 걸작으로 꼽히는데, 당대에도 「다비데」상 때와는 달리 금세 사람들에게 가치를 인정받았다. 이 작품은 고대 로마의 「마르쿠스 아우렐리우스 기마상」에 곧잘 비견되는데, 한 번도 로마에 묻혀본 일이 없는 조각상 중 하나인 '말 탄 마르쿠스 아우렐리우스'를 기독교인들이 보존했던 이유는 그 조각상이 콘스탄티누스 대제를 상징한다고 생각했기 때문이다. 그 결과 지금도 그것은 카피톨리누스 언덕에 서 있다. 이 로마의 기마상과 도나텔로의 것을 비교해 보면 도나텔로 쪽이 뒤질 것이 없으며 어떤 면으로는 훨씬 뛰어나다는 것을 한눈에 알 수가 있다. 그리고 그 점은 어느 고대의 조각가들과 비교해도 마찬가지다.

물론 모든 사람들이 '천재성은 곧 돈'이라는 말에 동의하지는 않는다. 가타멜라타의 아들인 기안난토니는 도나텔로가 제시한 금액을 지불하는 데 상당히 망설였다. 그리고 둘 사이의 논쟁은 점점 가열되었다. 마침내 1453년 10월 1일, 저마다 자기 공예 분야의 마스터인 8명의 입회인 모두가 의견을 모은 가운데 이 조각상은 금화 1,650두카트의 가치가 있다는 결론이 내려졌다. 이쯤에서 도나텔로의 위상을 한번 가늠해 보자. 그는 기베르티가 피렌체에서 저 유명한 세례당의 문을 만들고 있을 때 그의 조수로 자신의 경력을 시작했는데, 이때의 연봉이 75두카트였다. 말하자면 말과 그 기수를 제작한 조각상 하나가 초기 연봉의 22배에 해당하는 돈을 가져다주었다는 이야기다.

그는 자신의 재정적인 성공을 점점 더 완숙시켰다. 심지어 농업 노동자들을 상대로 참고 지내는 법도 익혀서 프라토에 농장까지 마련했다. 조르조 바사리가 그린 도나텔로의 임종을 보면 부를 가진 자가 그 나이에 누릴 수 있는 특권에 대해 잘 나타나 있는데, 친척들이 방안에 가득 들어차 그의 침상을 둘러싸고서 농장을 남겨달라고 이 유명 조각가에게 애걸하고 있다. 이에 대해 도나텔로의 대답은 이랬다.

"여러분의 청을 들어줄 수 없소. 왜냐하면 난 힘들게 일한 농부들에게 농장을 넘겨주고 싶고, 그게 온당하다고 생각하기 때문이오. 여러분은 누구에게도 이로운 일은 일체 하지 않았지 않소? 그러니 가시오. 신이 축복해 주시길."

그의 친척들은 그의 그림이나 미완성의 조각품 또는 노트에는 관심을 두지 않았다. 호상豪商들이 예술과 예술가에 대해 어떻게 생각하든 보통 사람들에게는 현금만이 최고이니까.

4

미켈란젤로와 돈

인간적인, 너무도 인간적인 천재

미켈란젤로에 이르러 마침내 예술가는 승리자가 되었다. 그에 대한 연구와 저술활동은 지금껏 매우 활발하게 진행되어 왔다. 개중에는 그를 숭고한 존재로 생각한 저자들도 있고, 더러는 대단히 외설적이라고 치부해 버린 이들도 있다. 어쨌든 미켈란젤로의 성향 때문에 일어난 에피소드도 적지 않은데, 한 예로 퍼시 비시 셸리(영국의 낭만파 시인 – 옮긴이)는 미켈란젤로가 남긴 소네트(소곡, 14행 시 – 옮긴이)를 번역하면서 애써 소년들을 소녀들로 고쳤고, 「최후의 심판」이 완성된 후 그림에 노출된 남성의 성기에 속옷을 입히도록 덧그려서 가린 일은 유명한 일화다. 덕분에 당시 덧그리기를 떠맡은 화가는 "속바지 화가"라는 오명을 영원히 뒤집어쓰고 말았다. 요점이 뭔가 하면 미켈란젤로는 그야말로 불세출의 천재였고 따라서 그를 찬미하는 사람들은 그에게 아무런 오점도 없는 완벽함을 기대한다는 것이다. 그러니 그의 동성애 성향은 아무래도 걱정거리가 아닐 수 없었을 것이다.

정작 미켈란젤로는 그 문제로 전혀 고민을 하지 않았던 것 같다. 다른 문제로 고민하느라 바빴기 때문인데 그건 다름아니라 곰팡내 날 정도로 진부한 주제, 돈이었다. 미켈란젤로 스스로가 말하기를 돈은 자신이 이루어낸 온갖 눈부신 업적의 동인動因이었다고 했을 정도다. 이쯤 말했으면 혹여 내가 우상 파괴를 모의하자고 할까봐 두려워 이후의 글을 읽지 않으려 하는 사람들이 생길 법도 한데, 그들을 위해 미켈란젤로의 돈 걱정은 매우 고상했으며, 어떤 의미로 숭고하기까지 했다는 이야기를 미리 덧붙여둔다.

또한 그의 예술적 업적에 대해 나 역시 무한한 존경심을 갖고 있다는 점도 분명히 밝혀둔다. 내가 시스티나 성당의 천장화를 실제로 본 것은 오후 5시 무렵, 성당의 모든 불이 환히 밝혀진 시각에 텅 빈 고요한 미사실의 성찬대 계단에 앉아 있을 때였다. 지체 높은 사제 한 분만이 가없는 신심의 발로에서 그때까지 남아 내게 가르침을 주고 계셨다. 또 어느 날엔 로마에 폭우가 내리는 동안 바티칸에 들어가 성베드로 성당의 돔형 지붕과 첨탑 위로 퍼붓는 비를 바라보면서 나는 미켈란젤로야말로 역사상 가장 위대한 건축가라는 사실을 마음 깊이 새기기도 했다. 사실 그에 대한 나의 존경심과 경외감은 일생에 걸친 것이었다. 어린 시절엔 침실 벽에 독수리에게 낚아채여 하늘로 끌려 올라가는 가니메데를 그린 그의 그림을 붙여놓았고, 세월이 흐르면서 그림은 바뀌었지만 미켈란젤로의 그림이라는 점만은 변함이 없었다. 그에 대한 나의 애착은 길게 이어져 심지어 그가 노년에 교황의 개인 예배당인 파올리나 성당의 두 벽에 그린 두 점의 프레스코화(「바울로의 개종」과 「베드로의 책형」을 말함 – 옮긴이)에 대해서까지 연구할 정도였다. 그런데 고약하게도 이 그림들을 보려면 예수회가 만든 바티칸 프레시에어fresh air 기금에 눈치껏 일정액을 기부해야 한다. 달리 말하면 지금까지도 미켈란젤로의 주된 업무는 돈을 버는 일이라는 점이다.

미켈란젤로는 1475년 부오나로티 가의 일원으로 태어났다. 그의 아버지 루도비코가 입에 달고 살다시피 한 내용대로라면 영락한 귀족의 후예였다. 돈이라고는 찾아볼 수 없었지만 그래도 유서 깊은 카노사 가문이 그들의 선조라는 긍지는 있었다. 미켈란젤로는 전 생애에 걸쳐 이것이 사실이라는 증거를 찾으려 적잖은 노력을 했다. 가계의 혈통에 대한 문서를 찾아보기도 했고, 진짜 카노사 가문에 대답을 청하여 답장을 받아두기도 했다. 카노사 측에서는 이 유명한 예술가의 비위를 거스르지 않기 위해 대답을 애매하게 피하여 편지를 썼던 것으로 알려졌다. 그러나 미켈란젤로의 노력은 무위로 돌아갔으며 그 이후로도 그에 관한 증거는 전혀 밝혀진 바 없다.

십대 이후로 줄곧 미켈란젤로는 자신이 예술적 천재성을 타고났다는 사실을 의심하지 않고 지냈다. 누구나 다 끊임없이 그렇게 이야기했으니 그럴 수밖에 없었을 것이다. 찬사가 어찌나 난무했던지, 동료 예술가 지망생이었던 토레지아노는 사랑스럽게(바사리의 표현) 그의 콧잔등을 내리쳐서 평생 부러진 코로 살아가게 만들기까지 했다.

이 부러진 코는 로마의 콘세르바토리오 박물관에 있는 그의 흉상에 잘 표현되어 있다. 아마도 그의 사후에 데드마스크로 제작된 것으로 추정되는 이 흉상을 보면 당대 사람들이 그를 어떻게 생각했는지 확연히 드러난다. 내 경우엔 처음 대했을 때부터 뭔가 수수께끼를 보는 듯한 느낌을 받아서 수년에 걸쳐 여러 차례 이 작품을 연구하기도 했다.

미켈란젤로는 '테리빌리타terribilità'를 지닌 사람이었다. 적어도 그를 경외하던 친구들과 적들은 그렇게 말했다. 이 말은 공포스러울 정도의 위압감을 뜻하는 이탈리아어인데, 무솔리니가 대중 앞에서 자신의 외모를 전략적으로 가다듬었던 것도 이와 무관하지 않다. 이탈리아인들은 사람의 얼굴을 보고 그 품성을 판단하는 버릇이 있었으므로 무솔리니도 자신이 독재자처럼 보이지나 않을까 꽤나 신경을 쓸 수밖에 없었던 것이다. 이 관습이 너무나 만연해 있었으므로 제대로 판단한 것이든 실수이든 롬브로소Cesare Lombroso(이탈리아의 정신의학자, 법의학자. 범죄인류학의 창시자 - 옮긴이)는 이 토대 위에서 자신의 범죄학을 성립시키기까지 했다.

그런데 내가 본 미켈란젤로의 흉상에서는 전혀 그런 힘이 느껴지지 않았다. 그 점이 내게 수수께끼였던 것이다. 그는 그냥 걱정 많고 가정적인 사람의 전형적인 얼굴, 즉 자신의 일가붙이를 무척이나 사랑하고 또 그들 때문에 분노하기도 하는 그런 평범한 얼굴을 하고 있었다. 그가 창조해 놓은 눈부신 작품들을 생각하면 절대로 어울리지 않는 얼굴이었다. 물론 그가 남긴 편지들을 보면 이해가 되기도 한다. 그는 지나치리만큼 가족을 사랑했으며 그들에 대한 염려를 달고 살았다. 그의 가족들이 그에게 부담시킨 돈에 대한 염려까지.

그는 다섯 형제 중 하나로, 친모가 세상을 떠나 양모 슬하에서 자랐다. 그의 아버지는 물론 형제들 중 별 볼일 있는 사람은 하나도 없었다. 맏형인 레오나르도가 가장 나은 편으로 도미니크회의 수도사가 되었지만 결국 스스로 성직자 옷을 벗어버렸고, 나머지 형제들은 직업도 일정치가 않았다. 그 중 한 사람은 용병으로 임시직을 얻었으나 돈을 버는 데는 실패했고, 또 한 사람은 포목점에서 일했지만 그 역시 마찬가지였다. 그들 모두가 미켈란젤로를 약삭빠르고 계산적인 눈으로 바라보았다.

후원자 메디치와 무능력한 가족

코지모의 손자인 로렌초 데 메디치 역시 계산이 빠른 사람이었다. 그러면서도 머리끝에서 발끝까지 온전한 신사로서 '위대한'이라는 수식어까지 달게 된 사람이었다. 젊은 미켈란젤로는 즉시 로렌초의 눈에 띄었고, '정원The Garden'이라고 불리던, 고대의 조각품들로 가득 찬 저택에서 동문수학하는 예술가들의 그룹에 들었다(그리고 거기서 토레지아노가 미켈란젤로의 코에 펀치를 날리는 사건이 일어났다). 미켈란젤로는 매월 5두카트와 충분한 옷을 제공받았다. 5두카트라고 하면 도나텔로가 「다비데」의 작품료로 받은 금액과 같았으니까, 미켈란젤로는 분명 돈을 벌 수 있는 탄탄대로에 올라선 셈이었다. '정원' 안에서 그는 도나텔로의 학생 중 하나인 바르톨도 아래서 공부했다. 그리고는 곧 조건이 좋은 일거리를 많이 맡게 되었고 결코 부유하다고는 할 수 없었지만 아버지 루도비코의 귀가 솔깃해질 정도로는 벌고 있었다.

1500년 2월 14일 미켈란젤로가 스물다섯 살 되던 해 루도비코는 예의 전형적인 편지를 썼다.

내게는 다섯 명의 손자가 있고 이제 나이가 쉰여섯인데 물 한 잔 넉넉히 건네주는 사람이 없구나. 게다가 손수 밥짓고 청소하고 설거지까지 해야 하니……. 하느님께서 내 건강마저 거둬가 버리시면 옛 집으로 돌아가야 할 것 같다. 내 옆엔 아무도 없으니 말이다.

상황이 그 정도로 나쁜 것은 절대 아니었다. 천재를 배출한 집안이 그렇게까지 가난할 리는 결코 없었다. 미켈란젤로는 이미 아버지의 생계를 충분히 뒷받침해 주고 있었다. 아버지를 로렌초 데 메디치에게 소개시켜서 세관원으로 취직까지 시켜준 상태였기 때문이다. 이는 그 아버지가 온갖 일로 미켈란젤로의 인생을 어렵게 시작하도록 만드는 일에 최선을 다한 것에 비하면 대단히 관대한 처사였다. 로렌초가 미켈란젤로에게 '정원'에 합류하자는 청을 넣기 위해 대리인을 보냈을 때 루도비코는 한껏 거드름을 피우며 자신은 귀족이기 때문에 아들이 '석수'가 되는 꼴을 보고 싶지 않다고 딱 잘라 말했고, 로렌초의 저택에 머무는 조각가들은 절대로 '기능공'이 아니라는 설명을 한참이나 들은 후에야 투덜대며 로렌초를 만나보기로 했다. 그리고 '위대한 로렌초'의 면전에서 마지못한 듯 아들을 보내는 데 응했다. 그런 우여곡절 끝에 로렌초는 이 소년을 차지했던 것이다.

어쩌면 로렌초는 미켈란젤로의 아버지를 세관에 취직시켜 주면서 그가 어떤 사람인지 정확히 파악해 버렸던 것 같다. 우아하게 미소지으며 루도비코의 어깨에 손을 얹고 말했다. "당신은 절대로 부자가 될 수 없을 거요."

그렇듯이 루도비코는 그 아들인 한 천재의 눈에 비친 모습을 제외하면 장점이라고는 찾아볼 수 없는 사람이었다. 그는 누가 뭐라 해도 무능력자였고 푸념꾼이었으며 남에게 빌붙어 사는 유형의 사람이었다. 미켈란젤로에게는 그런 면이 전혀 없었다. 그가 한 일은 오로지 성공이었다. 그는 앞서 보았듯이 루도비코에 대한 경멸을 거의 숨기지 않고 드러내는 '위대한' 로렌초 데 메디치에 의해 끊임없이 추켜세워졌다. 로렌초가 루도비코에 대해 경멸감을 완전히 드러내지 않은 것은 그나마 그가 저 빛나는 천재의 아버지라는 사실 때문이었다. 이탈리아에서는 아버지 없는 아들은 없다는 것이 확고한 믿음으로 받아들여졌기 때문이다. 지금도 이것은 정서의 차원을 넘어 격언처럼 인식되고 있지만, 특히 로렌초에게는 빼도 박도 못할 진실로 느껴질 수밖에 없었을 것이다. 아버지와 증조할아버지, 고조할아버지 대의 축재가 없었더라면 로렌초는 결코 '위대한' 사람이 될 수 없었을 테니 말이다.

미켈란젤로가 아버지에게 품었던 감정은 자식으로서의 보은을 훨씬 뛰어넘는 것이었다. 효성과 우애는 그의 천재성의 핵심부에 자리 잡고 있었다. 이 사실은 그가 한 말에서 충분히 증명이 되는데, 위에서 인용한 아버지의 편지에 대해 그는 이렇게 답했다. "전 제가 하는 일 모두가 저 자신을 위한 것과 똑같은 비중으로 아버지를 위한 것임을 아버지께서 아셨으면 좋겠습니다." 또한 1508년 8월에 보낸 편지에는 더 따뜻한 글귀가 들어 있다. "아버지는 저를 30년이나 알고 지내오셨습니다. 당신과 당신의 아들들을요. 제가 아버지의 안녕하심을 바라고 있다는 것을 알아주세요."

이 모든 것들을 단순히 나이 든 사람의 입을 막으려는 수단으로만 간주할 수도 있다. 그러나 미켈란젤로는 그런 사람이 아니었다. 실제로 그는 아버지에 대한 애정 때문에 수없이 돈을 써야 했다. 그인들

땀과 조각칼로 벌어들인 돈을 자신을 위해 펑펑 쓰고 싶은 생각이 왜 없었겠는가. 그런데도 그는 자신을 위해서는 한푼도 쓰지 않았다. 명성이 정점에 이르렀을 때에도 그는 로마에 처음 입성했을 때 마련한 누추한 작업실을 떠나지 않았으며 의무사항이었던 궁중복조차도 입지 않았다. 뿐만 아니라 그가 성공한 예술가들 사이에 유행했던, 호의호식을 누렸던 대표적인 예술가 벤베누토 첼리니처럼 좋은 옷이나 맛있는 음식에 돈을 썼다는 기록이나 증거는 결코 찾아볼 수 없다.

1516년까지도 그는 얼마씩의 여유 자금을 꾸준히 모았다가 형제들에게 주려고 했다. 그가 보낸 편지에는 가게를 차려주려고 준비하고 있으며, 거기에서 이득을 얻을 생각은 없다고 씌어 있다. 그러나 이번에는 다음과 같은 말을 덧붙였다. "확실히 해두고 싶은 건 10년이 지나고, 그때도 내가 살아 있고, 그때 가서 내가 원하면, 상품이나 돈으로 나에게 1,000두카트씩을 돌려주기로 한다는 거야. 물론 그런 일이 일어나지는 않을 거라고 생각하지만."

이 조건은 순전히, 그가 자신의 형제들에게서 돈을 돌려받지 못할 것이며, 결국 모든 것이 또다른 가족의 불화를 부를 뿐이라고 꼬집은 어느 친구에게 보여주기 위한 것이었다.

사실은 이미 그런 일이 한 차례 있었다. 그의 형제인 지오반 시모네가 돈 때문에 그를 지독하게 괴롭힌 적이 있었던 것이다. 1508년 7월에 씌어진 어느 편지에서는 미켈란젤로의 감정이 폭발했다. '테리빌리타'의 흔적이 분명히 드러난 대목이다.

네 머리가 진실이 뭔지 알 수 있을 정도만 된다면 내가 나 스스로를 위해 돈을 탕진했다는 말 따위는 하지 않았겠지. 그런 일로 여기 오지도 않았을 거고. 넌 이렇게 말하곤 하지. "미켈란젤로는 자기가 뭐라고 편지에 썼는지를 알아. 그리고 지금 그렇게 행동한다는 건 뭔가 곤란한 일이 있다는 거지"라고. 부디 인내하기 바란다. 이미 최고의 속력을 내고 있는 말에게 박차를 가하지 말거라. 그래 봐야 더 빨리 달리지는 못해.

난 네가 내 형제라고 생각했다. 다른 사람들처럼. 이젠 네가 내 형제가 아니라는 확신이 들어. 내 형제라면 아버지를 겁주진 않았을 테지. 넌 돼지야. 그러니 나도 널 돼지 대하듯 하겠다. 난 비참함에 몸을 떨며 온 이탈리아를 헤매고 다녔어. 온갖 창피함을 참아가며, 갖고 싶은 욕망을 억눌러가며, 숱한 힘든 일에 스스로를 조각조각 찢어넣어가며, 수천 가지 삶의 위험을 무릅쓰며! 그게 다 오로지 가족에게 도움이 되기 위해서였어. 그런데 이제 겨우 성공이 눈앞에 다가오니까 넌 싸움이나 걸고 내가 그 오랜 세월 동안 죽을 고생을 다해 일궈온 모든 것을 한순간에 망쳐버리려 하는구나. 예수 그리스도께 맹세하건대 그런 일은 일어나지 않을 것이다. 난 필요하다면 너보다 만 배는 더 잘 싸울 수 있는 사람이야.

미켈란젤로는 후원자와 일거리를 찾을 수 있는 로마로 본거지를 옮겼었다. 그런데 1497년, 형제 중 하나가 불쑥 나타나(아마 8월 11일이나 18일이었을 것이다) 아버지가 진 금화 90플로린의 빚을 해결해 달라고 요구했다. 미켈란젤로는 빚을 갚아주었다. 다음에는 또다른 형제인 로렌초가 빈털터리 신세로 나타나 큰소리를 쳐 댔다. 이번에도 미켈란젤로는 지갑을 털었다. 그가 그런 식으로 대준 돈이 모두 얼마였는지는 알려져 있지 않은데, 그건 매번 편지를 주고받으며 돈이 오간 것도 아니거니와 그나마 작성되었던 편지도 적잖이 소실되고 말았기 때문이다. 그러나 주변 사람들을 통해 전해진 이야기는 분명하게 남아 있어서 그 부분에서 몇몇 사례를 추출해 낼 수는 있다.

1508년경 미켈란젤로는 새로 짓는 성 베드로 성당에 마련될 교황 율리우스 2세의 묘지에 관한 계약서(여기에 대해서는 추후 좀더 이야기할 것이다)를 받았다. 그로서는 상당히 부담 가는 일이었고, 아니나다를까 결국 그 중 하나는 완성을 보지 못했다. 어쨌든 미켈란젤로는 사는 동안 내내 따라다닐 수도 있는 스스로에 대한 회의에 덜컥 사로잡혔고, 그런 상황이면 누구나 그렇게 하듯 그도 자연스럽게 아버지에게 자문을 구했다. 그런데 돌아온 것은 참으로 무미건조한 대답이었다. 루도비코는 특유의 화법으로 미켈란젤로에게 조각가가 되겠다는 꿈 자체를 아예 포기해 버리라고 강권하는 메마른 편지를 썼다.

이처럼 기막히게 잘못된 아버지로서의 충고를 써 보낸 후 루도비코는 더 많은 빚을 지기 시작했다. 1509년에 그는 아들에게서 15두카트를 전해 받았고, 1510년에는 금화 6플로린을 받았다. 또 같은 해에 형제인 부오나로토가 병에 걸리자 미켈란젤로는 또다시 150두카트를 부쳐주었고, 루도비코가 아무런 사전 의논도 없이 피렌체에 나타나 미켈란젤로의 단골고객에게서 100두카트를 받아간 것도 같은 해의 일이었다(그가 "내 아들 ─ 알다시피 그는 교황 아래서 일했다 ─ 이 갚아줄 거요"라고 말하는 광경을 상상하기란 어려운 일이 아니다). 미켈란젤로의 당시 사정으로서는 지출하기가 버거운 돈이었으므로 그는 아버지 본인이 갚을 것을 청했다. 루도비코는 선선히 미안하다고 하면서 그러마고 했는데 정작 돈을 갚지는 않았다. 가련하게도 미켈란젤로는 반은 자기가 갚을 테니 나머지 반이라도 아버지가 갚으라고 사정하다시피 했다.

미켈란젤로가 가족의 생계를 위해 쓴 돈은 과연 어느 정도였을까? 1508년으로 한번 가보자. 이 해는 미켈란젤로가 교황 율리우스 2세로부터 시스티나 성당의 천장화를 의뢰받았던, 예술의 역사에서 중차대한 의미를 지닌 해이다. 선금은 500두카트였다. 이 돈으로 그는 매월 20두카트씩을 주기로 하고 다섯 명의 젊은 조수들을 피렌체에서 불러 왔다. 그가 이들을 해산하고 혼자서 작업을 완료했다는 것은 말 그대로 전설인 것 같고, 기록상으로는 한 명만 떠난 사실이 확인되고 있으니 그가 돈을 지불해야 할 사람은 네 명이었다고 보는 것이 옳다.

그 해 형제인 부오나로토가 돈을 보내달라고 애걸할 때 미켈란젤로는 그럴 형편이 못된다는 사실을 솔직히 털어놓을 수밖에 없었다. 그는 편지에다 자기가 갚아야 할 빚이 무려 140두카트나 되며, 묘지에 쓸 대리석 값으로 400두카트를 추가로 지불해야 할 입장이라고 써 보냈다. 그러면서도 그는 지나다 들른 방문객에게서 나이든 고모가 곤궁한 형편에 처해 있다는 소리를 듣고는 곧바로 5두카트를 보내는 다정다감함을 보였다.

그러나 1509년에 그는 빈털터리가 되었다. 예술사상 가장 유명한 작품 둘, 즉 성당의 천장과 묘지를 작업 중이었는데 불운하게도(그가 쓴 말이다) 교황은 13개월 동안이나 한푼도 지불하지 않았던 것이다. 그럼에도 불구하고 그가 해야 할 일은 늘 한결같았다. 같은 해에 그는 절제력이 약한 자신의 아버지에게 350두카트를 보내면서 감동적인 문장으로 편지를 마무리했다.

"살아 계셔 주세요. 세상에 있는 모든 금을 동원해서라도 아버지가 돌아가시게 하지는 않을 겁니다."

교황과의 끈질긴 돈싸움

시스티나 성당 천장의 재원財源에 관해서는 연구해 볼 여지가 많다. 자금 조달 과정 자체가 소설 또는 스펙터클한 영화에나 나올 법한 전설적인 불화와 다툼의 연속이었기 때문이다. 교황 율리우스 2세와 미켈란젤로는 저마다 둘째가라면 서러울 만큼 완고한 성품을 지닌 사람들이었다. 그들은 사사건건 충돌했다. 율리우스는 거대한 천장에 위대한 미켈란젤로의 그림을 그리는 것이 교황으로서 영원히 이름을 남기는 일이라고 믿었고, 헌신적인 예술가로서 미켈란젤로는 아무리 교황의 청이라 해도 그런 식으로 다급하게 작업할 수는 없다고 버텼다. 교황은 끊임없이 시스티나 성당을 드나들며 작업의 진척 상황을 보여달라고 요구했고 두 사람은 결국 폭발하고 말았다. 교황은 미켈란젤로가 서두르지 않는 것에 분노했고, 미켈란젤로는 (자신의 '테리빌리타' 때문에) 율리우스가 함부로 대하는 것에 격분했다. 그들의 다툼은 교황이 막대기로 이 위대한 예술가의 머리를 내리치는 상황으로까지 치달았다.

막대기 사건이 사실이냐에 대해서는 의문의 여지가 없다. 실제로 율리우스는 미켈란젤로를 때렸다. 그러나 이 유명한 충돌의 나머지 부분은 좀더 세밀하게 조사해야 알 수 있는 부분이다. 애초엔 율리우스도 시스티나 성당의 천장이 자신의 이름을 남기는 데 꼭 필요하다고는 생각하지 않았던 것 같다. 교황들은, 적잖은 수의 전임자들이 역사가들에 의해 외면당하거나 부차적인 존재로 밀쳐지지만 않았더라도 자신들의 이름을 역사에 길이 남기는 데 그처럼 대단한 노력을 경주하지는 않았을 것이다. 현대의 교황들 중 가장 겸손한 이는 요한 23세이지만, 그조차도 성 베드로 성당 곳곳에 매우 큰 기념 명각銘刻을 비치해 두었다. 그것도 자신이 직접 제작을 지시한! 누구라도 그걸 못 보고 지나친다는 것은 불가능하다. 어쩌나 교묘하게 배치를 해두었던지 그 위로 걸어가지 않고서는 바실리카 안으로 들어갈 수가 없으니 말이다.

만약 율리우스가 문제의 천장을 통해 자신의 명성을 드높이고자 했다면 십중팔구는 자신의 초상화를 끼워넣어 제작해 달라고 고집을 부렸거나(당대의 유행이기도 했으므로), 적어도 요한 23세처럼 커다란 명각이라도 만들었거나, 바오로 5세처럼 명각을 교회 정문에 내다걸기라도 했을 것이었다. 게다가 그는 이미 미켈란젤로에게 자신의 거대한 묘지에 조각을 해달라고 부탁까지 해놓고 있던 참이었다.

그러므로 천장화 사건에 관련된 좀더 실질적인 이유는 미켈란젤로가 너무나 비싼 작품료를 받고 있었다는 데서 찾아보는 것이 타당할 것이다. 묘지의 역사를 공부해 보면 알 수 있듯 율리우스는 돈 문제에 관해 그리 관대한 사람이 아니었다. 그가 천장 일을 의뢰하면서 계약한 금액은 3,000두카트였지만 미켈란젤로는 더 많은 금액을 바랐다. 그림을 그리기 위한 가루를 사는 비용은 말할 것도 없이 매월 조수에게도 100두카드를 지불해야 했기 때문이다. 그리고 늘 그랬듯이 그의 가족은 여전히 돈을 달라고 아우성쳐 댔다.

어쨌든 율리우스는 미켈란젤로의 머리를 내리치기는 했으나 그 일로 작업을 더 빠르게 하는 데는 실패했다. 결국 교황과 미켈란젤로는 6,000두카트에 재계약을 했고, 그제야 신속하게 작업이 진행되었다.

그런데 의외로 율리우스의 궁정에서는 교황과 한 예술가의 이 다툼을 전혀 대단한 사건으로 여기지 않았음이 여러 증거를 통해 드러나고 있다. 당대의 의전장관인 파리스 드 그라시스는, 성당에서 거행된 매일의 행사에 관해 꼼꼼하게 일지를 썼는데, 당시 행해졌던 의식과 관련된 모든 인물의 이름이 낱낱이 기록으로 남아 있다. 그러나 천장화에 관한 기록 어디에도 미켈란젤로의 이름은 전혀 남아 있지 않다. 프레스코화들이 교황의 참석하에 화려하게 모습을 드러냈을 때도 또다시 온갖 사람들의 이름이 거론되었지만 역시 미켈란젤로의 이름은 빠져 있었다. 우리 시대 숱한 소설과 영화의 주인공이자 그칠 줄 모르는 학술 연구의 대상인 그가 교황의 궁정에서는 여전히 그저 '화공'에 지나지 않았던 것이다.

율리우스 2세가 스스로를 위해 만들고자 했던, 미켈란젤로가 디자인했던 묘지는 계획대로라면 성 베드로 성당에서 가장 규모가 큰 건조물이 되었을 것이다. 또 그 작품은 미켈란젤로 생애를 통틀어 금전적으로 가장 골치 아픈 작품이기도 했다. 미켈란젤로가 계획했던 비유적이고도 종교적인 형상물들의 거대한 피라미드 중 완성된 것은 오로지 「모세」와 「노예」들뿐이었고, 그나마 이 작품들은 성 베드로 성당에는 들어가지도 못했다. 일이 그렇게 된 것은 율리우스를 승계한 교황들의 탓으로 흔히 이야기되지만, 율리우스의 가족은 그것이 미켈란젤로 탓이라고 딱 잘라 말한다. 어쨌든 이 묘지에 얽힌 이야기는 대금 지불 — 지불 계약이 이루어지고 그것으로 다투고, 끝내 지불되지 않은 모든 것 — 에 관한 연구에서 드러나게 되었다.

율리우스가 묘지 작업료로 미켈란젤로에게 주기로 되어 있던 돈은 모두 1만 두카트였다. 묘지를 5년 안에 완성할 것과 그 기간 동안 다른 일은 일체 하지 않는 조건이었다. 미켈란젤로는 카라라로 가서 대리석의 구매 계약을 체결했다. 여러 크기의 대리석 조각을 짐마차 서른네 대 분량으로 배달받기로 한 계약이었다. 이것들은 기일 안에 미켈란젤로의 작업실 바깥으로 운반되었다.

문제는 그 다음에 일어났다. 미켈란젤로 입장에서는 교황이 얼마라도 선금을 주어야 짐마차꾼이나 채석공에게 대금을 지불할 수 있는데, 교황청의 현금줄이 돌연 말라버린 것이다. 미켈란젤로는 대단히 당혹해 했다. 게다가 더 기막힌 일은 교황의 궁정에서 들리는 루머의 내용이었다. 율리우스가 의전장관에게 큰 돌이건 작은 돌이건 대리석 값을 1바이오코도 지불하지 않겠다고 했다는 것이었다. 당시의 1바이오코는 가장 작은 액수의 동전이었다. 이 말은 지금도 로마의 유행어에 그 자취가 남아 있다. 미켈란젤로는 율리우스가 자신의 작업실 앞에 널린 대리석 값으로 한푼도 지불하지 않겠다고 했다는 소식을 접하자마자 교황에게 달려가 돈을 달라고 했다.

교황은 그의 알현을 거부했다. 미켈란젤로는 재차 바티칸으로 가서 채무 이행촉구의 임무를 완수하고자 했으나 교황은 또다시 그를 만나주지 않았다. 이때쯤에는 교황도 예술가도 상당히 격앙된 상태였다. 교황은 그가 빚쟁이처럼 성가시게 구는 것에 화가 났고, 예술가는 속았다는 생각에 화가 났다. 미켈란젤로는 고집스럽게 바티칸을 찾아갔고 교황 역시 고집스럽게 만나기를 거부했다. 뭔가 변화가 일어난 것은 다섯 번째 방문에서였다. 미켈란젤로는 안으로 들여보내졌으나 교황은 이내 문지기에게 그를 발로 걷어차서 내쫓으라고 호통을 쳤다. 미켈란젤로는 판세가 어떻게 돌아가는지를 알아채고는 지체없이 짐을 꾸려 쫓겨나다시피 피렌체로 옮겨갔다.

어찌 보면 이상할 것도 없는 상황이었다. 교황은 당장 돈이 없었고 미켈란젤로도 똑같은 입장이었다. 그러나 더 깊이 들어가면 미켈란젤로는 끊임없이 이어지는 가족들의 돈 요구에 시달렸고 율리우스에게도 다른 속내가 있었다.

여러모로 작업은 순조롭지 못했다. 문제의 묘지는 지나치게 커서 묘가 들어앉아야 할 새 교회도 엄청나게 커지게 생겼던 것이다. 이것은 율리우스가 성 베드로 성당을 개인적인 마우솔레움, 즉 장엄한 무덤 기념물로 삼으면 어떨까 하고 생각해 본 데서 비롯된 문제였다. 덕분에 바실리카의 디자인도 결정되지 않고 있었다. 율리우스는 도나토 브라만테(1444~1514)에게 건축을 맡겼는데, 60세의 브라만테는 당시 최고의 명성을 구가하고 있었다. 그는 자기보다 훨씬 어린 미켈란젤로를 썩 좋아하지 않았다. 사실은 미켈란젤로에게 돈이 지불되지 않고 다툼이 일었던 원인도 브라만테가 꾸민 것이었을 수 있다. 만약 그렇다면 율리우스는 자신이 고용한 사람 때문에 이미 작정했던 사항, 즉 '장엄한 무덤'에 관한 결정을 바꾸어 버렸다고밖에 할 수 없을 것이다. 간단히 말해서 채무자와 채권자 사이의 이 다툼은 두 사람의 성격을 여실히 보여주는 사건이었다.

율리우스 2세는 1513년에 세상을 떠났다. 이 교황의 무덤을 두고 계약서에 서명한 때로부터 8년 동안 미켈란젤로는 얼마간의 돈을 그야말로 쥐어짜듯 타냈다. 아니나다를까 미켈란젤로와 교황의 후사들 사이에도 역시나 불꽃 튀기는 분쟁이 있었던 것이다. 그들은 율리우스 재임 기간 동안 대단한 권세를 쥐게 된 델라 로베레 일가였다.

그러나 교황의 직책은 선거에 의에 결정되는 자리였다. 새 교황은 성령의 비호 아래 교황선임회의실에 앉은 추기경들에 의해 선출되었으며, 역사를 통틀어 성령은 기업에서나 보일 법한 다양한 기호를 보여주었다. 한 예로 율리우스는 군인이자 정치가였고, 새로운 교황은 부유한 피렌체 상인 코지모의 손자이자 저 위대한 로렌초의 아들이었다. 바로 그 조반니 데 메디치는 레오 10세라는 이름을 얻었다. 분명 성령은 군데군데 미켈란젤로를 위해 큰 행운을 마련해 둔 셈이었다.

하지만 미켈란젤로의 입지가 훨씬 나아졌다고는 해도 어려움이 없지는 않았다. 그는 여전히 무덤에 관한 계약에 매어 있었다. 시스티나 성당의 천장화가 완성되고서 그는 세상의 경탄을 한몸에 받았고 자연스럽게 메디치 가문의 작업 의뢰도 받게 되었다. 그러나 레오 10세로서는 선임자의 무덤에 관한 일을 멈추라고 지시할 수도 없는 입장이었다. 메디치 가의 사람들은 델라 로베레 일가를 전혀 좋아하지 않았고 오히려 반목하는 관계였지만 말이다. 어쨌든 미켈란젤로가 율리우스의 무덤 작업을 하는 동안에는 다른 일을 할 시간이란 전혀 없었을 것이 뻔했으며, 그럼에도 불구하고 메디치 가 사람들은 자신들의 무덤 작업도 해달라고 주문했다.

문제는 의외의 부분에서 해결되었다. 메디치 가 사람들이 피렌체에 있던 가문의 사설 교회 외관을 전면적으로 개수하기로 했는데, 조각가 미켈란젤로가 이 건축 작업에 대단한 관심을 보였던 것이다. 그는 피렌체로 갔고, 율리우스와의 계약 이행은 미뤄졌다. 메디치 가에서는 묘당까지 추가로 작업해 줄 것을 요청했고, 미켈란젤로는 이 일 역시 맡았다. 그는 이 오랜 후원자들을 위해 자신의 역량을 최대한 발휘해 차고 넘칠 정도로 열정을 쏟아부었다. 묘당을 온 세상이 다 아는 두 점의 엄청난 좌상(로렌초 및 율리우스 2세의 조상을 말함 - 옮긴이)으로 장식했는가 하면 역시 그가 남긴 최고의 걸작으로 손꼽히는 네 점의 비스듬히 기댄 형상(「새벽과 황혼」, 「밤과 낮」 각각 남녀 한 쌍씩 네 명의 의인상擬人像을 말함 - 옮긴이)도 함께 제작했다.

델라 로베레 가문에서는 격노했다. 어찌나 분통이 터졌던지 미켈란젤로를 협박하기까지 했다. 율리우스의 죽음 때문에도 더 분노한 이 가문의 사람들과 미켈란젤로는 어쩔 수 없이 새로운 계약을 맺었다. 늘 그랬듯이 작품료는 올랐다. 이번에는 1만 6,500두카트였다. 약간의 실랑이도 물론 있었다. 델라 로베레 측은 미켈란젤로가 율리우스 생전에 이미 3,500두카트를 받아갔으며, 그 돈에 상응하는 실제 작업이 이뤄지지 않았으니 새로 계약한 금액에서 이 부분을 제해야 한다고 주장했다. 미켈란젤로는 강력히 반박했지만 결국 포기하고 말았다. 이는 적어도 그 무덤이 그에게 가벼운 일이 아니었음을 보여주는 증거라고 할 수 있다.

그러나 1523년 12월(10년 후)까지도 무덤은 세워지지 않았다. 델라 로베레 가문에서는 미켈란젤로가 첫번째 계약에서 훨씬 많은 돈을 이미 받아갔었다는 사실을 알아냈고(그들의 주장임), 그 부분에 대한 이자를 도로 내놓으라고 했다. 미켈란젤로는 이자를 받아야 할 사람은 자기이며 손해막심한 쪽도 자기라고 맞받았다. 또한 누가 뭐래도 그의 주장은 아주 분명한 근거를 지니고 있었다.

그의 친구인 파투치 역시 꼭 같은 생각이었다. 그는 이 분쟁의 중재를 맡아 바티칸의 추기경인 산쿠아트로와 협상을 진행했다. 그러나 결론은 미켈란젤로가 율리우스의 재위 기간 동안 1,500두카트를 받았고 그 이후에 7,000두카트를 추가로 받아서 총 8,500두카트를 받았다는 것으로 마무리되었다. 델라 로베레 측에서 말했던 것처럼 약속했던 전체 금액과 그리 많은 차이가 나지 않았다. 그리고 무덤은 그때까지도 없었다.

1525년에야 미켈란젤로는 본격적인 작업에 착수했다. 그는 화가 폭발한 델라 로베레 일가에게 스케치를 그려 보냈는데, 스케치대로라면 묘지의 규모가 원래 예정되어 있던 것보다 엄청나게 줄어들어 있었다. 어쩔 수 없이 받아들이면서도 그들은 화를 누를 수가 없었다. 그러나 이를 모르는 듯 1526년 11월 1일에 미켈란젤로는 델라 로베레 가문의 분노가 너무 거세어 자기가 대단히 겁에 질려 있다는 내용의 편지를 보냈다. "아무 이유도 없이"라는 말까지 덧붙여서.

어쨌든 우리에게는 「모세」가 남아 있고, 미켈란젤로는 8,500두카트를 가져갔다. 모두가 만족할 만한 보상을 받은 것이 아닐까? 미켈란젤로의 재정 운용 방식은 늘 그랬다.

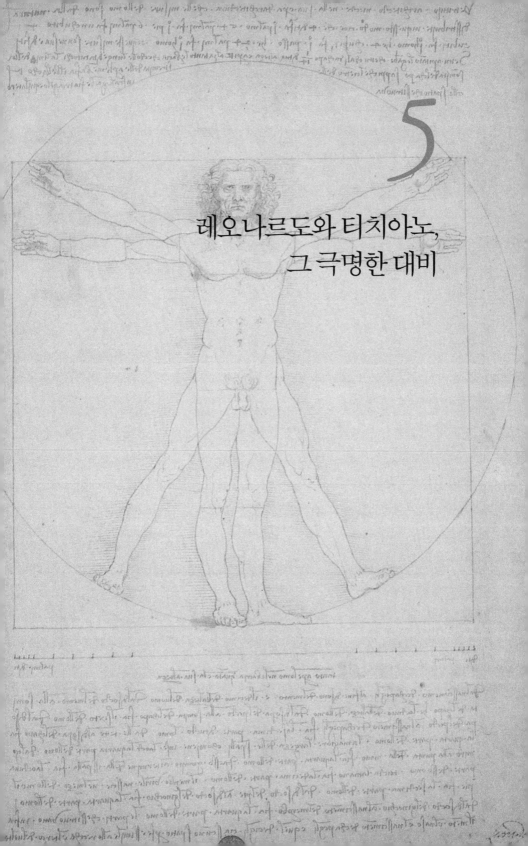

5

레오나르도와 티치아노, 그 극명한 대비

예술가를 홍보한 남자, 알베르티

마침내 예술가의 수입에 활력을 불어넣은 한 남자가 나타났다. 그는 전무후무한 업적으로 비평의 새 장을 연 장본인이기도 하다. 이 남자에게는, 본질적으로 얼마간의 적의를 품은 말처럼 여겨지는 비평이라는 말이 사실 딱 들어맞는 것은 아니다. 내가 지금 이야기하고자 하는 비평은 적대적인 성향을 뒤집은 개념으로서의 비평이라 할 수 있다. 냉담한 대중을 상대로 예술가를 찬양하며, 때로는 과장된 표현을 해서라도 대중의 태도를 호의적으로 유도해 내는 그런 비평이다. 빅토리아 시대에 존 러스킨이 야코포 델라 퀘르차를 찬양했던 것이 좋은 선례다. 예술가들을 위한 하이클래스의 홍보를 시작한 최초의 이 남자, 바로 레옹 바티스타 알베르티(1404~1472)다.

1436년에 그는 예술가들이 장인의 사회적 신분을 넘어서는 지위를 획득하기 위해 치른 싸움에 지대한 영향을 끼친 책 『회화론』을 썼다. 그는 대단한 천재성을 부여받은 기획자였다. 이 책에서 그는 예술가가 매우 특출나고 예외적인 사람임을 지적했다. 사람의 몸을 그리기 위해 예술가는 온갖 측면에서 인간에 대한 지식에 통달해야만 한다.

또 사람의 움직임을 그리자면 어떤 상황에서 어떻게 행동하는지도 알아야 한다. 말하자면 예술가는 자연을 해석해 가면서 자연의 법칙을 이해해야 하기 때문에 필연적으로 과학자가 되어야 한다. 심지어는 원근법(당대의 화두였다)이 수학에 기초를 두고 있으므로 수학자도 되어야 한다. 따라서 이 모든 능력을 지닌 예술가들이야말로 대부분의 다른 사람들보다 분명 한 단계 위라는 것이 그의 주장이었다.

물론 어느 한 예술가를 상정하고서 이런 이야기를 들으면 동의하기에 주저되는, 과장된 주장임이 분명하다. 분명 화가들이 셈을 하거나 유클리드 기하학을 읽으면서 원근법을 배우는 것은 아니다. 그들은 고정된 지점에서 유리 패널을 통해 보이는 광경을 관찰하고 유리 위에다 두드러진 특징을 표시함으로써 원근법을 터득한다. 이런 점들이 선과 연결되면 원근이 한눈에 드러나보이는 것이다. 미켈란젤로가 자연의 법칙 때문에 골머리를 앓았다면 시스티나 성당의 천장화에 그린 몇몇 형상이 자칫하면 바닥으로 떨어질 것만 같은 구도로 있다는 걸 알아챘을 수도 있었을 텐데……. 르네상스의 예술가들은 머리보다는 눈을 주로 사용했고, 사물을 보고 어떻게 보이는지를 기록했다. 피렌체에 남아 있는, 브론치노가 그린 젊은 남자들이나 — 버나드 베런슨이, 청바지를 입고 걸어다니는 "실체감 있는 가치들"이라고 표현한 — 이탈리아 전역에서 발견되는, 교회당에서 무릎을 꿇고 있거나 아기를 어르고 있는 마돈나처럼.

알베르티의 목적은 예술가 — 자신의 분야에 관한 모든 지식에 통달하고 동시에 엄청난 실기 능력을 가진 — 를 르네상스의 이상에 맞게 만드는 일이었다. 그는 보통 사람과는 다른 특질을 부여함으로써 예술가의 지위를 격상시키고자 했다. 오늘날도 그 점은 똑같다. 스위스 화가 파울 클레Paul Klee는 바우하우스의 강단에서 소위 '사물의 본질'이라고 부르는 것을 찾아내라고 학생들에게 전력을 다해 역설하곤 했다. 심지어 그 사물이 아무렇게나 그린 구불구불한 선 하나일지라도 반드시 내재된 본질을 찾아내야 하며, 이런 독특한 비전이 없는 사람은 예술가라고 할 수 없다는 것이었다. 어찌나 힘있게 강연을 했던지 그는 후에 자기 아내에게 고백한 것처럼 꼼짝할 수 없을 정도로 지쳐서 강단을 내려오곤 했다.

천재의 좌절과 가난

이러한 알베르티의 이상에 부합하는, 아니 그 한계를 뛰어 넘는 한 사람이 있었다. 바로 레오나르도 다 빈치(1452~1519)였다.

레오나르도는 현대의 영웅이다. 그는 우리 시대의 상징이라 할 두 물건인 탱크와 날틀을 발명해 냈을 뿐 아니라 세상에 가장 널리 알려진 두 점의 그림 「최후의 만찬」과 「모나 리자」를 그린 사람이기도 하다. 그의 윤리관은 대단히 자유분방했다. 그는 남색자였으며 그 사실을 굳이 숨기지 않았다. 언뜻 보자면 그는 지구상에 살았던 이들 중 최고의 행운아 그룹에 든다. 예술과 엔지니어링 분야에서 모두 대단한 재능을 지닌 독창적 화가이자 뛰어난 제도공이었으며, 자신을 둘러싼 세상에 관해 끊임없는 호기심을 발동시키는 과학자였고, 잘생긴 외모를 지녔으며, 프랑스 왕을 비롯한 대단한 사람들까지 그를 우러러 칭송하고 찾았으니 말이다. 그는 프랑스 왕의 팔에 안겨 숨을 거두었다고 알려져 있다. 그러나 그것은 사실이 아니다.

레오나르도는 피렌체 인근 작은 지방도시 빈치(그의 유명한 이름이 의미하는)의 점잖은 집안에서 태어났다. 미켈란젤로와 달리 그는 평생 가족 때문에 고통받는 일이란 없었다. 그의 유년기에 대해서는 알려진 것이 없으며, 프로이트가 그 감춰진 시간을 메워보려 했으나 연구 결과는 그의 정신분석 여행들 중 대단히 성공적인 사례에 들지는 않았다. 레오나르도는 어린 시절에 새 한 마리가 꽁지로 그의 입을 계속해서 치는 꿈을 반복해 꾸었다. 프로이트는 이 새가 독수리라고 믿었고 이 불길한 새의 역사적 상징성에 천착하여 레오나르도의 심리에 관한 여러 가지 결론을 이끌어냈다. 그런데 불행히도 이 새는 솔개였다. 말하자면 흔한 새였다. 프로이트는 독일어로 번역된 자료를 보고 연구를 했는데, 번역에 오류가 있었던 것이다. 당대 피렌체의 산문과 어휘 때문에 고심해 본 사람이라면 누구나 쉽게 번역자를 용서할 수밖에 없을 테지만.

어쨌든 나는 이쯤에서 레오나르도가 역사상 존재했던 이들 중 가장 비범한 마인드의 소유자 중 하나임을 기정사실로 받아들이며, 그 부분은 그만 이야기하기로 한다. 다만 그의 놀라운 두뇌가 기대한 만큼의 충분한 보상을 가져다주지는 않았다는 사실을 보여주고 싶을 뿐이다. 그의 삶은, 흔히들 승리의 연속이었을 것으로 생각하지만 사실은 좌절의 나날이었으며, 그는 심각한(극적일 정도는 아니지만) 가난 속에서 살았다. 자주 돈이 떨어졌고 풍족한 적은 한 번도 없었다.

르네상스의 예술가들이 자기를 가르쳐준 마스터들을 강조하는 것은 일종의 관례였다. 레오나르도는 베로키오(이탈리아의 화가이자 조각가 – 옮긴이) 문하에서 수학한 것으로 알려졌으나 — 두 사람 모두 선의 우아함을 특징으로 하는 것은 분명하다 — 사실 여부는 확실하지 않다. 레오나르도는 젊은 시절 다른 두 명과 함께 유명한 남창 매음굴에 자주 드나든 일로 고발을 당한 적이 있는데, 이때 자신의 거주지로

베로키오의 집 주소를 댔던 것이다.

당연히 그도 로렌초 데 메디치의 '재능 있는 젊은이들'의 모임에 발탁되었으나 로렌초가 그에게 특별한 관심을 보이지는 않았던 것 같다. 그가 다재다능한 것은 확실했으나 앞서 보았듯이 예리한 판단력의 소유자인 로렌초는 이 점이 레오나르도의 경력에 걸림돌이 될 수 있음을 내다보았다. 결과적으로 레오나르도가 자신의 후원자에게서 기대했던 것들은 대체로 허사가 되었다.

이 무렵 밀라노에서는 신흥 권세가가 등장하고 있었다. 스포르차 가문이 바로 그들인데, 역시 예술의 후원자임을 자처하고 나섰다. 그 중 루도비코('일 모로'라 불린)가 도시를 통치하는 대공이었는데 로렌초는 젊은 천재들 한 무리를 그에게로 보내면서 레오나르도가 직접 만든 라이어Lyre(竪琴)를 연주하게 해보라고 추천했다. 르네상스 시대의 궁정에서는 진기한 물품이 매우 인기를 끌었는데 이 라이어는 정말로 진기했다. 은으로 만들어졌으며 레오나르도가 조각을 했고 말 머리의 형상을 하고 있었던 것이다. 그 일로 루도비코 일 모로는 레오나르도의 후원자가 되었으나 몇몇 르네상스의 메세나Maecena[1]처럼 예술가의 머리 위에 황금을 쏟아부어 준 사람은 결코 아니었다. 서른 살을 맞이한 레오나르도는 당대의 다른 예술가들처럼 생활을 위해 악전고투해야 했다.

어느 날 그는 루도비코에게 대단히 훌륭한 필치의 편지 한 장을 써

---

1) 문화예술가들에게 지원을 아끼지 않은 로마제국의 정치가 마에케나스(Gaius Clinius Maecenas)에서 유래한다. 1967년 미국에서 기업예술후원회가 발족하면서 이 용어를 처음 쓴 이후, 각국의 기업인들이 메세나협의회를 설립하면서 메세나는 기업인들의 각종 지원 및 후원 활동을 통틀어 일컫는 말로 쓰이게 되었다. — 옮긴이

보냈다. 자신이 최초의 군 엔지니어가 되겠다는 제안을 한 것이다. 거기에는 그가 적을 확실하게 패퇴시킬 수 있는 전쟁 및 공성 작전용 원동기를 고안했다고 써 있었으며, 자신이 아주 능숙하게 다룰 수 있다고 주장하는 그와 비슷한 여러 작업들의 목록도 적혀 있었다. 레오나르도는 편지의 끝부분에 가서야 마지못한 듯 자신이 예술가이기도 하다는 문장을 집어넣었다. 또한 루도비코를 위해 '말'을 만들 수 있다는 말도 덧붙였다. 말은 당대에 널리 회자되던 화젯거리였는데, 루도비코는 아버지인 프란체스코에게 기마상을 보내고 싶어했다.

그러나 루도비코는 말의 제작을 의뢰하지는 않았고, 대신에 레오나르도를 자신의 궁정 유희 담당으로 임명했다. 대개 화려한 궁정 생활은 오히려 공허감을 불러일으키는 지루한 나날이고 뭔가 빈자리를 메울 것이 필요한 법이었다. 그래서 몇몇 궁정에서는 둘러앉아 이야기를 듣거나 노래를 만들어 부르기도 했고, 파티 게임을 하거나 조신들이 역할을 맡아하는 볼거리를 꾸미기도 했다.

레오나르도는 이 일에 전력투구했고, 금세 평판이 자자해졌다. 그는 연주자로도 활동했으며 퍼레이드와 야외극을 기획, 지휘했고 게임을 고안해 냈다. 그가 지어낸 글자 맞추기와 수수께끼, 우화는 인기만발이었다.

이것이 기록으로 남아 있는 레오나르도의 '힘든' 생활의 단면이다. 그는 잘생긴 얼굴을 하고 있었다. 시대를 막론하고 외모는 늘 찬탄의 대상이 되는 법인데, 그는 소위 비단결 같은 부드러운 머리카락을 지녔고 스스로도 그 점을 매우 자랑스러워했다. 또 그는 다양하면서도 매혹적인 화법을 구사했으며 매우 세련된 옷매무새를 하고 다녔다. 기록에서 알 수 있듯이 그 궁정의 대공은 자기 신하들의 옷차림을 아주 중요하게 생각했다. 레오나르도는 여자들에게도 인기가 많았으며 — 원래 여자들의 지지를 얻어내지 못하면 파티 게임 같은 것을 고안해 내기란 불가능한 법이다 — 남색 성향에서 나오는 가까이하지 못할 분위기 때문에 여자들은 더욱 그에게 끌렸다. 우리 시대의 영웅으로서 이 번드르르한 생활이야말로 우리가 그에 대해 가지고 있는 이미지다. 그가 그저 부수적인 존재로서 그 엄청난 재능을 하찮은 일에 낭비하고 있었을 뿐이라는 씁쓸한 생각을 제쳐두고서 말이다.

그러나 나는 바로 이 씁쓸한 생각을 상기함으로써 레오나르도가 실제로 살았던 진정한 삶을 제대로 평가해 보고 싶다. 다행히 이에 대한 자료도 남아 있다.

궁정 생황의 흥청망청함을 빼면 밀라노에서 레오나르도는 일개 화가였다. 메디치 가의 치세였던 피렌체에서는 막 예술가들이 가져다주는 이점을 깨닫기 시작하고 있었지만 밀라노에서는 그렇지가 못했다. 밀라노의 화가들은 비참한 생활을 하고 있었으며, 얼마라도 돈을 벌려면 비굴하게 굴어야 했다. 상황이 어느 정도였느냐 하면 스포르차 일가의 일을 해주고 있던 콘스탄티노 다 바피로는 결혼을 앞둔 갈레아초 마리아 스포르차를 위한 장식 디자인을 의뢰받았는데, 돈이 너무 절실하게 필요하다는 필사적인 내용의 편지를 써보냈다가 이미 끝난 일에 대한 돈은 고사하고 장식 일에 대한 통상적인 선불금 지급마저 받지 못하게 되고 말았다.

자네토 부가토라고 하는 또다른 예술가는 스포르차의 궁정에서 대단히 인기 있는 사람이었지만 인기가 돈을 대신 갚아주지는 못했다. 그는 채권자들에게 너무나 심하게 채근당하고 있다는 사연의 편지를 대공에게 썼다. 상황이 그러니 일전에 그려준 공작 자신과 그 아내,

첫 아기의 초상화에 대한 지불을 좀 해달라는 간청의 내용이었다. 편지에는 바레타라는 이름의 개大에 대한 값도 지불해 달라는 청이 들어 있었는데 대공의 답변은 이랬다. "나는 지금껏 대가라는 걸 줘본 일이 없다."

아우성치는 채권자들, 외상값을 떼어먹는 영주, 미지급된 개 구입 비용 등이 당연시되는 세상에서 예술가들이 부자들의 식탁에서 떨어진 부스러기를 주워 다같이 나눠먹게 된 것은 당연지사였다. '예술가의 절대적인 자치 시대'(도대체 예술가가 자치적이지 않다면 어떻게 작업을 한다는 것인지?)라고 할 이 시대에 그들이 합쳐서 한 팀으로 일감을 의뢰받아 작업한 이야기를 듣기란 참으로 흔치 않은 일이다. 그러나 레오나르도의 작품 중 가장 유명한 「암굴의 성모」가 바로 그렇게 작업한 것이다.

계약에서 지불 타협까지 23년

이 부당한 도시에서 레오나르도는 두 명의 예술가, 암브로조와 에반젤리스타 프레다 형제와 현명하게도 동맹을 맺었다. 암브로조는 대인관계가 좋아서 금세 성모수태교회로부터 계약을 따냈다 (1483년 4월 25일). 거기에 델 마우로가 만든 미완성의 제단 장식이 있었는데 이들 세 동업자는 함께 그 틀을 장식하고 그림을 채워넣는 일을 하기로 했다. 교회측에서는 특히 가운데 그림에 대해 "성모와 그 아드님을 유화로 그리되, 더할 나위 없는 완성도를 보여주어야 하며, 두 선지자는 섬세한 컬러로 부드럽게 칠해져야" 한다는 조건을 내걸었다. 작업은 12월 8일에 있을 수태절까지 끝내는 것을 조건으로 800임 페리얼리라를 지불하기로 했으며, 그 중 100리라는 선지급금으로, 나머지는 매월 40리라씩 지불한다는 계약이었다.

작업은 끝났지만 이 종교 단체 역시 지불 문제에 관한 한 앞서의 영주와 별반 다르지 않았다. 이들 트리오는(물론 셋 중 만능 천재인 레오나르도가 중앙 그림의 대부분을 완성했음을 밝혀둔다) 분통을 터뜨리고 말았다. 이들은 밀라노 대공인 루도비코 일 모로에게 중재를 간청하는 탄원서를 올렸다(안타깝게도 문서에는 날짜가 표시되어 있지 않지만 내용을 보면 사건에 따른 시간의 경과를 충분히 짐작할 수 있다). 탄원서에는 대공이 이 종교 단체로 하여금 대금 지불을 이행하도록 해달라는 내용과 문제의 그림이 시간이 흐르면서 대략 얼마 정도의 가치로 상승했는가에 대한 설명도 첨가되어 있었다. 물론 「암굴의 성모」를 지금 사려고 하면 천만 달러로도 어림없겠지만, 이건 어디까지나 그때의 이야기다. 세 사람은 겸손의 미덕을 발휘하여 그림의 대가로 300두카트를 요구했는데, 이는 원 계약금 800임페리얼리라에 상당하는 금액이었다. 만약 위원회측이 그만한 돈을 지불하고 싶지 않다고 하면 세 사람은 다른 구매자를 찾아볼 요량이었다.

이에 대해 교회측은 25두카트라고 하는 비참한 금액을 제시했다. 세 사람은 다시 100을 요구했다. 100두카트의 돈은 사실상 중재에 승복하여 논쟁을 끝내겠다는 의사 표시로서 전혀 지나침이 없는 제안이었다. 이들이 그림값으로 이해하지 못할 금액을 매기기로 한 것은 탄원에 나타나 있듯, 세 사람이 성사의 맹세를 거절함으로써 신앙을 견고히 하지 않았기 때문에 느낀 양심의 가책 탓이었다.

이 분쟁은 1506년까지 이어진 후에야 타협이 이루어졌다. 교회에서 나온 두 명의 대리인과 파올로 디 산 나자로라고 하는 한 전문가의 만남이 결국 가격 문제를 매듭짓는 계기가 되었다. 즉 중재위원회는 그림이 완성되지 않았다고 기록하기로 하고 레오나르도에게는 2년 안에 그림을 마무리할 것, 교회측엔 작업 기간 동안 매해 100리라를 지불할 것을 명했다. 이렇게 해서 우여곡절 끝에 분할지불 방식으로 양자가 다 만족할 만한 결론이 내려지기까지는 23년이란 세월이 걸린 셈이었다.

성모수태교회의 신도들 입장에서는 빈치 출신의 천재 화가 레오나르도의 걸작을 23년에 대한 아무런 추가 지불 없이 제단 위에 걸어둘 수 있게 되었으니 기쁘지 않을 수가 없었다. 게다가 이 그림은 존재만으로도 수많은 사람을 끌어들이는 수입원의 역할까지 톡톡히 해냈다.

그러나 레오나르도는 역시 비범한 인물이었다. 당대의 대부분의 예술가들과 달리 그는 최후에 웃는 자가 되는 법을 알았다. 그의 천재성을 가까이에서 확인하고 싶은 호기심을 가진 사람들은(누군들 그리고 싶지 않을까?) 파리의 루브르 박물관과 런던 내셔널갤러리 두 곳을 모두 보아야 한다. 그래야 「암굴의 성모」 두 점을 볼 수 있기 때문이다. 희한하게도 두 작품 모두가 대단한 거장의 손에 의해 그려졌다는 것은 확실하고, 몇몇 세부 묘사를 제외하면 거의 같은 컨셉트를 보이고 있다. 성모수태교회의 형제님들에게 제공된 그림에는 두 선지자의 모습은 없고 한 선지자와 아기 예수만이 그려져 있다. 두 그림 모두 아기 예수를 경배하는 어린 세례자 요한의 모습을 보여주고 있으나 한쪽은 아기 예수가 손가락으로 가리키면서 성 요한에게 "보세요!"라고 말하는 듯한 모습이고, 다른 한 쪽은 그렇지가 않다. 뒤쪽에는 암굴이 있고 성모의 모습에는 별다른 차이가 없지만 한 작품이 다른 작품을 베낀 것은 아니라는 증거는 여러 부분에서 보인다.

그렇다면 어느 것이 진짜 레오나르도의 작품일까? 이에 대한 해답을 찾기 위해 수십 년 동안 전문가들 사이에서도 참으로 분분한 의견이 오갔는데, 최종적으로는 애국심의 승리로 결말이 났다. 프랑스인들은 루브르 박물관의 작품이 진품일 거라고 확신했고, 영국인들은 영국인들대로 자기네 것이 진짜라고 맞받았던 것이다. 그러나 결정적으로 그들은 상대의 것이 가짜라는 근거를 들이댈 수가 없었다.

지금은 레오나르도가 밀라노로 가기 전에 피렌체에 이미 같은 그림을 한 점 남겨놓았던 것으로 의견의 합일이 이루어지고 있다. 앞선 그림에서 아기 예수가 세례자 요한을 손가락으로 가리키고 있는 것은 세례자 요한이 피렌체의 수호성인이기 때문이었다는 추측도 설득력을 얻고 있다. 더구나 두 작품의 크기가 다르다는 것도 추측을 정당화시키는 데 한몫을 했다. 그러니 레오나르도가 강압적인 계약 조건에 사인을 했을 때 프레다 형제들에게는 이미 한 번 그린 적이 있는 그림이라는 이야기를 은밀히 덧붙였을 가능성도 없다고는 할 수 없을 것이다. 말하자면 그로서는 자신의 앞선 작품을 적절히 베끼기만 하면 됐던 것이다. 아무래도 한 번 그린 적이 있는 작품을 다시 그리는 일이 새로운 아이디어를 떠올리는 것에 비해 한결 수월할 것은 자명하다. 어쨌든 전문가들은 거듭거듭 이런 문제의 결정적 해결책을 강구할 테고, 우리는 그저 한두 해가 지나 또다른 전문가가 나서서 앞선 문제해결법이 틀렸다는 걸 증명하면 그걸 또 들어주면 될 일이다. 다만 예술 비평과 무관하게 내 느낌을 이야기하면, 마음에 들지 않는 부분이 한두 군데가 아니지만 결국에는 전형적인 이탈리아식의 절충안에 따라 상황이 정리되지 않을까 생각한다.

만능 르네상스맨의 실패와 성공

레오나르도가 궁정의 화려한 생활 중에 우아한 인상을 선보였다면 그의 가정 생활은 어땠을까?

그는 일찍부터 공책을 소지하는 습관이 있었다. 물론 이 공책들은 만능 르네상스맨으로서의 그의 명성을 드높여주는 자료로 지금까지 남아 있는 그것들이다. 나이가 들어가면서 그는 공책을 들고 다니기를 너무 좋아하여 허리춤에다 조그만 원고첩을 늘 매달고 다녔다. 원고에는 그가 바라보는 모든 것에 대한 실질적인 시각이 적혀 있을 뿐 사적인 기록은 좀체 찾아볼 수 없지만, 적어도 번지르르한 궁정 조신과는 거리가 먼 한 남자에 대한 이미지를 전해주기에는 부족함이 없다.

당장 절실하게 필요한 품목을 작성하면서 입을 만한 옷이 없다는 불평을 늘어놓은 부분이 그런 예인데, 수태교회의 형제님들이 마침내 그림값을 내놓았을 때 그는 지체없이 실컷 돈을 쓰러 갔다. 그런 뒤에 옷가지의 목록을 나열해 놓은 부분이 다시 나오는데, 이번에는 옷장 속에 있는 것들을 적어놓은 것이었다. 이 천재에게 아무래도 가끔은

멋쟁이 기질이 발동한 것이 분명했다.

이런 부분은 그에게 운이 따랐을 때의 이야기이고, 그 외 시간에는 눈에 띄는 것들을 끊임없이 기록해 나갔다. 그 중에는 밀라노에서 유리가 너무 비싸 그도 자기 것을 잃어버리거나 깨뜨리게 될까봐 걱정하는 부분도 있고, 그가 의외로 절약가였음을 보여주는 또다른 기록도 있다.

어느 날 저녁 식사를 준비하러 나갔는데, 여느 사람들처럼 주머니가 넉넉하지 못했으므로 가격을 꼼꼼히 따져보았던 것 같다. 와인은 6리라, 빵은 2리라였는데, 그는 달걀 하나와 뱀장어 네 마리, 브로콜리 약간을 샀다. 그 정도라면 당대 예술가들 중 최고로 꼽히는 3인방 중 한 사람의 식사로는 결코 진수성찬이라 할 수 없었다. 곤궁함이 수시로 그를 옥죄었음을 알 수 있는 대목이다. 또 이런 문장도 있다. "금전상의 행운을 부르는 숫자, 6." 말하자면 답답해진 그는 운수를 점치러 다니기도 했던 것이다.

그에게는 빚이 있었다. 1491년에 그는 밀라노에 있는 성당에 돈을 갚아야 했는데, 그보다는 그가 재정적으로 궁핍했음을 보여주는 결정적 증거는 어린 지아코모에 관한 부분이다.

그 무렵 레오나르도는(이제 그는 중년에 접어들었다) 성당에 진 얼마 안 되는 빚을 변제할 능력이 없었는데 당시 열 살배기 어린 소년을 좋아하고 있었다. 물론 그가 동성애적 성향을 감추지 않는 것이 꼭 이 일과 연관된다고 볼 수는 없지만, 어쨌든 문제의 소년 지아코모는 전형적인 이탈리안 키드였다. 이탈리아식으로 말하면 '모넬로 디 스트라다monello di strada'이고, 이를 나폴리에서는 '스쿠그니초scugnizzo'로 불렀다. 나쁜 의미의 '거리의 천사'인 셈이다. 실제로는 그보다 더 심하게 안 좋았다. 이런 아이들은 매력과 생동감, 애착 그리고 자유분방한 유머를 겸비하고 있었으며, 그런 특성은 다른 데서 쉽게 찾아질 수 있는 것들이 아니었다. 유대인에게서 보이는 뻔뻔함과 닮았지만 그보다 야심은 덜한……. 그들의 그런 매력은 쉽사리 중년 남자들을 매혹시켰다.

레오나르도는 지아코모에게 성장盛裝을 시키기를 즐겼다. 나중에 뮤지컬 「캐멀롯」으로 제작되기도 한 『한때 그리고 미래의 왕The Once and Future King』의 저자 T. H. 화이트 역시 같은 취미에 가산을 탕진했다. 화이트는 종종 자신의 스쿠그니초를 데리고 오페라를 보러 다녔다. 그것도 늘 비싼 자리에 앉아서. 왜냐하면 소년의 지적 수준을 끌어올리고 싶었기 때문이다. 레오나르도가 지아코모에 대해 화이트와 똑같은 생각을 했음은 두말할 필요가 없다.

그런 의도로 레오나르도는 공책에다 어린 지아코모가 "도둑이며, 거짓말쟁이이며, 고집 세고, 탐욕스럽다"고 적어, '스쿠그니초'가 지닌 특성의 한 면을 완벽하게 묘사해 놓았다. 이에 대한 반발로 지아코모는 식탁에 앉은 레오나르도에게 와인을 가져다주면서 세 번이나 일부러 흘렸다.

그러던 어느 날 매우 좋지 않은 일이 벌어졌다. 앞서 레오나르도가 옷가지에 대해 걱정했던 부분을 기억할 것이다. 그런데 누군가가 차림새에 예민한 레오나르도에게 부츠를 만들 가죽을 조금 준 것이 계기였다(안경과 마찬가지로 좋은 품질의 부드러운 가죽 부츠는 값비싼 생활용품이었다). 이미 레오나르도의 프린트(판화인 것으로 여겨짐) 한 장을 훔쳐서 내다 판 전적이 있는 아이는, 다시금 문제의 가죽을 훔쳐 팔아서(이 정보는 학자들이 레오나르도의 공책을 여러 세대에 걸쳐 파헤친 결과이다) 아니스 열매로 만든 과자와 설탕 바른 아몬드를 샀다. 재고의 여지없이 이 어린 건달의 행위는 비난받아 마땅한 것이었지만 한편으로 보면 그렇게 지독히 혼낼 일은 또 아니었다. 한 예술가의 장중보옥掌中寶玉인 그 아이는 지역의 영주까지도 찬미해 마지않았지만, 영주는 물론 레오나르도를 포함하여 누구 한 사람 그 아이에게 사탕을 사 주는 이가 없었으니 말이다. 그러니 그 아이의 행동은 인색한 어른들 틈에서 10살짜리가 할 수 있는 당연한 결론이었으리라.

그러나 레오나르도에게는 그 일이 당연하게 여겨지지 않았던 것이다. 그는 돈에 쪼들렸고, 자신의 궁핍함을 심각하게 받아들였기 때문에 예술의 역사에서 가장 축복된 이벤트의 하나라고 할(혹은 오히려 아무것도 아닌 일이라고 해야 할지) 사건의 배경이 되는 바로 그 일이 일어났다.

레오나르도는 피렌체 영주의 그레이트홀Great Hall 한 쪽 벽면을 장식해 달라는 주문을 받아들였다. 다른 벽면은 미켈란젤로가 맡기로 되어 있었다. 레오나르도는 작품의 주제를 앙가리 전투에서 찾았다. 그리고는 벽 위에 대략적인 스케치까지 마쳤는데, 그 뒤부터는 일을 제대로 진행하지 않았다. 이는 후에 예술사가들의 폭발적인 관심을 끈 사건으로, 1970년대에는 2년 동안이나 그레이트홀 전체가 엄청난 고가의 복잡한 과학기구 한 점에 딸린 갖가지 부품으로 어지러이 채워지기도 했다. 문제의 과학기구는 프레스코화 밑에 깔린 레오나르도의 디자인을 투시해 보여준다는 물건이었는데, 결국은 녹색 화성인을 보여준다는 '미스터리의 실체'와 같은 부류인 것으로 판명되었다. 즉 실제로는 아무것도 보이지 않았다.

이 작업의 진행을 맡았던 피에로 소데리니도 마찬가지였다. 그는 스케치는 볼 수 있었으나 그것으로 끝이었다. 1506년 10월 9일 그는 더 이상 참지 못하고 행동을 개시했다. 레오나르도가 많은 돈을 챙겨 가고서도 일을 너무 하지 않는다는 불만을 관계당국에다 늘어놓았는 가 하면, 분할금을 건네주면서 레오나르도에게도 불평을 해댔다. 레 오나르도는 감정이 상할 대로 상했다. 그는 자기가 돈 때문에 작업하 는 사람이 아니라고 소리를 질렀다. 사실 이 부분에서는 돈보다는 그 가 즐겨 썼던 쿠아트리니quattrini, 즉 통화通貨가 더 맞는 표현일 텐데 여 기에는 '잔돈'이라는 의미가 포함되어 있었다. 그러면서 그는 돈을 받지 않았을 뿐만 아니라 친구들을 대동하고 나타나 그 전에 받은 돈 도 돌려주겠다고 으름장을 놓았다. 소데리니 역시 평범한 인물은 아 니어서 이 일로 역사에 자신의 이름을 남겼다. 레오나르도에게 그럴 여유가 없다는 걸 알았기 때문에 돈을 돌려받지 않았던 것이다.

레오나르도가 이처럼 궁핍했던 이유 중 하나는 '기마상'의 역사에 서 찾아볼 수 있다. 루도비코 일 모로가 자기 아버지의 이름을 드높이 기 위해 제작하고자 했던 그 기념물을, 레오나르도는 기꺼이 맡아 하 려 했다. 1483년과 1489년 사이 어느 땐가 루도비코는 그 일에 본격 적으로 착수했으나 레오나르도에게 맡기는 것이 최선의 선택이라는 확신을 갖지는 못했다. 결국 그는 다른 예술가들과 마스터들에게 먼 저 자문을 구해 추천을 받고서야 마지막에 레오나르도를 선택했다. 레오나르도는 의뢰를 받아들였지만, 한두 사람의 조수(조수라고는 했 지만 초보자가 아니라 유능하고 원숙한 협력자를 의미했다)를 쓸 수 있도 록 그들의 급료를 지불하겠다는 부분을 계약에 포함시켜 달라고 요구 했다. 루도비코는 요구를 받아들였다. 레오나르도는 전형적인 자신 의 방식으로 말 연구에 뛰어들었던 것이다.

그의 공책을 보면 이 연구 과정 중에 그가 본 인상적인 말과 그 주인의 이름들을 여럿 발견할 수 있다. 무엇보다 땅 위를 구르듯 나아가는 한 마리 말에 대한 연구(윈저성 컬렉션에 있다)는 실로 엄청나다. 사진이 발명되기 전까지 움직이는 말은 그런 식의 빠르고 정확한 눈에 의해 포착되었던 것이다. 물론 루도비코가 원했던 말과는 거리가 있었으나 예술의 굴레와 계약이 레오나르도의 호기심을 옭아매지 못했다는 사실을 반증해 보여준다.

1490년에 루도비코는 진행중인 작업, 전혀 진척이 없다고 하는 편이 더 옳을 작업에 관해 점검을 하기 위한 질문을 내려보냈다. 레오나르도는 이 영주를 위해 어떤 작업이라도 기꺼이 수행할 준비가 다 되어 있으나 "말에 관해서는 무엇이 어떻게 되는지를 몰라서 아무 말도 할 수가 없다"고 답했다. 그가 이처럼 애매한 답변을 한 이유는 뒷부분에 충분히 설명이 되어 있는데, 다름아니라 그는 2년 동안 이 일에 대한 보수를 한푼도 받지 못했던 것이다. 더구나 두 명의 조수를 데리고 있는 것에 대한 비용까지 부담해야 했음에도 불구하고!

그러나 같은 해 그는 일을 시작했다. 그의 공책 한 권에는 이렇게 적혀 있다. "1490년 4월 23일 이 공책을 쓰기 시작했다. 그리고 말에 대한 일도 시작했다." 이 기념물의 주인공인 스포르차 프란체스코는 루도비코, 레오나르도 그리고 대중의 뇌리에서 사라져 버린 뒤였다. 모두에게 그것은 그저 '말'에 관한 일일 뿐이었다.

마침내 엄청난 구상이 드러나기 시작했다. 레오나르도는 거대한 진흙 견본을 만들었고 세상은 일제히 찬사를 보냈다. 그것이 그때까지 제작되었던 기마상 중 가장 아름다운 작품이 될 것은 분명했다. 물론 일부 회의론자들은 그런 규모의 말 조각을 주조할 수 있을 것인가에 대해 의문을 드러냈다. 주조를 할 때 늘 문제가 되는 것은 녹인 금속이 거푸집 속으로 고르게 흘러들어 가야 한다는 것이었다. 레오나르도는 반드시 해결방법을 찾아내리라 자신했지만 결국 무위로 돌아갔다. 몇 년이 지난 후에도 문제의 말은 진흙 상태로 머물러 있었다. 1499년 루도비코의 실정에 지친 밀라노 시민들은 도시를 프랑스에 이양했다. 10월 6일 루이 12세가 군대를 이끌고 밀라노에 당당히 입성했다. 레오나르도의 기마상은 이 군인들에게 더할 나위 없는 공격의 표적이 되었다. 그럴 것이 그 기마상은 그야말로 순식간에 공공의 적이 돼 버린 스포르차의 기념물이었으니! 그들은 석궁으로 큰 화살을 일제히 날려 진흙 기마상을 산산조각 내 버렸다.

레오나르도의 실패담은 만능 르네상스맨으로서의 그의 능력에 대한 이야기보다 더 무성하고 분분했다. 1513년에 그는 일거리를 찾으러 로마에 갔는데 교황청에서는 일감을 좀 주기는 했지만 한 달에 33두카트라고 하는 형편없는 박봉을 제시했다. 그러니 그가 아무것도 하지 않았다고 하여 이상할 것은 없었다. 당시 로마의 예술계를 이끌고 있는 이는 미켈란젤로와 라파엘로였다(만인의 연인 라파엘로는 프레스코화를 그릴 때 사이즈에 따라 매우 비싼 값을 받았는데, 이것이 예술가들의 금전 문제를 해결하는 데 대단히 큰 역할을 했다).

한번은 레오나르도가 학식 있는 로마인 무리와 어울릴 기회가 있었다. 그들은 단테의 한 구절을 두고 토론을 벌이고 있었는데 레오나르도에게도 한마디 할 것을 권했다. 그때 미켈란젤로가 지나갔다. 두 사람은 서로를 별로 좋아하지 않았다. 레오나르도는 비꼬는 듯한 말투로 말했다.

"마침 미켈란젤로가 오는군요. 그에게 한번 물어볼까요?"

이 빈정거림은 레오나르도의 피렌체 억양 때문에 한층 강한 느낌으로 전해졌다. 미켈란젤로는 붉으락푸르락한 얼굴이 되어 좌중을 향해 말했다.

"여러분들, 오히려 그에게 물어보시지요. 청동으로 말을 주조하겠다고 호언장담하고서는 끝내 주조를 못한 채 부끄러워서 피렌체에서 도망 나온 사람에게 말이오."

위대한 두 예술가로서는 상당히 졸렬한 모습을 보인 셈이었다. 아마 이탈리아에서 흔히 일어났던 해프닝처럼 그들도 단테를 끝까지 통독하지 않았고, 그래서 문제의 구절에서 놓여나기 위해 그랬을지도 모르겠다.

어쨌든 두 사람은 맡은 일을 완수하지 않는다는 부분에서는 서로 뒤질세라 함께 유명한, 어쩔 수 없는 동류였다. 그것이 이 두 천재의 잘못이든, 혹은 그들에게 일을 시킨 사람들의 볼썽사납고 비효율적인 지불 방법 때문이든! 재정적으로 안정된 세상에 살았던 우리 아버지, 할아버지들은 이를 '예술가 기질'이라는 이름으로 좋게 생각하려는 경향이 있었는데, 그런 식의 관념이 어디서 비롯됐는지는 다음 장에서 자세히 다룰 것이다.

로마는 레오나르도를 위한 땅이 아니었다. 게다가 피렌체나 밀라노 역시 당연히 그의 것이었어야 할 견실한 성공을 가져다주지는 않았다. 그로서는 그나마 프랑스가 행운의 땅이었다. 프랑스는 날로 부강해져 갔지만 예술에 있어서만큼은 이탈리아를 따라잡지 못하고 있었다. 지금까지도 그 점은 마찬가지여서 교양 있는 프랑스인에게 로마를 구경시킬 때, 눈에 보이는 걸작 건축물들이 하나같이 그의 생각보다 적어도 100년은 앞선 것임을 주지시키는 일이 하나의 관례처럼 되어 있다.

프랑수아 1세는 이를 고쳐보겠다고 결심했다. 그는 레오나르도를 프랑스로 초빙하여 궁정의 '제일 화가, 건축가 겸 엔지니어'가 되어 달라고 했고 레오나르도는 제안을 받아들였다. 파리로의 여정 중에 그는 온갖 영예와 환대를 받았다. 프랑수아가 보낸 사자들이 중간중 간 그를 맞이했는가 하면 도착하고서는 작은 성城과 함께 많은 보수가 주어졌다.

이 무렵 팔에 마비가 와서 그림을 그리지 못하게 되기는 했지만 덕 분에 그는 평온한 나날을 보낼 수 있었다. 그가 이 왕의 팔에 안겨 세 상을 떠났다는 것은 사실이 아니다. 궁정 생활이 몸에 밴 조신朝臣 레 오나르도와, 머리에서 발끝까지 제왕의 위엄으로 감싼 프랑수아가 그 런 광경을 연출한다는 것은 상당히 난처한 일이었을 것이다. 실제로 말년에 동반자가 되어 여러 해 동안 그를 돌봐준 이는 프란체스코 멜 치라고 하는 젊은이였다. 레오나르도의 형제에게 편지로 그의 죽음을 알린 이도 프란체스코였다. 가슴이 찢어지는 슬픔을 담아 보낸 이 편 지는 레오나르도가 가장 매혹적이며 매력적인 사람이라고 한 세간의 판단이 옳았음을 밝혀주는 증거가 된다. 편지에는 자신에게는 레오나 르도가 아버지나 마찬가지였으며, 그가 세상을 떠났으므로 다시는 삶 이 전과 같지 않을 것이라고 씌어 있었다.

레오나르도는 자신의 모든 기록물을 프란체스코에게 남겼다. 그 속 에는 저 유명한 공책도 포함되어 있었다. 프란체스코는 그것들을 호 기심으로 바라보았으며, 어쩌면 레오나르도의 낯선 필체가 이 스승의 사후 명성에 전적으로 도움이 되지는 않을 거라고 생각했던 듯도 하 다. 그래서인지 그는 그것들을 팔지 않았다. 프란체스코는 평온한 삶을 살았고, 그를 만난 사람들은 한결같이 "매우 온화한 신사"라는 말로 그를 표현했다. 이 표현에는 세월이 흐르면서 희미해지는 거울을 보는 것처럼 레오나르도가 알고 싶어했을 것이 틀림없는 무언가가 내포되어 있다.

티치아노의 부와 영광

예술가는 상인에 의해 '쟁이'에서 한 단계 격상되었다. 상인은 여러 세대를 거치면서 호상豪商이 되었고, 다시 말 그대로 왕이 되었다. 명성과 재정적인 성공으로 가는 장벽을 허물기 위한 마지막 단계를 밟기 위해 예술가들에게는 더 많은 상인들이 필요했고, 가급적이면 세습적인 지위에 대한 야망이 없는 상인이면 더 좋았다.

암흑기에 베네치아인들은 알프스를 넘어 이탈리아로 쏟아져 들어오는 야만인들을 피하기 위해 섬에 도시를 건설했다. 그들은 특유의 예리함으로 야만인들이 육지에서는 무적이지만 배에서는 매우 서툴다는 사실을 알아챘던 것이다. 처음에는 그들도 평범한 어부와 별반 다를 것이 없었으나 시간이 흐르면서 지도자를 선출하기 시작했고 이들이 나중에 도제doge(베네치아와 제노바 등 중세 이탈리아 도시국가의 수장. 총독. ─ 옮긴이)가 되었다. 인근의 아드리아 해를 오가면서(지금은 그 너머로) 그들은 뛰어난 뱃사람으로 변모했고, 점차 대규모의 상단을 형성하는 기틀을 마련하게 되었다. 그들의 도시는 동방과 서유럽의 부자들 사이에 자리잡은 화물 집산지의 역할을 했다. 당시 서유럽 사람들은 중국과 인도의 비단, 향신료, 장신구, 상아 및 그 외 온갖 산물에 목말라 있었기 때문이다. 타고난 상인으로서 그들은 배로 실어 나르는 것뿐만 아니라 육로를 통한 교역도 개척했다. 마르코 폴로가 바로 그러한 베네치아인이었다.

베네치아의 상인들은 상인으로 머물러 있었으며 군주가 되지는 않았다(셰익스피어의 희곡에서 샤일록을 가리킨 '상인'이란 단어는 즉시 관객의 뇌리에 베네치아의 이미지를 상기시키곤 했다). 이는 그들이 고안해 낸 독창적인 행정 시스템에 따른 결과였는데, 사람들에게 많은 오해를 샀던 이 시스템을 대략이나마 파악할 필요가 있는 것은, 그 아래서 생활했던 예술가들의 삶이 그로 인해 큰 영향을 받았기 때문이다.

그 시스템은 한마디로 견고한 부르주아 귀족정치였다. 베네치아를 지배한 이들은 골든북Golden Book이라는 등록부에 등재된 상인 일가였다. 이 가문은 엄청난 부와 영향력으로 수세기에 걸쳐 베네치아를 장악하면서도 일가붙이의 수를 1,600명 이하로 엄격하게 제한했다. 골든북의 일원이 되는 일은 세습되는 특권으로, 교역으로 큰돈을 벌 수 있는 유일한 통로이기도 했다. 샤일록의 고통스러운 울부짖음인 "내 두카트, 내 두카트"는 엄밀히 말해 유대인에 국한된 것이 아니라 베네치아 시민 모두의 마음에 가장 먼저 떠오르는 구절이었다.

상인 엘리트들은 도제를 상대로 교묘한 정치놀음을 벌였다. 한 손으로는 도제의 권력을 천천히 줄여가면서, 다른 한 손으로는 자신들의 위엄을 한껏 드높였다. 일이 그렇게 돌아가자 다른 유럽의 군주들 사이에서는 베네치아가 이상한 모자를 쓴 전제적인 독재자에 의해 지배된다는 의견이 분분히 오갔다. 그러나 사실은 그 반대(모자 부분만 빼고)였다.

중심적인 입법부는 시의회였다. 이 조직이 너무 커서 효율성이 떨어지자 별도로 의원을 선출하였고(셰익스피어의 『오셀로』에 모든 사람들이 한 의원의 말에 존경심을 가지고 귀를 기울이는 장면이 나온다), 여기에서 선택된 10인 원로위원회가 도시를 실제로 통치했다.

각 위원의 조직은 도제궁 내에 저마다 특별한 회관을 가지고 있었고 골든북 홀도 별도로 있었으며, 도제의 아파트도 물론 그곳에 있었다. 그리고 이 모든 곳에도 장식이 필요했다. 장식의 회계를 맡은 이들이 부유한 상인들이었으므로 그림 역시 최고로 고급스러워야 했으며, 덕분에 당시 제작된 그림 중 한 점은 지금까지도 세계에서 가장 큰 유화(틴토레토 작)로 남아 있다.

베네치아의 상인들은 훌륭한 기독교도이기도 했으며, 혹은 적어도 훌륭한 기독교도만큼 부지런히 마몬(성서에서 말하는 재물 – 옮긴이)과 신 양쪽에 모두 봉사하는 사람들이었다. 그들도 교회를 세웠으며 이곳에도 그림은 필요했다. 예술가들의 학교가 세워져 의원회관과 교회를 장식할 두 가지 목적을 위한 역할을 수행했다. 이 학교야말로 서구 예술의 역사를 통틀어 가장 강한 인상을 남긴 미술학교 중 하나가 되었으며, 오늘날의 어떤 국립미술관도 이곳에서 배출된 이들의 작품을 내걸지 않고서는 그 존재가치를 인정받지 못한다. 그들이 바로 벨리니, 티치아노, 베로네세, 틴토레토, 카날레토 등이다.

처음부터 예술가와 통치자들 사이의 재정적인 문제는 사업적인 마인드로 처리되었으므로 명쾌하고 단순했다. 베네치아의 가문 중 어느 곳에서도 메디치나 스포르차처럼 어느 예술가가 자신의 후원으로 작업을 한다는 등의 자랑을 하지 않았다. 베네치아인들은 그저 자신들의 도시가, 마치 은행 본사 건물의 대리석 바닥에서 풍기는 이미지처럼 더없이 근사해 보였으면 했다. 베네치아를 찾는 사람들 모두에게 자신들이 부유하다는 인상을 심어주고 싶었고, 베네치아가 유럽뿐 아니라 동방을 포함한 외국의 사업가들로 북적거리기를 바랐다.

화가들은 처음에는 스스로 '마돈나 메이커' 즉 성모 마리아 제작자로 불리는 것에 만족했다. 그러나 조반니 벨리니는, 현명한 상인들조차 그를 성당 옆에 세운 거대한 종루만한 가치가 있는 인재라고 생각할 정도로 스스로의 힘을 키워놓았다. 점차 베네치아는 이탈리아의 예술가들이 돈을 벌기 위해 꼭 찾아가야 할 곳이 되었다. 게다가 이곳에서는 군주에게 굽실거리지 않아도 되었다. 조반니 벨리니는 안토넬로 다 메시나에게 북유럽에서 개발된 유화 제작의 새로운 기법을 사사했는데, 도제였던 레오나르도 로레단을 그린 그의 그림은 역사상 가장 사랑받는 초상화 중 하나이다. 그림을 보면 벨리니의 기법뿐 아니라, 도제에게는 별 힘이 없으며 그도 그걸 알고 있다는 것을 과시해 보여준다.

베네치아는 이익이라고 하는 동기 위에서 움직였다. 상인들은 큰 위험을 감수하면서도 교역을 했다. 배가 침몰할 수도 있고, 이슬람 해적에게 나포되거나, 전쟁 중인 적에게 공격을 당할 수도 있었다. 셰익스피어는 이 부분에 대해서도 뛰어난 안내자의 역할을 하고 있다. 『베니스의 상인』의 플롯이 선박의 손실을 발단으로 하여 구성되었음을 기억할 것이다. 따라서 상인들은 자신들의 능력에 대한 보상을 당연하게 여겼다. 화가들에 대해서도 전문인으로서의 위험을 감수하는 만큼 이익을 추구하지 말란 법이 없다고 생각했다. 그리스와 로마시대 이래 처음으로 예술가들이, 베네치아인들에게 작품을 제공함으로써 부를 이루는 모습이 나타난 것이었다. 그 대표적인 예가 티치아노(영국식 이름은 티티안)이다.

티치아노는 알프스가 보이는 작은 마을 카도레에서 태어났다. 어린 나이로 돈이 있는 곳, 베네치아를 찾아가 조반니 벨리니의 형제인 젠틸레 벨리니의 화실에 합류했다. 이내 그는 스승에게서 배울 수 있는 모든 것을 습득했으며, 조반니 벨리니의 화실로 옮겨가서는 유명한 이 스승의 라이벌 위치에까지 올랐다. 그의 명성은 빠르게 퍼져나가 1513년에는 교황 바오로 3세가 로마로 초대하기에까지 이른다. 그러나 약삭빠르다고까지는 할 수 없겠지만 상당히 현명했던 티치아노는 경력 관리 차원에서 이 제의를 거절했다.

대신에 그는 10인 원로위원회에 편지를 썼다. 시의회 회관에 그림을 그리겠다는 제안을 한 것이다. "명성을 얻고자 하는 것이므로 그리 큰돈을 바라지는 않는다"는 말과 함께. 물론 이 구절은 수사적인 미사여구였으며, 그는 곧 이 말을 후회하게 된다. 이어서 그는 금전적인 문제를 부드럽게 언급했다. 일 년에 (상당히 겸손한 액수인) 100두카트를 받았으면 좋겠으며, 베네치아 주재 독일 상인 사무실에 부과되는 관세를 내달라는 내용이었다. 편지에 따르면 이외에도 10인 원로위원회에서는 상근하는 두 명의 조수와 재료값도 부담해야 했다. 위원회에서는 대단히 흔쾌히 이를 수락했다고 하며, 나는 티치아노의 초창기 명성이 어떠했는지를 보여주는 이 일화를 어느 전기에서 읽었다. 그러나 사실은 좀 달랐다. 10인 원로위원회는 사업가였지 군주가 아니었다. 마리노 사누토가 기록한 일지(1513년 5월 29일)를 보면 위원회는 티치아노의 청을 글자 그대로 받아들였다. 명성을 위한 작업에 보수를 지불할 필요가 없다고 생각한 것이다. 그는 두 명의 조수에게 급료를 주고 물감을 사기 위한 재원을 스스로 마련해야 했다. 말하자면 제 꾀에 제가 넘어간 격이었다.

그는 그림을 그리기 시작했지만 다른 주문이 폭주하여 중도에 그만두고 말았다. 그러자 1537년, 10인 위원회는 셔일록의 입장에서 '살 1파운드'를 달라고 했고, 결국엔 전 유럽에서 명성을 드높이고 있던 티치아노에게 그림을 완성하게 했다. 그러나 티치아노도 이득이 없는 것은 아니었다. 10인 위원회에 의해 공인된 화가로서 개인적인 후원자들에게 높은 작품료를 요구할 수 있게 되었으며, 세계의 갤러리들이 증명해 보여주듯 사람들이 떼로 몰려들었다. 그러나 군주들은 예나 다름없었다.

그들은 명령권자였고, 상인들만큼 돈을 낼 수 없을 때도 청구서를 교묘히 피해갈 수 있었다. 1529년 교황 클레멘스 7세는 카를 5세를 신성로마제국의 황제로 봉했는데, 이 대관식이 볼로냐에서 성대하게 치러졌을 때 티치아노도 거기 있었다. 그는 새로운 신성로마제국 황제의 공식 초상화를 그렸으며 이 황제는 '자비롭게도' 1두카트를 하사했다. 결국 모든 이의 체면을 살리기 위해 페데리코 곤차가 나서서 150두카트를 더 내놓기는 했지만.

오래지 않아 카를 5세는 예술가의 새로운 지위에 대해, 그리고 작품을 요구할 때 그들에게 얼마를 지불해야 하는지를 배우게 되었다. 그런 가운데도 현금을 지불하는 것에 대한 거부감은 좀체 사라지지 않던 1533년, 그는 티치아노를 스페인으로 초대하면서 황금박차 기사의 표장을 함께 내렸다. 티치아노는 이 표장에 딸린 황금 사슬을 자랑스럽게 여겨, 자신의 자화상 한 점에 이 사슬을 걸고 있는 모습을 그리기도 했다. 뿐만 아니라 황제는 그를 팔라틴 백작으로 임명했는데, 이는 스페인 황제의 궁성에 있는 귀족 궁내관이었다. 티치아노는 기꺼이 입궁하겠다고 대답은 했지만 그림 몇 점을 보내고서는(이것들은 항해 중에 유실되었다) 죽을 때까지 스페인에 가지 않았다.

1541년에 카를 5세의 예술에 대한 교양은 또 한 단계 진전을 보게 되었다. 그는 티치아노에게 매년 100스쿠토의 은화를 지급하는 연금 혜택을 약속했으며, 1548년에는 금액을 두 배로 늘려주겠다고 했다. 이때쯤 이미 티치아노는 자기 소유의 베네치아풍 저택에 살고 있었다. 거기서 사람 좋아하고 남에게 퍼주기 좋아하는 티치아노는 성대한 연회를 열어 프란체스코 프리스치아니즈Francesco Priscianese를 비롯한 많은 사람들을 불러들였다. 손님들 중에는 건축가인 산소비노, 역사가인 나르디도 있었고, 엄청난 양의 편지글을 쏟아내어 역사상 최초의 예술 저널리스트가 된 피에트로 아레티노도 있었다. 프리스치아니즈는 자신들이 티치아노의 그림들 사이로 걸어다니다가, 정원을 산책하고, 식탁에 모여 앉아 "가장 맛있는 음식과 매우 값비싼 와인"으로 저녁 식사를 하곤 했던 광경을 묘사한 바 있다. 베네치아의 상인들은 예술가들에게 레오나르도의 '달걀 하나와 뱀장어 네 마리'와는 천양지차의 생활을 가져다주었던 것이다.

카를 5세에 관해서는 조신들을 대동하고 티치아노의 작업실을 방문한 일화가 전해지고 있다. 놀란 티치아노가 붓을 떨어뜨리자 황제는 친히 몸을 굽혀 붓을 주워서 건네주었다고 한다. 내가 청년이었을 때 이 일화는 학교의 선생들 사이에 대단히 유명해서, 조신들이 공포에 찬 얼굴로 손을 들고 있는 그림이 그려지기도 했다. 그러나 이는 실제로 있었을 법한 이야기는 아니다. 카를 5세는 티치아노에게 초상화를 그려본 일이 있어서 이 화가를 꽤나 잘 파악하고 있었으며, 한번은 그를 황궁으로 불러들여(그때는 황궁이 스페인 밖에 있었다) 이런저

140

런 이들을 합쳐서 70명이나 되는 사람들의 초상화를 내쳐 그리게 한 일도 있었다.

그러나 그렇게 일을 시켜놓고 카를 5세는 극적인 제스처를 연출하고 말았다. 1556년에 그는 네덜란드의 왕위를 아들인 필리페 2세에게 물려주었고, 스페인은 형제인 페르디난트에게 이양했다. 그러고는 자신은 여생을 수도원에서 보내겠다며 사라져버렸다. 그러므로 앞서의 이야기는 그가 예술가들을 옹호하는 사람이었음을 암시하는 정도로 이해하는 편이 옳을 것이다. 실제로는, 그는 티치아노에게 한푼도 주지 않았다. 보수를 주겠다고 한 처음에나 두 배로 올렸을 때나. 티치아노는 그에게 가차없이 지급을 채근했지만 돈은 받지 못했다.

그 아들인 펠리페 2세가, 아버지의 죽음으로 인한 충격 속에서 밀린 돈을 전액 갚았고, 이 돈은 티치아노의 치부에 적잖이 도움이 되었다. 원래 아들은 아버지의 죽음으로 심리적인 타격을 크게 입을지라도 그리 오래가지는 않는 법이다. 펠리페는 궁정화가로서 티치아노와의 계약을 갱신했지만 그 이후의 지불에 대해서는 아버지의 전철을 밟았다. 뿐만 아니라 그는 베네치아 출신의, 세간의 찬사를 한몸에 받는 이 화가에게 그다지 큰 감명을 받지도 않았다. 1550년 티치아노는 아우구스부르크로 가서 저 유명한 「펠리페의 전신 초상화」를 그렸는데, 왕은 갑옷차림의 이 그림을 편지 한 장과 함께 고모인 '헝가리의 메리'에게로 보냈다(1551년 5월 16일).

편지에는 상당히 투덜거리는 투로 이렇게 씌어 있었다. "얼마나 빨리 그렸는지 충분히 아실 수 있을 겁니다. 시간만 있었다면 다시 그리라고 했을 텐데 말입니다."

하지만 시간이 있었더라도 생각만큼 쉽지는 않았을 것이다. 베네치아의 상인들로부터 티치아노는 거래의 기술에 대해 많은 것을 배운 터였다. 그는 훌륭한 흥정꾼들이 다 그렇듯 돈에 파묻혀 살지라도 정색을 하고 곤궁함을 내세우며 상대를 몰아붙일 줄 알았다. 어쨌든 펠리페는 돈을 지불하지 않았고, 티치아노는 말년에 왕에게 편지를 썼다.

> 저는 일생 동안 다른 사람 아닌 오로지 폐하에게만 전적으로 봉사해 왔는데, 시시때때로 폐하께 올린 작품에 대한 대가를 한푼도 받지 못하고 지금까지 지내온지라, 이제 제가 이 늙은 나이에 살길을 어디서 찾아야 할지 모르겠습니다.
>
> *아흔다섯 먹은 폐하의 종복 올림*

이는 매우 흥미로운 편지가 아닐 수 없다. 첫째, 그는 이 왕에게 '전적인 봉사'를 바치지 않았을 뿐만 아니라 늘 여러 다스나 되는 많은 후원자들에 둘러싸여 그들에게 그림을 그려주느라 바빴기 때문이며, 둘째는 노년에 오랫동안 일구어놓은 예술 사업의 수입으로 아주 안락한 생활을 누렸기 때문이다. 셋째, 그는 아흔다섯이 아니었다. 카도레 교회에 있던 그의 세례 기록은 소실되었지만 여러모로 날짜를 감안해보면 자신의 실제 나이보다 적어도 10살을 올려서 쓴 것이 거의 확실하다. 그러나 피진이 번진 피부 점막에서 떨어져 나온 부스러기를 쓸어가며 마비된 손으로 끈질기게 그린 초상화는 티치아노의 작품 가운데 가히 최고라 할 수 있다.

그는 부유한 가운데 영광되이 죽음을 맞이했다. 또한 마지막까지 사업 수완을 발휘했다. 그는 프라리에 있는 프란체스코 수도회에 묻히고 싶어했는데, 이 사실을 전해들은 수도회 형제님들은 묘지를 제공하는 대가로 상당히 많은 돈이 들어올 줄 알고 기대에 찼다. 그러나 웬걸, 티치아노는 그들과 끈질긴 흥정을 벌여 결국 그림 한 점을 주고 무덤을 얻어내고야 말았다. 마침내 예술가들이 자신들의 작품이 지닌 가치를 찾아낸 것이다.

6

부를 쌓은 성공한 화가,
루벤스

영민한 사업가, 루벤스

지금쯤 독자 중에는 내가 소개한 유명 예술가들에 대해 참을 수 없이 화가 나는 이들도 분명 있을 것이다. 그들 생각에는, 금화 네 냥을 모으려면 두 냥에 두 냥을 더해야 한다는 삶의 기본 원칙을 따르지 않고서도 여러 사람들에게서 폭넓게 인정받는 예술가들의 삶은 분명 화나는 일일 수도 있다. 그만큼 성직자나 영주와 나란히 놓일 수 있는 신분을 지닌 화가들은 큰 곤란을 겪지 않고도 예정된 보수를 당연히 챙길 수 있었다. 만약에 그들이 셈에 능하지 않았거나 그 시대에 회계사라는 직업이 있었다면 아마 은퇴한 은행가 정도는 고용하여 금전 관리를 시키고 보수는 초상화를 그려 주는 것으로 대신했을지도 모르겠다.

이런 이야기를 하다 보면 민감하고 초조한 성향의 독자 가운데는 언제 피카소 이야기가 나올지 궁금해 할 사람들도 있을 듯하다. 앞서 살펴본 것처럼 피카소는 콩 하나를 다섯 개로 불리는 방법을 알고 있던 사람으로, 그만큼 잇속에 밝았다. 사실 역대 유명 화가들치고 예리한 사업 감각이 없었던 이들은 거의 찾아볼 수 없다. 페터 파울 루벤스(1577~1640) 또한 돈이 어떻게 불어나는지를 잘 알고 있었으며, 실제로 많은 돈을 벌었다. 그가 돈을 벌수록 더 많은 추종자들이 그를 숭앙해 마지않았는데 이런 점은 피카소와는 사뭇 대조적이다. 그런 면에서도 루벤스는 분명 대단한 인물이다.

루벤스는 삶의 대부분을 암스테르담에서 보낸 벨기에 사람으로, 그의 호화로운 저택은 오늘날까지도 암스테르담의 관광 명소 중 하나이다. 이 암스테르담 사나이가 영민한 사업가였음은 널리 알려진 사실이지만, 그가 누린 물질적인 성공을 단지 그가 지리적으로 유리한 곳에 자리를 잡았기 때문으로 돌리는 세간의 평가는 공정하지 않다. 헨리 포드는, 땅덩어리가 넓어서 자동차가 필수였던 곳에서 태어났고 그곳에 자동차 생산 라인을 세웠다. 그것은 오로지 타고난 사업가적 재능을 십분 발휘했기 때문이었다. 루벤스 역시 정확히 3세기 전에 똑같이 사업을 벌였으니, 바로 그림을 통해서였다.

나는 젊었을 때 길거리로 나서면 한 대 혹은 그 이상의 헨리 포드의 자동차와 어김없이 부딪혀야만 하는 시기가 있었다. 마찬가지로 유럽의 어떤 갤러리든 들어가서 루벤스의 작품을 만나지 않기란 쉽지 않다. 한 사람이 그토록 많은 그림을 그렸다는 것이 경이로울 따름인데, 짐작하듯이 그 모두가 온전한 그의 작품은 아니다. 루벤스는 화가의 아들도 아니었고 상인의 아들도 아니었다. 그의 아버지 탈릴란드 Talyland는 외교관이었다. 그러나 썩 훌륭한 외교관은 못 되었던 듯, 그는 업무보다 여직원들과 잠자리에 드는 일에 더 열정을 불태웠다. 색스니의 안나 공녀도 그들 중 하나인데 그의 아기를 가지게 되었다. 이 일로 결국 그의 아버지는 옥살이를 하게 되었는데 그 감옥이란 곳이 아주 편안하고 안락했다. 가택연금에 처해졌던 것이다. 그곳에서

1577년에 페터 파울 루벤스가 태어났다.

　루벤스가 범접하지 못할 화가로서의 재능을 타고났다는 것은 청년이 되기 전에 이미 분명하게 드러났다. 붓만 쥐면 그는 무엇이든 그릴 수 있었다.

　그러나 이것만으로 그가 선배들보다 위대했다고는 말할 수 없다. 미켈란젤로는 정신과의 힘겨운 싸움을 통해 승화된 영혼을 한결같이 표현할 수 있었고, 티치아노는 색의 마술사였다. 그의 그림들은 변함없는 색으로 불타오르는 것 같고, 인체의 피부를 표현하는 데 있어서는 타의 추종을 불허했다. 라파엘로는 감상에 젖은 듯한 사랑스런 얼굴을 기가 막히게 그려냈으며 그 일을 매우 기꺼이 했다(일인당 얼마씩을 받고서).

　루벤스는 이들 위대한 대가들 앞에서 항상 겸손했지만, 그럼에도 불구하고 그들이 지녔던 모든 탁월함을 두루 갖추어 깜짝 놀랄 만한 결과물을 탄생시키곤 했다. 개개의 재능이 그들을 뛰어넘지는 않았을지라도 적어도 대동소이한 정도라고는 할 만한데다, 더욱이 그는 한 작품에서 대가들의 특징을 모두 표현해 냄으로써 시간과 돈을 절약할 수가 있었던 것이다.

　그는 지금 같으면 시장조사라고 할 만한 작업에 착수했다. 이탈리아로 건너가서 과거에 예술가들을 지원한 사람들, 즉 후원자들이 예술가들에게 돈을 지불하는 과정에서 왜 망설였는지를 완벽하게 파악했던 것이다. 그런 후에야 북쪽으로 돌아와 자신의 스튜디오를 열었다.

　미술애호가 중에는 루벤스를 그다지 달갑지 않게 여기는 이도 있을 것이다. 특히 약간 뚱뚱한 여성을 그린 누드를 별로 좋아하지 않는 취향의 사람이라면 더욱 그럴 것이다. 개인적으로 나 역시 수년 전, 갤러리에 에어컨이 들어오기 전이었던 어느 더운 여름에 그의 그림을 보면서 예의 뚱뚱한 여성들이 땀을 뻘뻘 흘리고 있을 것이라는 상상을 했던 기억이 있다.

그러나 나를 포함해서 루벤스가 늘 좋지만은 않다고 하는 사람들은 잘못 생각하고 있는 것이다. 화가들이라면 이 말이 무슨 뜻인지 알 것이다. 1640년에 그가 세상을 떠난 이래, 한다하는 화가들은 누구랄 것 없이 지금까지도 이 대가에 대해 연구하고 그의 작품을 베끼고 배우고 있다. 그는 예술가가 무엇을 어떻게 해야 하는지, 특히 그의 시대 이전에는 무엇이 어떻게 이루어져 왔는지에 대한 백과전서의 역할을 한다.

나이가 들어가면서 그는 명작을 남기려고 애쓰는 일에 다소 지친 듯, 우리가 익히 알고 있는 많은 풍경화들을 거의 무의식적으로 편안하게 그려냈던 것 같다. 그렇게 그려진 그의 그림 중 런던 내셔널갤러리에 있는 「스테인 성」 앞에 서보면 그것만으로도 그가 얼마나 훌륭한 화가였는지를 단번에 깨닫게 된다. 그가 아니었다면 우리는 결코 클로드, 컨스터블, 세잔, 그 밖에 많은 화가들을 만나지 못했을지도 모른다. 이 작품에서 보이는, 지평선을 향해 안정감 있게 행진하듯 시원하게 멀어져 가는 구도야말로 가히 천재성의 극한을 보여준다. 무엇보다 이 그림에는 뚱뚱한 여성이 등장하지 않는다.

루벤스 역시 우리가 익히 알고 있는 전형적인 방법을 통해 그림 사업을 시작했다. 다름아니라 만투아 영주의 궁정화가가 된 것이다. 이 영주도 예외는 아니어서 루벤스에게 약속한 돈을 지불하지 않았다. 루벤스는 평범한 방법으로 이에 맞대응하지 않았다. 구차하게 매달리거나 구걸하지 않고 그냥 떠나버린 것이다. 본국으로 돌아온 그는 결코 떠나온 곳을 되돌아보지 않았다. 그것이 그의 처세술이자 재정 운용 방식이었다. 그가 이탈리아인에게서 배워왔고 대단히 존중해 마지 않았던 바로 그것! 이후 그는 주어진 재능을 어떻게 돈으로 바꾸어가는가를 꾸준히 보여주었다.

만년에는 그도 후원자를 확보하고 있었으니 합스부르크 왕가가 그들이었다. 그가 이 왕가에 대해 불만을 토로한 기록(1609년 9월 23일)이 있는데, 이 문서에서는 다른 화가들의 그것과는 좀 색다른 구절이 보인다. "그들은 내게 금으로 된 족쇄를 채웠다." 이 말은 달리 해석하면 후원자들이 그만큼 많은 돈을 지불했다는 뜻이다. ·

그도 한때 경제적인 어려움을 겪었다. 그러나 그는 난국을 타개하는 해법 또한 알고 있었다. 프랑스의 루이 13세의 모후인 마리 드 메디치(1573~1642)는 그를 낚아채다시피 해서는 하나도 아니고 스물한 점의 그림을 계약했는데 모두가 그녀 자신에 대한 그림이었다. 약정된 금액만도 도합 2만 크라운에 달했다. 그림들은 그녀가 짓고 있던 궁전을 장식할 것들이었다. 한 여주인을 묘사하는 스물한 점의 그림이 궁전의 방문객을 얼마나 놀라게 했을지를 상상해 볼 수 있으니 우리로서는 행운이라 할 만하며, 루브르에 가면 지금도 이들 작품을 다 볼 수 있으니 참 고마운 일이다. 앞서도 이야기했지만 이 그림들은 화가 지망생들에게는 대단히 숭앙되는 작품이었으며, 지금까지도 그렇다. 루벤스처럼 다작多作하는 화가들에 대한 반응은 늘 다양하게 마련인데, 아래 인용문 하나만으로도 분분한 의견에 대한 충분한 설명이 되리라 생각된다.

루벤스에 대해 말하자면, 그는 내가(그 문제에 대해 아는 것이 없는) 보기에는 가장 번드르한 — 요란하며, 유달리 눈에 띄는, 마치 인류가 존재한 이래 늘 저질러져 온 속임수 매춘과도 같은 — 협잡꾼이다. 꼭 훌륭한 식탁보처럼 보이는 리넨 천(그의 그림 중 하나에서 십자가 위로 늘어뜨려진)을 제외하고는 전혀 자연스럽지도 않고, 예술과는 거리가 멀다. 나는 일찍이 그의 캔버스에 담긴 것처럼 저속하고 화려한 악몽의 조합을 본 적이 없다. 그의 초상화들은 펄핏 쿠션_{pulpit-cushions}(성직을 상징하는 문양 – 옮긴이) 자체를 입고 있는 것처럼 보인다.

— 1816년 5월 1일, 존 캠 홉하우스에게 보낸 편지에서

루벤스의 플랑드르식 기호, 즉 풍만함에 대한 선호는 펄핏 쿠션에 의해 절묘하게 폄하되었으니 이 평자는 영국의 시인이자 독설의 달인, 바이런 경이었다. 어쩌면 루벤스의 작품을 산 구매자들도 자신들이 예술에 대해서는 잘 모르고 그저 그의 그림이 마음에 들었기 때문에, 막연히 루벤스를 좋아해서 그림을 샀다는 점에서 바이런과 같은 생각을 했을 수도 있다.

루벤스의 마케팅 전략

루벤스의 구매자들을 대표할 만한 이는 걸출한 여성, 마리 드 메디치다. 마리는 토스카나(피렌체가 주도州都인 공국 – 옮긴이) 대공의 딸로, 결혼을 하면서 프랑스의 여왕이 되었다. 10년 뒤 어린 아들을 남겨두고 남편이 살해당하자 몇몇 측근들과 함께 아들 루이 13세의 섭정을 하면서 실질적으로 프랑스를 다스렸다. 그녀가 스물한 점의 작품을 집에 불러들일 권한이 있을 만큼 최고 권력자였음은 누가 뭐라 해도 명백했다.

그런데 불행히도 아들은 그녀에게 반항적이었다. 결국 그는 어머니의 측근을 살해하고 1617년에 권력을 잡았다. 그러나 마리가 아무리 대단한 여자라 해도 어머니는 어머니였고 아들은 아들이었다. 두 사람은 화해를 했고 그녀는 다시 최고(혹은 최고에 버금가는) 지위를 되찾았으며, 그녀의 치세는 추기경 리슐리외(1585~1642)가 권력을 잡아 단호히 그녀를 밀어낼 때까지 이어졌다.

그녀는 리슐리외가 전면에 나서기 전까지는 너무 바빠서 루벤스에게 지불하기로 한 돈을 주지 못했고, 리슐리외는 거래를 아예 취소했다. 물론 이때도 루벤스는 손해를 보지 않았다. 리슐리외는 허영심이 지나치게 강한 사람이어서, 루벤스가 성직자 의상을 입고 있는 그의 초상화를 수많은 펄핏 쿠션으로 가득 채워서 그려 보내자 두둑한 보수를 보내주었다.

그러나 루벤스에게 이 모든 일은 다른 나라, 즉 프랑스에서 일어난 일들이었다. 마리가 그를 이 나라로 불러들였기 때문이다. 루벤스의 원래 근거지는 여전히 건재했다. 그는 대공인 알베르트와 그의 아내 이사벨라의 궁정화가로서 정기적으로 보수를 받았다. 이 대공 부부가 루벤스에게 자유롭게 프랑스를 오갈 수 있게 해준 것이 예술가로서의 그의 입지는 물론 금전 문제에서도 획기적인 전환점이 되었다는 사실은 의심의 여지가 없다.

주문이 전 유럽에서 쏟아져 들어왔다. 1636년에는 스페인의 펠리페 4세가 많은 양의 그림을, 상당히 급히 주문했다. 루벤스는 이것들을 '디자인' 하기 시작했다. 그 즈음에 그는 휘하에 전문 작업팀을 두었는데, 이탈리아에서 주로 소년들로 구성되었던 것과는 달리 그의 조직원은 대부분 상당히 실력 있는 화가들이었다. 루벤스는 탁월한 조직 통솔력을 발휘해 일을 분배했다. 누구는 의상 표현에 강하니까 성직자들의 가운을 그리게 하고, 또 누구는 배경을 그리게 하는 식이었다. 팀의 구성원들은 그런 식의 작업을 하루종일 쉬지 않고 해냈다. 그것도 계속해서. 이렇게 해서 이 그림들(지금 루벤스의 손길이 닿았다고 전하는)은 제때에 생산 라인을 통과할 수 있었다. 이것이 바로 대형 캔버스에 그려진 56점의 작품이 놀랍도록 짧은 시간인 15개월 만에 완성될 수 있었던 비결이다.

이 방식은 선량한 암스테르담 시민들의 마음에, 그리고 장래 고객이 될 수도 있는 사람들에게 거부감을 불러일으켰다. 키케로 이후 늘 견지되어 온(물론 그전에도 그랬겠지만), 그림에는 즐거움이 있어야 하고 누가 그린 그림인지 주체가 있어야 한다는 개념과 상충하는 그림 생산 방식이었기 때문이다. "저건 프락시텔레스 작품이야." 혹은 "저것은 루벤스의 작품이야." 하는 말 한 마디가 그 작품의 가치를 드높일 수 있어야 했다. 물론 어떤 이는 루벤스라는 이름이 작품의 질과 무슨 상관이며 얼마나 다르냐고 할 수도 있겠지만 그 점이 작품 감상의 즐거움을 대폭 줄여버리는 것 또한 부정할 수 없는 사실이다.

그러므로 루벤스는 자신이 워낙 비범한 인물이어서 그처럼 다작을 할 수 있었음을 증명해 보일 필요가 있었다. 그의 사인이 들어 있는 작품이 대단해지려면 이 작품이 일단의 일꾼들이 협업을 한 것이 아니라 '너무도 비범한' 그 자신이 작업한 것이라는 사실을 입증해야 했다.

그는 그 일도 해냈다. 그가 스스로를 위해 건축한 호화로운 집에는 스튜디오가 있었는데, 그는 이 스튜디오의 발코니를 전시관으로 꾸며 놓고 부유한 구매자들을 초청해 예술성이 뛰어난 작품들을 마음껏 감상하게 했다. 이 감상회가 또한 왜 볼 만했느냐 하면 루벤스 자신이 한 순간의 주저함도 없이, 화려한 색채로 휘감듯 6피트의 거대한 곡선을 그리는 이벤트가 포함되어 있었기 때문이다.

물론 이 행사에 그림 생산팀은 모습을 드러내지 않았다. 구매자들이 방문 중일 때 루벤스의 조수들은 티치아노나 미켈란젤로의 화실에서 흔히 볼 수 있는 풍경처럼 전형적인 견습생의 모습으로 물감을 섞고 있거나 붓을 들고 있거나 했다.

게다가 그는 여기에 볼거리를 추가하여 이벤트를 완성했다. 자기가 그림을 그리는 동안에 비서에게 편지를 받아쓰게 하거나, 좋은 책을 소리내어 읽도록 함으로써 동시에 여러 가지를 할 수 있는 사람이라는 이미지를 심어주었던 것이다. 이런저런 이벤트가 연출해 내는 위세에 눌려, 관람객들은 스튜디오를 나가면서 기꺼이 은화를 내놓았고, 한결같이 루벤스가 어마어마한 에너지의 소유자로서 캔버스의 구석구석 1인치까지도 직접 그려내고 프레임을 짜곤 한다는 사실을 조금도 의심하지 않았다.

루벤스에 대한 신뢰는 나날이 높아졌고 예술가로서의 명성도 일취월장했다. 정기적으로 그를 찾는 충성고객들에게 그의 매력은, 이 유명한 화가의 그림을 확보할 수 있다는 점 외에 외교적인 목적으로 그를 출장 보낼 수 있다는 점도 있었다. 이에 따라 1621년에서 1630년 사이, 그는 틈틈이 브뤼셀, 파리, 마드리드, 런던 등지를 방문했다. 그에게 외교적인 임무를 맡겨서 말썽이 생긴 일이 한 번도 없었기에 가능한 일이었다. 최소한 그는 분쟁을 먼저 시작하는 스타일이 아니었다. 남과의 분쟁이란 루벤스처럼 바쁘게 살아가는 사람에게는 쉽게 생기는 일이 아니었다.

외교관의 임무를 수행하는 동안에도 그는 다른 일을 병행했다. 최고의 골동품을 수집하고 유럽 전역에서 최상의 예술품을 찾아다녔다. 그는 성공한 예술가치고는 매우 겸손했는데, 특히 돈에 관계된 일일 경우 그의 겸손함은 대단히 적절한 마케팅 수단이 되었다. 대부분의 고객들은 루벤스에게 그림 하나만 의뢰하는 것이 어려웠다. 자신의 그림 외에 그가 수집해 놓은 '더 훌륭한 화가의 작품'까지 '기꺼이' 사게끔 만드는 '끼워팔기' 전술을 썼기 때문이다. 오늘날에는 예술가가 그런 식의 비즈니스를 하는 것을 상상하기가 힘들지만 그의 스튜디오에서는 그것이 가능했다. 그곳에서 한 시간 정도 작품을 감상하면서 후안 그리스(에스파냐의 입체파 화가 – 옮긴이)에 대해 이야기를 나누다 보면 자기도 모르게 뒤뷔페(엥포르멜, 즉 표현주의적 추상운동의 선구자로 평가되는 프랑스의 화가 – 옮긴이)의 작품도 손에 넣을 수 있냐고 묻게 되기 때문이다. 루벤스는 소장품이 팔리는 것에 크게 개의치 않았다.

그는 마음에 드는 작품을 차지하려고 안간힘을 쓰는 수집가가 아니었다. 그는 정말로 구매자에게 어울릴 작품을 제안하는 방식으로 미술품을 수집하고 판매했다. 한번은 외교적인 임무를 맡아 영국으로 파견된 일이 있었다. 그의 임무는 왕가간의 결혼을 성사시키는 것이었는데, 그 일의 열쇠를 쥔 핵심 인물은 버킹검 공작, 조지 빌리어스였다. 공작은 지적 허영심을 가진 야심가로서 신분에 걸맞은 최상의 예술 작품을 수집하고 싶어했다. 루벤스는 공작이 앞장서서 결혼을 성사시킬 수 있도록 돕는 차원에서 최저가로 자신의 컬렉션을 공작에게 내놓았다. 공작은 이를 받아들였고 컬렉션의 주인은 순식간에 바뀌었다. 그러나 여자 쪽에서 청혼을 받아들이지 않았기 때문에 결혼은 무산되었다. 결과적으로 루벤스는 실패한 셈이다. 그러나 버킹검 공작 역시 루벤스에 버금갈 만한 대단히 매력적인 성품을 지니고 있었으므로 이 일은 나중에 더 큰 이득으로 되돌아왔다.

루벤스의 일생을 돌아보면, 재정적인 풍요 사이로 먹구름이 잠깐씩 스쳐 지나가기만 한 것은 아니었다. 물론 그의 명성은 유럽 전역으로 퍼져나갔고, 후원자들은 이름 있는 작가의 그림에 대해 충분한 돈을 지불해야 한다는 것을 알고 있었다. 이는 아주 환영할 만한 일이었다. 게다가 그는 화가가 원할 때만 그림을 그릴 수 있다는, 당연함에도 불구하고 그때까지도 정립되어 있지 않던 관행을 새로이 세운 사람이기도 했다.

하지만 그것이 반드시 최선은 아니었던 듯도 하다. 이탈리아의 두 천재 예술가 베르니니와 보로미니 사이에서도 쟁점이 되었던 이 문제는 둘 중 어느 한 사람에게는 치명적인 결과를 초래할 수도 있는 것이었다.

예술과 종교, 그 부적절한 관계

두 천재 베르니니와 보로미니의 주 수입원은 카톨릭 교회였다. 두 사람의 반목을 이해하기 위해 잠깐 역사를 되짚어보기로 하자(두 사람의 돈과 예술에 대한 치열한 경쟁에 대해서는 다음 장에서 다룰 것이다). 교황들은 루벤스의 후원자들만큼이나 베르니니와 보로미니에게 관대했다. 이유는 유럽의 가장 위대한 예술품 가운데 하나와 관련이 있는데, 성 베드로 성당과 그 앞에 있는 대광장이 그것이다. 전자기기의 발달로 이제 전세계 사람들에게 익숙한 그 예술 작품! 교황이 죽거나 새로 선출되었을 때, 혹은 그들이 사해만민에게 차별 없는 축복을 전하려고 부활절 미사를 주재할 때 텔레비전을 통해 익히 보아온 바로 그 건축물 말이다.

성 베드로 성당은 적잖이 어려운 세월을 겪었다. 로마 황제가 기독교로 개종하였을 때 황급히 축성되었고, 중세 초까지는 건재했으나 이후로는 줄곧 비틀거림의 역사를 걸었다. 이 교회의 파사드facade(건물의 출입구가 있는 정면부 – 옮긴이)는 수세기를 거치면서 여러 교황들에 의해 불만족스러운 상태로 이리저리 보수되어 뒤죽박죽이 되어 있었고, 그나마 내부는 상당히 장엄한 모습으로 옛 로마의 법정 또는 바실리카의 확대판으로서의 기능을 하고 있었다.

그러다가 교황들이 로마를 떠났다. 프랑스의 음모 때문도 있었고 영원의 도시 로마 시민들에게 염증을 느낀 탓도 있었다. 교황의 선출 시기를 즈음해 귀족 가문들은 성 베드로 성당의 주교가 지니는 커다란 재정적 수익을 두고 늘 이전투구를 벌였던 것이다. 교황들은 프랑스의 작은 마을 아비뇽으로 옮겨가 고딕 스타일로 새 궁전과 교회를 지었는데, 지금까지 와인의 상표로 이름이 전해져 오는 샤토네프 뒤 파프Chateaunewf du Pape가 바로 그 아름다운 건물들이다. 이 이름은 '교황의 바빌론 유수'라고 하는 카톨릭의 역사적 사건을 일컬으며, 아비뇽에 머무는 동안 교황들이 프랑스 군주의 수중에 있음을 기록하는 성서적(동시에 정중한) 방식이었다.

그러나 그들은 지치지 않고 편지를 쓴 시에나의 성 카트린느의 노력에 힘입어 로마로 돌아왔다(1376년). 그들이 찾아본 성 베드로 성당은 — 실제로는 로마 전역이 — 보수를 하지 않아서 처참한 지경이었고, 교황궁인 라테란은 거주가 불가능할 정도로 낡은 상태였다. 교황은 성 베드로 성당이 서 있는 언덕 위의 건물로 이사를 했으며, 바티칸으로 알려진 그곳이 지금까지 교황이 사는 곳이 되었다.

성 베드로 성당은 붕괴 직전이었다. 소와 양들이 본당 회중석에서 자라는 풀을 뜯어먹으려고 들락거렸다. 더 보기 민망한 것은 늑대 떼가 도굴범들이 파헤친 무덤에서 시신을 뜯는 광경이었다. 벽은 기울어서 몇 군데는 수직에서 16피트나 벗어나 있을 정도였다. 니콜라우스 5세는 이를 모두 헐어내고 새로 건조하기로 결심했다. 이로부터 카톨릭 교회사에 길이 남은, 유례 없는 대소동이 시작되었다.

페이디아스 「아테나 파르테노스」
고대 그리스의 위대한 조각가 페이디아스의
작품으로, 파르테논 신전에 있는 아테나 신상이다.
아테네 시민들은 이 조각상을 너무나 좋아했지만
그를 추방해 버렸다. 페이디아스가
작품 제작용으로 받은 금을 일부 빼돌렸다는
의혹이 제기되었기 때문이다.
또 한 가지, 페이디아스는 조각상이 들고 있는
방패에 자신과 페리클레스의 초상을 새겼다.

프락시텔레스 「비너스」
고대 크니도스의 시민들은 비티니아의
니코메데스왕이 도시의 모든 부채를
갚아주겠다고 했음에도 이 조각상을
팔지 않았다. 이 작품이 외국 여행자들을
끌어들여 막대한 돈을 벌어들일 수
있을 것이라고 판단했기 때문이다.

「코모두스 황제 흉상」
헤라클레스로 표현된 로마 코모두스 황제의
흉상으로, 이 황제는 검투사 경기를 즐겨
보았을 뿐 아니라 직접 즐겨 자칭 로마의
헤라클레스라 했으며, 흉상을 제작할 때도
헤라클레스처럼 사자 가죽을 뒤집어쓴 모습을
연출했다. 그러나 당시 사람들은 이런 조각을
특별히 찾지는 않았으며 그리스의 걸작품을
베낀 작품에 많은 돈을 투자했다.

도나텔로 「가테말라타 기마상」
피렌체 출신의 지독히도 불우한 환경에서
자란 조각가 도나텔로는 장인이 아닌
예술가로서의 지위를 얻기 시작한 사람이며
이는 경제적으로도 성공했음을 의미한다.
그는 이 기마상으로 상당한 금액의
연봉을 받았다. 조르조 바사리가 표현한
도나텔로의 임종을 보면 부를 이룬 이가
누릴 수 있는 특권에 대해
잘 나타나 있는데, 친척들이 그의 침상을
둘러싸고 농장을 남겨달라고
애걸하고 있는 모습이 그것이다.

벤베누토 첼리니 「소금그릇」
중세 수공업자들의 동직 조합인 길드에서는 예술가란 기능공 또는 제조업자일 뿐이어서
첼리니처럼 남다른 행동을 일삼는 조각가는 천덕꾸러기 취급을 받았다. 첼리니는 술과 여자, 결투를
좋아했으며 미켈란젤로와도 자주 만난 이탈리아 조각가로, 호의호식을 누린 대표적인 예술가이다.

유리아누스 아르겐타리우스 「유스티니아누스 황제와 시종들」
산 비탈레 성당에 있는 모자이크화로, 비잔틴 시대가 교회의
정신적 힘과 국가의 세속적 힘이 통일된 시기였음을 암시한다. 황제의 왼쪽에 막시미아누스
주교가 서 있는데 그의 머리 위에만 "MAXIMIANVS" 라고 써 있다. 이는 오늘날의
광고 기법과도 같이 노골적으로 황제와 주교의 권위를 드러낸 메시지이다.

미켈란젤로 「다비드」

라파엘로 「율리우스 2세」

미켈란젤로와 돈

불세출의 천재 미켈란젤로의 가족사는 그야말로 한 편의 신파 드라마이다. 그의 아버지와 형제들은 무능력자에다가 남에게 빌붙어 사는 유형의 사람들로, 땀과 조각칼로 벌어들인 미켈란젤로의 돈을 끊임없이 요구했으며, 미켈란젤로는 이들의 뒷바라지로 힘든 삶을 살았다. 그는 또 시스티나 성당 천장화와 묘지 작업을 둘러싸고 율리우스 2세와 끈질긴 돈싸움을 벌였는데 계약서에 서명한 때로부터 8년 동안 그는 얼마간의 돈을 그야말로 쥐어짜듯 타냈다.

시스티나 소성당 내부

레오나르도 「암굴의 성모」, 파리 루브르 박물관

레오나르도 「암굴의 성모」, 런던 내셔널갤러리

레오나르도 「자화상」

레오나르도 다 빈치

역사상 존재했던 가장 비범한 마인드의
소유자 중 한 사람 레오나르도 다 빈치.
그의 놀라운 두뇌는 기대한 만큼의 충분한
보상을 가져다주지는 않았다. 그는 좌절의
나날을 보냈으며 자주 돈이 떨어졌고
한 번도 풍족한 적이 없었다.
「암굴의 성모」는 레오나르도가 팀을 이루어
작업한 작품으로, 루브르 박물관과
내셔널갤러리 두 곳에 있는데 어느 것이
진짜 레오나르도 작품인지에 대해서는
의견이 분분하다. 현재는 둘 다 레오나르도의
작품으로 알려져 있다. 이 작품에 대한
지불 문제를 가지고 레오나르도와 교회측이 타협을
매듭짓기까지는 자그마치 23년이 걸렸다.

「로렌초 데 메디치」
르네상스 시대의 이탈리아를
대표하는 부의 명가 메디치 가는
미켈란젤로, 레오나르도, 라파엘로
등의 후원자로도 유명하다.
조반니가 가계를 일으켰고,
코지모는 조반니의 아들이며,
코지모의 손자가
저 '위대한 로렌초'이다.
오늘날 성공한 갑부들이 대개
그렇듯이 그들은 지적인 사람들
사이에서 어떤 일이 벌어지는지를
파악하는 직감이 뛰어났다.
그들의 돈은 예술가의 지위를
바꿔놓는 데 혁혁한 공을 세웠으며
르네상스의 원동력이 되었다.

티치아노 「카를 5세의 기마 초상」
신성로마제국의 황제 카를 5세는
자신의 공식 초상화를 그린
티치아노에게 '자비롭게도'
1두카트를 하사했다. 체면을
살리기 위해 페데리코 곤차가가
나서서 150두카트를 더 내놓았지만,
어쨌든 티치아노는 부와 영광을
누린 화가였다. 그는 마지막까지
사업 수완을 발휘했는데 프란체스코
수도회의 묘지를 얻기 위해 끈질긴
흥정을 벌인 끝에 그림 한 점을 주고
자신의 무덤을 마련한 것이다.

루벤스 「마리와 앙리 4세의 결혼」

사업가 루벤스

페터 파울 루벤스는 돈이 어떻게 불어나는지를 잘 알고 있었으며 실제로 많은 돈을 벌었다. 그가 돈을 벌수록 더 많은 추종자들이 그를 숭앙해 마지않았는데 그의 대단한 규모의 그림들은 물론 온전히 그의 작품은 아니었다. 전문 작업팀을 구성해 하루종일 그림을 그리게 했는데 이 사실을 감추기 위해 자신의 비범함을 증명하기 위한 깜짝 이벤트로 구매자들의 마음을 사로잡았다. 또 자신의 그림 외에 '더 훌륭한 화가의 작품' 까지 '기꺼이' 사게끔 만드는 '끼워팔기' 전술을 쓰는 등 영민한 사업가이자 타고난 마케팅 전략가로서의 기질을 유감없이 드러낸 화가였다. 루이 13세의 모후인 마리 드 메디치 역시 루벤스의 구매자였다.

루벤스 「모피를 두른 여인」

베르니니 「페르세포네의 겁탈」
베르니니는 살아생전 돈 버는 일에서
연전연승의 성공을 거둔 홍보 전략의
대가였다. 나보나 광장의 분수 제막식에서
마지막 순간에 물줄기를 세차게 뿜어나오게
만드는 최고의 쇼를 연출해 냄으로써
돌아서던 교황과 추기경의 발걸음을 돌리게
했던 것이다. 그는 후원자의 마음과 지갑을
한 번에 열 줄 아는 사람이었으며,
눈부신 자신만의 '판매' 방침을 끝까지
고수하여 탄탄대로를 걸었다.

보로미니 「산 카를로 알레 콰트로 폰타네 성당」
베르니니의 번쩍거리는 라이프스타일 뒤로 가려진
그늘, 보로미니는 가난한 석수의 아들로 태어났다.
평생을 라이벌 베르니니에 대한 열등감에
시달렸으며 돈보다는 예술가로서의 명성에
목말라했다. 그의 피해의식은 날이 갈수록
심해져서 대인 회피와 침울함이 극에 달했으며
결국 스스로 칼날 위로 몸을 던짐으로써
세상(베르니니를 제외하고)과 화해했다

다비드 「자화상」

다비드 「레카미에 부인의 초상」

자크 루이 다비드
자크 루이 다비드는 프랑스혁명 당시 자코뱅 당원으로 혁신측에 가담했다가
투옥된 적이 있었지만 결국 살아남아 나폴레옹의 시대를 온몸으로 환영했다.
나폴레옹은 다비드의 열렬한 지지자였으니, 다비드가 그린 「나폴레옹의 대관식」은
너무도 유명하다. 초상화 외에 다비드의 진정한 불멸의 작품이 있는데 바로
「레카미에 부인의 초상」이다. 섬세하고 부드러운 얼굴 표정과 자세 등은
엄격하고 고요한 신고전주의 양식에 잘 부합되는 걸작으로 꼽힌다.

세잔 「목욕하는 여인들」

폴 세잔
평생을 아들을 지지하고, 돈을 대주고,
죽을 때는 유산까지 물려준 아버지 덕분에
세잔은 다른 인상파 화가들과는 달리
큰 어려움 없이 작품 활동을 했다.
인상파 중에서도 특히나 강경 일변도로
나갈 수 있었던 데에는 든든한 아버지가 버티고
있음으로 해서 가능한 일이 아니었을까.
그가 그린 많은 명작들은 자신의 여인과 아들 폴을
건사하지 못한 대가였다. 그림을 포기할 수 없어
친구인 에밀 졸라에게 두 사람을 부탁하고
고향으로 돌아갔던 것이다.

세잔 「레베망을 읽고 있는 화가의 아버지 루이 오귀스트 세잔」

모네 「파라솔을 들고 있는 여인(카미유와 장)」

지독한 가난에 시달렸던 불우한 화가, 모네. 그의 가난은 그야말로
'전설적'이다. 돈을 빌리기 위해 친구들에게 보낸, 연극에서나 볼 만한
간절하고 구구절절한 편지들을 보면 그의 가난이 얼마나 절박했는지 알 수 있다.
그 유명한 인상파 화가들의 전쟁이 끝나면서부터는 그도 돈방석에 앉기
시작했다. 모네는 부인인 카미유와 아들 장의 모습을 즐겨 그렸으며,
르누아르도 이 두 사람을 그렸다고 한다.

노년의 모네

메리 커샛 「졸린 아이를 씻기려는 어머니」
부유한 미국 출신의 여류화가 메리 커샛은 미국 여성 특유의
강인함을 발휘하여 드가의 문하에 들었다.
무명의 인상파 화가들 작품을 구매해 준 후원자였으며,
그들을 미국에 소개하는 데 큰 역할을 했으나,
그녀 자신은 살아서는 화가로서 크게 인정받지 못했다.
명쾌한 색조와 경쾌한 터치가 특징이었으며,
주로 어머니와 아들을 중심으로 하는
중류 가정의 모습을 많이 남겼다.

노년의 르누아르

르누아르 「샤르팡티에 부인과 아이들」
인상파 화가들의 반란과 도전에 종지부를 찍는 데 르누아르는 선두에 섰다. 샤르팡티에라는 부유한
부인이 그에게 그림을 의뢰했는데, 르누아르는 이론 따위는 팽개쳐 버리고 현실적인 선택을 했다.
1,000프랑이라는 거액을 제시했기 때문이다. 그는 기꺼이 이 그림을 야외가 아닌 집 안에서 그렸다.
피사로는 르누아르의 이 '변절 사건' 을 전해 듣고서 이렇게 말했다고 한다. "가난이 힘들기는 한가 보군."

베르메르 「델프트 풍경」

당당한 위조꾼들

한스 반 메르게른은 위조의 대상으로 가장 베끼기 어려운 화가, 특히 유작이 몇 안 되는 베르메르를 선택했다.
메르게른은 그만의 방식으로 베르메르를 베껴 갤러리 주인과 감독에게 팔아넘겼으며 그런 식으로
벌어들인 돈이 250만 달러가 넘었다. 안타깝게도 그의 위조 인생은 불행으로 마감한다.
그 밖에 뛰어나고(?) 당당한 위조꾼으로는 모리스 위트릴로를 베낀 '몽파르나스의 체치'라고 불리는 여인,
조르조 데 키리코를 베낀 시뇨르 레나토 페레티 등이 있다. 페레티가 남긴 유명한 한 마디.
"왜 나는 위대한 피아니스트에게 주어지는 찬사를 똑같이 받을 수 없는 건가요?"

앙리 제르벡스 「살롱전의 심사위원들」

18세기 초 파리의 루브르 궁전의 살롱에서 전시회가 열린 이후
살롱전은 해마다 정기적으로 열렸으며 작품 전시뿐 아니라
판매의 무대였다. 마네를 주축으로 하는 몇몇 인상파 화가들,
고네, 르누아르, 세잔, 피사로, 바지유 등은 전통적인 회화
기법을 거부하고 빛과 함께 시시각각으로 움직이는 색채의
변화 속에서 자연을 묘사하고 눈에 보이는 세계를
정확하게 표현하였는데, 전통적인 살롱전을 거부하고
자신들의 아틀리에에서 개인 전시회를 열었다.
그러나 그들은 도전과 반란에 결국 종지부를 찍고 만다.
다름아닌 돈 때문이었다.

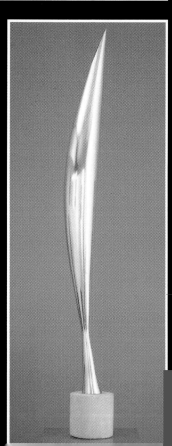

브랑쿠시 「공간 속의 새」

루마니아 출신의 조각가 브랑쿠시는
이 매끄러운 금속 조각을 만들고는
「공간 속의 새 Bird in Space」라는 제목을 붙였다.
판매상들이 이 조각품을 미국으로 보냈을 때
미국 세관에서는 이를 기계류로 간주하여
세금을 매겨야 한다고 주장했다.
판매상과 비평가들 사이에 한바탕 소동이 있은 후
이 새의 가격은 엄청나게 치솟았다.

문제의 발단은 돈이었다. 그나마 화가와 건축가들은 지불을 기다릴 수 있었다. 그러나 석수, 목수, 미장이 등은 그 자리에서 돈이 지불되지 않으면 가족들이 굶주릴 수밖에 없는 사람들이었다. 채석공들 또한 돈이 절실했다. 교황들은 로마제국의 잔해에서 거리낌없이 물건을 갖다 쓰곤 했지만 일부만을 충당할 수 있을 뿐이었다(교황이 연례 축사를 하는 발코니 아래에 있는 기둥들은 심하게 손상된 로마의 잔해물들이었다).

당대의 카톨릭 신앙에 따르면 죄지은 자는 죽어서 세 곳 중 하나로 가게 된다고 했다. 착한 자는 천국으로 가고 사악한 자는 지옥으로 가며 아기들이나, 일생을 통해 약간의 죄를 짓고 살았고 또 회개할 준비가 되어 있는 대부분의 사람들은 연옥으로 간다는 것이다. 연옥에서 회개의 날을 거친 후에는 천국으로 들어갈 수 있으며 이는 깊은 신앙과 간절한 기도에 의해 가능하다고 했다.

그런데 천국으로 가는 또다른 길이 있었다. 기도는 시간이 걸리는 일이었고, 중세 시대에도 시간은 돈이었다. 돈은 교회로부터 면죄부를 살 수 있게 해주었다. 영어에서 가장 불운한 단어 가운데 하나, 면죄부indulgence는 구매자의 경범죄에도 효력을 발휘했다. 'indulgence'(마음대로 하게 함, 방종, 너그럽게 봐줌을 뜻함 – 옮긴이)라는 말은 과식, 부정한 성행위 등 칭찬할 만한 가치와는 거리가 먼 개념의 총칭이라 할 수 있으니 말이다. 로마 밖에서 이 단어는 대가를 지불하고 죄지을 수 있도록 허락받는 것을 의미하게 되었는데, 이 문제는 오늘날까지도 2차 바티칸공회의에 의해 제기된 상태로 미해결 건으로 머물러 있으며, 누구라도 다루기가 썩 달갑지 않은 사안임은 분명하다.

게다가 면죄부는 마틴 루터를 파문으로까지 몰고간 원인이 되기도 했다. 미켈란젤로의 교황이었던 율리우스 2세는 성 베드로 성당의 재건에 전력을 다했는데 자금 부족으로 시간만 끌고 있던 상황이었다. 그는 결국 가능한 좋은 의미를 총동원하여 면죄부 판매에 나섰고, 이는 손쉽게 돈을 버는 사업가들에게는 '명분'이라고 하는 고기와 술이 되었다. 마인츠와 마그데부르크 대주교가 뒤를 봐주었던 도미니크 수도회의 사제 텍셀이 앞장서서 면죄부 판매를 절정으로 끌어올렸다.

같은 사제이긴 하나 아우구스티노 수도회에 몸담고 있던 마틴 루터는 ― 아우구스티누스 수도회와 도미니크 수도회는 사이가 좋지 않았다 ― 면죄부 판매가 '물의'일 수밖에 없는 아흔다섯 가지의 이유를 들고 나왔다. 신학대학 교수였던 그가 비텐베르크에 있는 교회 문에다 아흔다섯 가지의 반박문을 못질해 건 것은 순수한 의도였다. 신학자로서 자신이 어떤 반대파 신학자들과의 논쟁에도 맞설 준비가 되어 있음을 알리는 의미였다. 그들의 논쟁은 때로는 즐길 만했는데 또 때로는 파국으로 끝을 맺곤 했다. 루터의 경우는 결국 교회를 갈라서게 했다.

1530년에 루터는 아우크스부르크의 신앙고백(프로테스탄트 교회의 최초의 신앙고백서 ― 옮긴이)을 작성했다. 이로써 그리스도 신앙에는 카톨릭과 프로테스탄트(신교)의 두 버전이 존재하게 된 것이다. 신교도들은, 구원받고자 하는 예술가들을 구원해 줄 때를 제외하고는 예술가들을 그다지 필요로 하지 않았다. 성화聖畫들이 교회에서 사라졌고, 조각상들은 우상 숭배로 간주되었으며, 건축가들은 믿는 자들의 머리에 지붕이 떨어지지 않도록 보수공사를 할 때만 불려왔다(칼뱅주의의 경우). 말하자면 신에 의해 이미 예정되어진 것이 아니라면 특별히 이루어야 할 것이 더는 없었다.

초기 프로테스탄트들의 신앙적 분노는 주로 로마를 향했다. 16세기 초, 좁고 불결한 거리, 쥐들이 득실거리는 중세 가옥들, 붕괴된 잔해들로 가득한 로마는 황폐한 도시였다. 그런 가운데 교황의 자리를 두고 도덕적 해이, 부정, 부패가 횡행했다. 상황이 얼마나 심각했는지 짐작하게 해주는 유명한 일화가 있는데, 한 유대인이 기독교도에 의해 로마로 불려왔다가 일 년이 지나 기독교도가 되었다는 이야기다. 시민들이 어떻게 된 일이냐고 물어보자, 그는 "만약 내가 여기서 본 것들이 신의 뜻이라면 기독교야말로 진정한 신앙이기 때문이오"라고 대답했다고 한다.

프로테스탄트의 공격에도 몇몇 진리가 있다는 것을 알게 된 교황은 공회의를 소집했다. 그것이 바로 트리엔트공회의다. 루터의 돌출 행동이 종교개혁을 불러일으킨 반면, 트리엔트공회의의 강령은 반 종교개혁의 시발이 되었다. 그리고 이는 콘스탄티누스가 기독교 신앙을 인정한다고 천명한 이래 예술가들에게 가장 많은 재정적인 혜택을 가져다준 사건이기도 했다.

트리엔트공회의는 교훈을 주는 예술 행위를 인정했다. 그들이 말하는 교훈이란 카톨릭이 옳다는 내용이었다. 따라서 예술은 종교적인 선동을 뜻하게 되었다. 마치 오늘날 수많은 눈 먼 돈들이 모든 분야에서 선동, 선전비로 쓰이는 것과 마찬가지다. 선전에는 많은 돈이 들게 마련이어서 교황은 예술가들은 돈이 많이 드는 사람들이라는 교훈을 얻게 되었다. 교황의 지갑 끈이 느슨해질 때마다 예술가들은 놓치지 않고 달려들었고, 그때마다 로마는 한 단계씩 오늘날의 모습으로 변모했다. 세상에서 가장 아름다운 도시 중 하나로.

중세 건물들은 헐렸고 시내를 관통해 성 베드로 성당까지 이어지는 거리들이 눈부신 모습으로 다시 태어났다. 돔형 지붕이 여기저기에 모습을 드러냈다. 교황들의 친척들 또한 이에 가세해 저마다 자신들의 저택을 지었다. 이들은 종교적인 선동에는 한몫하지 않으면서도 장대한 파사드와 내민 처마 장식을 통해 최소한 교황이 고려의 여지가 있는 순례자라는 점을 보여주었다. 물론 프로테스탄트에서는 강하게 부인했지만 말이다.

이 과정에서 화가와 건축가들은 이그나티우스 데 로욜라(1491~1556)에게 대단히 큰 도움을 받았다. 성직자가 되기 전에 직업 군인이었던 로욜라는 예술에는 문외한이었지만 신앙심이 대단한 깊었으며, 겸허한 예배자라면 가난할지라도 교회에 갈 때는 교황의 친척들에 비견할 만큼 화려해야 한다고 생각했다. 그러니 그에게는 대리석과 금, 그림과 조각상, 채색된 천장, 화려한 치장 벽토가 꼭 필요했을 것이다. 프로테스탄트들은 교회가 신이 머무르는 곳이라는 점에는 의견을 같이했으나 신이 어떤 특정한 미적 취향을 추구하지는 않는다는 생각을 견지했다. 그러나 로욜라와 그의 추종자들, 즉 예수회의 구성원들은 교회가 신의 거주지일 뿐만 아니라 신앙인들이 자유로이 쉬었다 갈 수 있는 휴게실도 겸해야 한다고 주장했다.

예술가들에게 노다지가 쏟아진 시절이 바로 바로크인데, 이때는 예술가들이 돈을 마음껏 만질 수 있을 만큼 돈이 넘치는 시대였다. 카톨릭 교회는 전투태세를 갖추고 신자들을 불러모았고, 신자들은 종교를 지키기 위해 지갑을 열었다. 전쟁 시기에 세금을 걷기가 훨씬 쉽다는 것은 잘 알려진 방책이었기 때문이다. 한편 프로테스탄트들이 조각상을 치워내고 교회의 재정을 긴축시키는 일에 넌더리가 났을 무렵, 오늘날까지 우리 기호에 영향을 끼치고 있는 양식이 하나둘씩 정립되기 시작했다. 바로 고딕 스타일이었다. 고딕이야말로 성스러움과 통하는 유일한 예술 양식이라고 간주되었고, 수직 건축 양식은 인간의 마음을 하늘에 전하는 통로라고 여겼다.

반면에 바로크풍의 휴게실 공간은 인간들을 낮은 단계에서 — 때로는 그보다도 훨씬 더 낮은 단계에서 — 벗어나지 못하게 하는 장애물로 치부되었다. 따라서 바로크는 죄악시되었다. 빅토리아 시대의 대표적인 건축가였던 영국인 푸긴 역시 고딕의 신봉자였다. 그는 로마의 바로크 기호, 즉 완성된 성 베드로 성당에 대해 대단한 기념이 될 무언가를 보여주었다. 무릎을 꿇고 신에게 감사한 다음 일어나 무릎의 먼지를 털면서 돔형 지붕에서 균열을 찾아냈다고 자랑스럽게 설명했던 것이다.

다음 장에서는 예술가들이 머리 위로 쏟아져내린 돈을 어떻게 소비했는지에 대한 이야기를 해보려 한다. 그러나 그 전에 바로크 양식에 대해 많은 이들이 느끼고 있는 감상과 미련에 거드는 의미로 한마디만 곁들이자. 독자들 중에는 그들이 훨씬 더 잘할 수도 있었을 것이라고 생각하는 이도 있을 것이다. 바로크라는 말에는 스타일과 소비의 두 가지 면에서 공히 사치라는 의미가 포함된 것으로 여겨져 왔다.

그런데 알고 보면, 바로크를 먼저 시도한 사람들은 그리스인과 로마인이다. 교황들이 로마의 폐허에서 기둥과 대리석을 실어다 마구 나르기 전까지만 해도 건축가들은 그것들 하나하나를 애지중지했는데, 그들이 짓는 모든 건축물이 로마의 모방이었다. 수년에 걸쳐 성 베드로 성당을 연구한 사람으로서, 나는 이 성당 역시 어느 한 부분도 더 앞선 고전 시대로 거슬러 올라가지 않는 곳은 없다고 감히 말할 수 있다. 심지어 성 베드로에서 가장 정교하다고 평가받는 바로크 장식은 로마시대 네로의 황금의 집 천장에 그려졌던 그림을 본뜬 것이니 말이다.

이 이야기는 이쯤 하고, 이제부터는 베르니니와 보로미니가 거칠고 이해하기 어렵다고 평가받는 데 대한 변호의 의미로 그들의 투쟁을 위주로 이야기를 전개해 보려 한다. 베르니니의 분투는 돈을 약간 빗나간 방향으로 사랑했기 때문에 빚어졌고, 보로미니의 분투는 유별나고 비범한 인물로 태어난 그가 돈을 경멸한 예술가이자 천재였기 때문에 빚어진 것이었다.

7

필생의 라이벌, 베르니니와 보로미니

홍보 전략의 대가, 베르니니

잔로렌초 베르니니(1598~1680)는 반종교개혁운동의 산물이자 남다른 한 아버지가 탄생시킨 성과물이다. 아버지 피에트로 베르니니 역시 조각가였는데, 대리석을 다루는 솜씨가 뛰어났지만 감각이나 독창성이 매우 부족했다. 그가 예술가로서 실패한 부분에 대해 거론하는 것은 미안한 일이므로 이쯤하고, 그보다는 그가 아버지로서 얼마나 뛰어난 사람이었는지에 대한 칭찬부터 시작하자.

열두 살 무렵부터(혹은 열여섯 살이었을 수도 있다. 날짜에 대한 이론이 분분하므로) 아들 로렌초는 유료 일감을 따냄으로써 조각가로서 아버지를 능가한다는 사실을 보여주기 시작했다. 누구나 그 사실을 인정했다. 하지만 피에트로는 아들을 결코 시기하지 않았다. 그는 아들을 로마로 데려갔는데, 그곳에 돈이 있었기 때문이다. 어린 로렌초가 돈을 벌 수 있다면 가족에게는 더없이 좋은 일이었으므로.

몇 년이 지나지 않아 로렌초는 아버지를 능가함은 물론 당대의 가장 뛰어난 조각가이며, 한마디로 천재(다시 한 번 교황을 비롯하여 모든 사람들이 이 호칭에 대해 입을 맞추었다)라는 사실이 분명해졌다. 피에트로의 아들에 대한 사랑은 지극했다. 이는 부자지간이라 해도 예술가들 사이에서 매우 드문 일이었다. 로렌초는 아버지에 대한 보답으로 사랑과 존경을 아낌없이 바쳤고, 아버지가 세상을 떠났을 때는 어느 덧 로마에서 가장 유명한 서른한 살의 젊은 예술가가 되어 있었다. 로렌초가 아버지와, 아버지의 형식적이고 어색한 조각 작품에 보인 배려와 효성은 그가 가진 여러 특징 가운데서 가장 칭찬할 만한 부분이다. 그런 의미에서 그는 흔치 않은 인물이었다.

어쩌면 그는 자기 아버지에게 아무런 잘못이 없다고 생각했을 수 있다. 오히려 잘못은 위대한 미켈란젤로에게 있었을지도 모른다. 누구라도 미켈란젤로의 「다비드」나 「모세」 같은 조각을 깊이 연구하다 보면 이미 완벽하고, 그의 방법이 최고이며, 더 이상 위대한 작품은 있을 수 없다는 느낌에 압도당하는 것이 당연했기 때문이다. 실제로 미켈란젤로의 후계자들은 그런 느낌을 상당히 많이 가졌다. 그 위압감은 상당히 오래 지속되다가 로댕이 나타나 진흙을 맹렬히 반죽하기 시작하고서야 비로소 예술의 역사에서 자취를 감추었다.

그림과 조각에서 미켈란젤로를 추종했던 이들을 흔히 '매너리스트'라 하지만 이는 끼워맞춘 흔적이 역력한 명칭이다. 그들의 방법이 각각 너무 다양하고 다재다능해서 한번에 묶어 통칭해 버릴 수가 없기 때문이다. 다만 그들 모두에게서 나타나는 한 가지 공통점이라면 이 스승의 작업과 그 '테리빌리타'의 말없는 응시 때문에 다소간 주저하는 태도를 보였다는 것이다.

젊은 베르니니는 적어도 주저하지 않았으며 두려워하지도 않았다. 그는 과거를 돌아보지 않았고 시선을 확고히 현재, 그중에서도 중심이 되는 기회에 고정시켰다. 이러한 그의 특징을 완벽하게 보여주는 두 점의 조각상이 있다(이것들은 로마 주재 스페인 대사관에 있으며, 안타깝게도 대중이 쉽게 접하지는 못한다).「지옥의 망령」과「구원받은 사람」이 그것이다. 둘 다 예술가 자신의 초상이라 할 수 있는데, 저주받은 이는 극한의 공포를 드러내며 지옥을 뚫어지게 내려다보고 있고, 구원받은 이는 천상을 올려다보고 있다. 앞의 것은 미켈란젤로가「최후의 심판」에서 그랬듯, 겁에 질린 표정을 보여주는 데 반해 두 번째 것은 죄 사함을 받은 영혼의 표정이 황송한 것이 아니라 마치 비가 오는지 살피기 위해 창밖을 내다보는 듯한 담담한 표정을 하고 있다.

말하자면 두 번째 것은 베르니니 스스로 잘 알고 있었던 것처럼 반종교개혁의 정신과 정확히 일치한다고 할 수 있다. 칼뱅과 청교도들이 지옥 불의 실재에 대해 설파하는 동안 트리엔트공회의 계승자들은 카톨릭 신앙을 재정비하면서 은총과 용서의 날이 임박했다는 신실한 믿음(정기적으로 새로 생긴 으리으리한 교회에 다니는 사람들을 상대로 한 것임)을 재확인하기를 갈망했다. 심지어 예수회에서는 고해의 수고를 덜어주기까지 했으며, 이에 반발한 프로테스탄트들은 해법을 죄악에서 구하려 한다며 그들을 고발했다.

베르니니는 이러한 신세계에 정확하게 맞아떨어지는 인물이었다. 잘생기지는 않았지만 외모가 단정했고 매무새도 우아했다. 태도는 유연했고, 위트가 있었으며, 악의 없는 인물이었다. 또 남다른 금전 감각을 지녔는데, 나중에 그와 거래한 사람들이 말했듯 돈에 대한 욕심을 숨기지 않는 솔직함이 그것이다. 게다가 조각칼을 마치 동물 길들이듯 그에게 복종하게 만들었으며, 아무리 섬세한 요구를 해도 충실히 이행할 수 있도록 훈련시켰다.

이 젊은이가 로마 최고의 후원자를 찾아낸 것은 당연했다. 추기경

보르게세가 자신의 흉상을 만들어달라고 주문을 해왔던 것이다. 작업이 끝나자 추기경은 몸소 조신을 대동하고 작업실을 방문했으며, 베르니니는 정중한 태도로 이 귀중한 고객을 맞아들였다. 중대한 결과를 기다리는 분위기가 한껏 고조되었고, 베르니니는 마침내 흉상을 덮고 있던 천을 걷어냈다. 순간 낙담에 찬 절규가 추기경의 입에서 튀어나왔다. 형상 자체는 훌륭했지만 대리석이 갈라져 있었기 때문이다. 베르니니는 창피해서 못 견디겠다는 표정을 지으며, 추가 요금 없이 새로 흉상 하나를 만들어 올리겠다고 했다. 그것도 초스피드로. 보통 흉상 하나를 제작하는 데는 수개월이 걸리게 마련이었다. 그런데 베르니니는 2주일 안에 새 작품을 완성하겠다고 한 것이다. 그가 말한 터무니없는 기일 때문에 또 한 번의 절규가 새어나왔다. 그러나 베르니니는 자신의 말에 충실했다. 새로운 흉상은 2주일 만에 그야말로 엄청난 작품으로 탄생했으며, 오늘날 보르게세 저택에서 그 모습을 볼 수 있다.

자, 일이 이쯤되면 베르니니의 천재적 재능에 대한 감탄이야 당연한 것이지만 현대의 광고회사 사람들이라면 어김없이 이런 질문을 할 것이다. 도대체 이 젊은이는 처음 대리석에 금이 간 것을 발견했을 때 왜 작업을 그만두지 않고 조각의 머리털 끝까지 완성을 한 것인가 하고. 그러나 현대의 광고회사 사람들 누구나 알고 있듯이 정말 훌륭한 '판매'에 대해서는 아무도 그런 질문을 하지 않는 법이다.

이 거래는 그야말로 제대로 '판매'를 한 대표적인 사례가 되었다. 베르니니는 후원자의 마음과 '지갑'을 한 번에 열었다. 또한 이후로 긴 인생을 통틀어 베르니니는 돈 버는 일에서 연전연승의 성공을 이어가게 되었다. 게다가 그는 이렇듯 눈부신 자신만의 판매 방침을 절대로 포기하지 않았다. 로마의 나보나 광장에 있는 유명한 분수에 관한 부분은 바로크 역사에서 가장 재미있는 이야기로 전해진다.

베르니니가 명성의 정점에 있을 때, 드넓은 나보나 광장의 한가운데에 커다란 분수를 만들어 달라는 주문이 들어왔다. 재위에 있던 교황 이노센트 10세는 베르니니의 화려한 생활방식과 성공에 다소간 싫증을 내고 있던 참이었고 좀더 겸손한 천재를 선호했으나 아무리 무오류無誤謬의 존재인 교황이라 할지라도 모든 일을 자기 마음대로 해결할 수는 없었다. 이 경우가 바로 그랬다. 베르니니는 이미 그 일을 충분히 따낼 수 있을 만큼 영향력 있는 인물이었다.

베르니니는 결코 일을 그르치지 않는 사람이었고, 이 분수 역시 예외가 아니었다. 전형적인 로마인의 특징을 드러낸, 활기 없는 네 인물상은 세상의 주요 강 네 군데를 상징하게 되었다. 사자가 은신하는 동굴이 조성되었고, 중심부에 오벨리스크(방첨탑方尖塔)가 세워졌다. 또 전체적인 구성은 물이 용솟음칠 때 한데 모이도록 안배되었다.

교황은 시간에 맞춰 제막식에 모습을 드러냈다. 일장 연설이 끝난 후, 음악이 연주되고 기도문 낭송이 있었다. 베르니니는 물이 흐르게 하라는 신호를 보냈다. 그런데 이게 웬일인가. 물이 흐르지 않았다. 교황의 얼굴은 순식간에 그것 보라는 듯한 표정으로 바뀌었다. 추기경들은 오만한 표정이 되었고, 예술가는 당황하여 어쩔 줄 몰라했다. 눈물이라도 날 지경이 된 베르니니는 머리를 조아리고서 퇴장하는 행렬의 뒤를 따랐다.

순간 일꾼 하나가 소리를 질렀다. 물소리가 세차게 들렸다. 백 개의 작은 구멍에서 물이 분출되기 시작한 것이다. 교황이 제자리로 돌아왔고 추기경들도 발걸음을 돌렸다. 사람들은 일제히 환호성을 질렀다. 너무도 감동적이었으며 모두가 아주, 아주 만족스러워했다. 베르니니는 이 날 자신의 인생에서 손꼽을 최고의 쇼를 연출해 낸 것이었다.

이 대단한 조각칼 및 홍보 전략의 명수는 사실 조각과 건축뿐 아니라 놀라운 가면극 — 음악을 곁들인 연극이라고 할 — 의 프로듀서로도 대중에게 알려졌다. 그는 대본을 썼고, 무대와 의상을 디자인했으며, 신과 여신들을 판지로 만든 구름 위로 솟구쳐오르게 하는 장치까지 발명했다.

심지어 때에 따라서는 직접 배우가 되기도 했다. 이런 볼거리들이 물론 상연하기에 항상 적당하지는 않았을 수도 있다. 그리스 로마 신화에 등장하는 신들, 님프와 사티로스, 트리톤, 파우누스 등, 신과 여신들을 불러모아 몇몇 고전적인 이야기를 전개시키다가 클라이맥스에 이르면 이 공연을 보러 돈을 내고 온 남자와 그 아내, 그들 가족에게 온갖 칭찬을 늘어놓는 운문을 장황하게 늘어놓고 끝을 맺는 것이 대부분이었으니…….

지금은 그런 것들이 먹히지 않지만, 어쨌든 예나 지금이나 엔터테인먼트의 세계에서는 관객을 행복한 기분에 잠기게 해주기만 하면 비용은 문제가 되지 않는 법이다. 불운하게도 베르니니가 쓴 대본이나 디자인한 무대, 의상 등은 지금까지 전해지는 것이 없어 더 이상의 판단은 무리가 있지만, 그가 연극과 조각 작품 덕택에 궁전 같은 저택에 살며, 마차와 말을 소유하고, 한 떼의 시종들을 거느렸다는 사실은 확실하다. 마음껏 돈을 써 가며 최신 유행의 옷을 조신들처럼 차려입고서.

그가 대중을 놀라게 하기 위해 만든 무대장치의 한 예가 지금껏 전해지고 있는데, 바로 성 베드로 성당에 있는, 교황의 제대를 가려주는 발다키노baldacchino, 즉 덮개이다. 텔레비전에 자주 등장하기 때문에 우리에게 매우 친숙한 그것은, 배배 꼬여 올라가는 청동 기둥이 받치고 있고 꼭대기에는 어린 천사들이 위태롭게 앉아 있다.

나는 이 발다키노를 아주 세밀하게 연구할 기회가 있었는데, 성 베드로 성당의 유지 보수를 책임지고 있던 삼피에트리니 씨를 잘 알기 때문이었다. 그들은 발다키노를 제 이름으로 부르지 않고 라 마키나 la macchina, 즉 기계라고 했다. 그것은 베르니니의 연극에 늘 등장했던 바로 그 무대장치나 마찬가지였는데, 교황의 머리를 가리기 위한 엄숙한 구조가 꼭 기계처럼 보였기 때문이다. 그리하여 수십 년 동안 관리자들을 거치면서 '기계'라는 이름으로 불리고 있는 것이다.

베르니니는 어느 모로 보나 반종교개혁을 위한 완벽한 예술가였다. 젊었을 때 꽤 난봉꾼이었던 그는 재빨리 마음을 다잡고 결혼하여 커다란 일가를 이루었다. 그는 고루하지는 않았지만 믿음이 깊은 편이었고, 트리엔트공회의에서 결의된, 예술은 늘 배움이 있어야 한다는 명제를 실천하기 위해 노력했으며 작품에서도 이를 드러내고자 했다.

사람들은 그의 조각을 보면서 이렇게 말할 수 있을 것이다. "아주 예쁘고 썩 잘 만들었어." 그러나 그는 관객들이 "이 작품의 진실은 이단에 대한 유린이야. 훌륭해! 훌륭해!" 식의 칭찬을 해주기를 더 바랐다. 한 예로, 성 베드로 성당에 있는 교황 알렉산드로스 7세의 묘지 위에 있는 「진실한 믿음」의 인물상은 왼발을 흙으로 빚은 지구 위에 올려놓고 있다. 그것은 분명 프로테스탄트가 갈라져 나온 본산지, 영국을 향한 일격이었다.

베르니니가 어느 정도 영광의 정점에 있었는지에 대한 마지막 일별. 추기경의 사금고에 들어가는 돈보다 베르니니의 금고에 쌓이는 돈이 더 많았다면 달리 무슨 설명이 더 필요하겠는가.

　스웨덴의 크리스티나 여왕은 그녀의 역할을 맡았던 배우 그레타 가르보를 통해 꽤 많이 알려진 인물이다. 그레타 가르보는 극중에서 매우 강한 이 여왕의 성격을 상당히 받아들이기 쉽게 표현했다. 확고한 프로테스탄트 국가의 여왕이었던 크리스티나는 바지를 즐겨 입었으며 카톨릭으로 개종했다. 그리고 왕좌에서 물러나 로마로 향했다. 교황은 고대의 담 일부를 허물고 그녀를 환영하는 특별한 아치형 문을 건립했다(지금의 포르타 델 포폴로). 그리고 그 이후, 여왕의 체류 기간 내내 교황은 이 숙녀가 어서 떠나주기만을 진심으로 바랐다. 그녀가 바지를 입은 것은 그렇게까지 나쁜 일은 아니었지만, 막상 바지를 입지 않자 루머가 떠돌기 시작했고 골치 아픈 문제도 더불어 시작되었던 것이다. 그녀의 성도덕 결여가 로마의 가십거리가 되었다. 게다가 그녀는 블루스타킹bluestocking[1]이기도 했는데, 이는 아무나 붙들고 배운 체하며 억지 주장을 펴는 여자들을 가리키는 말이었다.

　베르니니의 성공에 촉매 역할을 한 것은 바로 이 크리스티나 여왕이 그의 작업실을 방문했을 때의 일이다. 처음에 베르니니는 새로 건립된 문에서 기다리고 섰던, 화려하게 차려입은 교황의 조신들 가운데 한 사람이었다. 그런데 여왕이 그의 작업실에 도착했을 때 그녀의 눈에 띈 것은 대리석을 깎는 일에 열중하고 있는 예술가의 모습이었고, 예술가는 땀에 절어 악취가 나는 작업복 차림이었다. 베르니니는 짐짓 가볍게 목례를 하는 이내 계속해서 조각칼을 움직여 나갔다.

---

1) 18세기 런던에서 문예 애호가들이 청색 양말을 신은 데서 비롯된 말. 경멸의 의미로 학식을 뽐내는 여자, 학자인 체하는 여자, 문학 병에 걸린 여자를 가리킨다. ─옮긴이

여왕은 재빨리 상황 판단을 하고는 한 걸음 나아가 무릎을 꿇고, 냄새나는 가운의 한 자락을 들어올려 입을 맞추었다. 사실 이 맞닥뜨림에서 어느 편이 더 도도하게 굴었는가를 이야기하기란 어렵다. 적어도 두 사람 다 스스로 예술의 거장임을 증명해 보인 셈이니까.

이제 베르니니의 번쩍거리는 라이프스타일 뒤에 가려진 그늘로 시선을 돌려보자. 그 그늘은 다름아닌 프란체스코 보로미니다.

가난한 천재 석수, 보로미니

보로미니(1599~1667)와 베르니니는 한 살 차이도 채 나지 않는 또래이다. 그러나 둘의 공통점은 그것으로 끝이다. 베르니니는 요새 식으로 말하면 '예술적인' 가정환경에서 태어났지만 보로미니는 영락없는 노동자 집안 출신이었다. 그의 아버지는 석수였다.

석수라는 직업 자체는 구두 수선공이 그렇듯 세상에서 거의 자취를 감추었고, 오로지 그들이 지닌 특징만 남아 있었다. 말하자면 구두 수선공은 안분지족의 철학자이지만 변덕스러운 경향이 좀 있다는 것이고, 석수는 완고하고 충성스러우며 진실하다는 것이다.

젊은 시절 베르니니는 그야말로 신동이었고, 보로미니는 일개 석수였다. 베르니니가 조각칼을 자신의 천재성을 과시하는 데 썼다면 보로미니는 건축가의 지시가 있을 때에만 썼다. 베르니니는 자신이 창조적인 천재라는 사실에 꽤 만족해 했으나 보로미니는 만족과는 거리가 멀었고 건축가가 되기를 갈망하는 처지였다. 베르니니는 전혀 가난하지 않았고 보로미니는 가난했다.

두 사람은 성 베드로 성당에서 맞닥뜨렸다. 이 거대한 교회가 빠른 속도로 커져가는 만큼 현장에는 하루종일 일꾼들이 바글바글했고 석수들이 일으키는 먼지가 가득했다. 그 소음과 혼란이 진동하는 현장 속을 베르니니는 위풍당당하게 걸어다녔다. 조수들에 둘러싸인 채, 고위 성직자들의 수행을 받으며, 말이 떨어지기가 무섭게 실행에 옮기는 모든 이들에게 지시를 내리며! 그는 장식을 완성하는 임무를 맡고 있었고, 그 덕분에 교회의 내부가 오늘날과 같은 모습을 하게 된 것이다.

그러나 당연히, 그의 마음속에는 다른 것들이 들어 있었다. 무대 공연을 위해 가면극의 대본을 쓰는 일, 초상화 그리는 일(그는 화가이기도 했다), 궁정에서 품격 있는 모습을 연출해 보이는 일 ─ 이 일은 시간을 많이 소비하는 일이었다 ─ 등등. 그는 자기가 지쳤을 때나 너무 바쁠 때 일을 넘겨줄 사람들, 즉 명성과 돈 외에 베르니니의 삶에서 소중한 다른 것들을 너무 많이 요구하지 않을 유능한 예술가들을 찾고 있었다.

어느 날, 성 베드로 성당의 소음과 먼지 한가운데서 석수 한 명이 그에게 건축에 관한 그림 몇 점을 보여주었다. 그것들은 커다란 상자 여러 개에 배수 시설과 그 외 잡다한 것들을 아주 재치 있게 배치한 것으로, 오늘날의 무미건조한 청사진과는 달랐다. 거의 낙서에 가까운 프리핸드 스케치로, 여러 가지 복합적인 문제를 조화롭고 우아하게 풀어나갈 수 있는 해법을 제시하고 있었다. 마치 유능한 수학자가 정리해 놓은 공책처럼. 베르니니는 보로미니의 스케치가 아주 마음에 들어서 그에게 부副건축가의 일자리를 주겠다고 약속했다. 보로미니의 꿈이 한순간에 현실로 바뀌는 순간이었다. 그로서는 행복 시작의 신호탄이 터진 셈이었다. 한 가지만 제외하면! 베르니니는 그 석수가 자신과 거의 대등한 천재성을 지니고 있다는 것을 한눈에 알아보았고, 재정적으로 성공한 이들이 모두 그렇듯이 그 역시 정상의 자리를 놓치지 않는 법을 알고 있었다. 그는 보로미니에게 일거리를 주기는 했으나 세심한 감시의 눈길을 떼지 않았다.

더구나 다른 모든 일에서도 베르니니는 라이벌이 될 싹이 보이는 상대를 누르는 일에 대단한 수완을 발휘했다. 개인의 수입을 확보할 수 있는 별다른 길이란 것이 없던 시대였다. 일의 보수를 주고 안 주고는 오로지 교황과 추기경의 마음에 달려 있었으며, 그들 대부분은 — 보르게세 추기경 같은 드문 예외가 있기는 했지만 — 몇몇 이름을 대는 것 외에 예술에 관해 전혀 아는 것이 없었다. 그 점은 지금도 마찬가지여서 예술품 구매자들이 머리에 넣어두고 있는 이름은 정해져 있다. "마티스, 샤갈, 무어, 리프시츠Lipschitz (1891~1973. 리투아니아 출신의 프랑스 조각가 – 옮긴이) 그리고…… 그 왜 지난번 전시회에서 평판이 자자했던 그 사람, 이름이 뭐더라?"

예술품 판매상들은 모두 이 점을 잘 알고 있다. 그러니 직접 자기 작품을 거래한 (그리고 매우 성공한) 예술품 판매상 베르니니가 그것을 모를 리 없었다. 그가 어찌어찌하여 오늘날까지 그 이름이 흐릿하게나마 전해지도록 만든, 그에 버금가는 재능을 가진 조각가 중에는 알가르디Algrdi도 있었다. 알가르디가 베르니니 못지않은 천재적인 조각가였음은 의문의 여지가 없지만 그는 평생을 베르니니의 조수로 살았다. 또 다른 이, 모키Mochi라는 조수가 있었는데 항거를 시도했으나 실패한 예다. 베르니니는 그의 평판에 사정없이 흠집을 냈으며, 그는 곤궁함 속에서 비탄에 잠겨 숨을 거두었다. 저택이나 마차, 말을 소유하고 시종을 거느리며 호의호식하는 것은 돈이 드는 일이다. 모키는 어리석음 때문에 쉽게 돈을 잃어버렸지만 베르니니는 그렇지 않았다. 결국 다른 예술가들이 똑같이 훌륭하다거나 더 낫다고 일러주는 일보다 후원자를 잃는 더 빠른 방법은 없는 것이다.

그러나 보로미니의 경우 베르니니는 완전히 새로운 타입의 예술가에게 발이 걸린 셈이었다. 이 새로운 예술가는 자신의 예술에 온전히 몰입할 뿐, 세상에 대해서나 자신이 살아가는 방식에 대해 남들이 이러쿵저러쿵하는 일에 전혀 개의치 않았다. 그는 시대를 막론하고 젊은이들이 열광하는 창조적인 천재에 속했다. 예컨대 파티나 자기 집 식탁에서조차 반항적이며 이해받지 못하는 괴짜들 말이다. 명성의 최고봉에 있으면서도 다른 사람들을 전혀 신경쓰지 않으며, 그런 것으로 인해 조금도 주눅들지 않는 사람들이 그들이다. 보로미니는 젊은 사람들에게 이런 영웅들 리스트 중 첫번째 인물이었다. 자신의 귀를 자른 반 고흐, 모든 것을 버리고 떠나 열대의 한 섬에서 죽어간 고갱, 오페라 「라 보엠」에서의 루돌포, 배불리 먹을 돈을 마련하기 위해 그림을 팔아치운 모딜리아니 등등이 바로 이런 면에서 첫번째 자리에 설 예술가들이다. 대부분의 로마인들은 보로미니를 하찮게 생각했다. 그러나 부르주아의 시대가 도래하고 있었고 교황 역시 중류 계급 출신이었다.

최근에 와서야 인내심 있는 학자들의 노력 덕분에 보로미니의 실제 모습을 이리저리 끼워맞춘 그림이 완성되었다. 한 가지 중요한 사실을 밝히자면 이미 언급했듯이 보로미니는 돈을 경멸했는데, 그러면서도 돈을 벌고 번 돈을 늘려나갔다는 것이다. 또한 그의 인생은 죽어가는 미미의 약을 사기 위해 다 헤진 외투를 파는(「라 보엠」의 주인공 루돌포와 폐결핵을 앓는 소녀 미미의 비련을 가리킴 – 옮긴이) 것과는 거리가 멀었고, 재산은 자신의 조카에게 상속했다. 이 조카, 베르나르도 카스텔 보로미노는 삼촌의 유지를 충실히 따라서 삼촌이 정해준 여자와 결혼했으며, 이후 평생을 물려받은 재산으로 편안히 살았다.

보로미니는 키 크고 다부진 체구에 매부리코를 갖고 있었으며, 턱은 별로 두드러져 보이지 않고, 눈에 띄게 우울한 눈동자 위로 미간의 주름이 깊은 훤한 이마가 인상적이었다. 가발이었던 듯한 머리카락은 길어서 단정치 못했고 옷차림도 별났다.

베르니니는 물론이고 거개의 로마인들이 다채로운 색과 리본, 나비 장식을 풍성히 다는 프랑스풍으로 옷을 차려입는 일에 상당히 신경을 쓰던 시대였다. 그런데 보로미니는 간소한 검정의 스페인풍 옷차림(수년 전에 이미 한물 간)을 하고 다녔다. 사교 모임에 그렇게 하고 다녔더라면 상당히 눈에 거슬렸을 것이 분명했지만 그런 곳에 결코 가지 않았다. 그저 집에서 믿고 일을 맡기는 조수만을 상대한 뿐 사람들을 만나는 일이 거의 없었다. 그런 식으로 그는 그 무엇에도 신경쓰지 않고 예술에만 집중할 수 있었다. 그 외 그가 한 일은 건축에 관한 책을 수집하는 일이었다. 그는 이 부분에서 세상에서 가장 완전한 컬렉션을 지니겠다는 욕심이 무척 강했다. 수집한 책들은 여기저기 쌓아놓거나 서랍에 넣어두기도 했으며 그냥 탁자에 올려놓기도 하여 에칭이나 자신의 도안들과 한데 뒤섞여 보관되었다.

베르니니는 르네상스의 젠틀맨으로서, 사람들을 즐겁게 하는 수많은 일들을 우아한 태도로 할 수 있는 사람이었다. 보로미니 역시 많은 재주가 있었지만 그의 재주는 사람들을 즐겁게 만들지는 못했다. 특히 그의 수하에서 일하는 사람들을! 그에 관해 책을 썼던 프라 조반니 디 세인트 보나벤투라가 말했듯이, "그는 직접 벽돌공의 흙손질을 지도하고, 치장 벽토 일꾼에게 나이프 사용법을 가르치며, 목수에게는 톱을, 석공에게는 천공기를, 지붕 이는 일꾼에는 망치를, 대장장이에게는 줄을 쥐어 주었다." 그러니 이 마스터에게서 레슨을 받지 못한 일꾼에게는 불행이 닥칠 수밖에 없었던 것이, 석공 하나가 매우 부주의하고 나태한 태도로 일하다 대리석 한 덩어리를 망쳐버린 일이 일어났다(게다가 그는 돌에 침을 뱉음으로써 자신의 죄를 한층 더 무겁게 했다). 보로미니는 즉시 다른 일꾼들을 불러 그를 흠씬 때려주라고 했고, 결국 이 불행한 일꾼은 그 때문에 죽고 말았다.

그럼에도 불구하고 보로미니는 워낙 재능이 뛰어났기 때문에 후원자나 일감을 찾는 데 큰 불편은 없었다. 물론 그 일이 처음부터 순조로웠던 것은 아니다. 교황의 일감은 모두 베르니니가 독차지했기 때문이다. 교황의 직책은 옛 사람이 가고 새 사람이 오는 자리였다. 이노센트 10세는 고리타분한 이전의 석공을 내쫓고 세속적인 베르니니를 발탁했는데, 그것은 대담함과는 거리가 먼 교황으로서는 의외의 결단이었다. 이노센트 10세는 전적으로 누이인 도나 올림피아의 손가락 하나에 움직이는 사람이었다. 도나 올림피아는 베르니니를 총애했고, 금전에 관한 한 그의 생각과 잘 맞았다. 그녀가 얼마나 욕심이 많았는지에 대해서 말하자면, 가엾은 이노센트가 죽었을 때 그녀가 관을 살 돈을 내지 않겠다고 해서 시신이 여러 날 방치된 일까지 있었다. 베르니니도 그 사실을 잘 알고 있어서, 나보나 광장의 분수 제작을 의뢰받아 순은으로 모형을 제작했을 때 그것을 도나 올림피아의 저택 복도에 두고는 다시는 돌려달라는 요구를 하지 않았다.

두 천재의 엇갈린 운명

어느덧 이 두 예술가는 필생의 라이벌이 되어 있었다. 베르
니니는 보로미니에게 건축에 대한 모든 것을 가르쳐주고, 성 베드로
성당 건축의 일자리를 주었으며, 그 일을 하는 법을 일러준 사람이라
는 관계를 유지하고 있었고, 그러는 사이 보로미니는 대단히 많은 일
을 해치웠다. 베르니니가 제작한 발다키노 주변의, 거대한 조상들이
들어앉은 장려한 벽감壁龕(조상 등을 두기 위한 벽의 움푹 들어간 곳 – 옮긴
이)들이 그의 작품이다. 그러면서 보로미니는 베르니니가 건축가로서
완전히 아마추어이며(사실 어느 의미로는 두 사람 모두 건축가 수업을 받
은 것은 아니었다) 보수를 독차지하고 일만 떠넘겼다고 통렬히 비난했
다. 물론 보로미니가 그를 비난한 것은 돈 때문이 아니었다. "나는 그
가 돈을 차지하든 말든 상관없어. 하지만 내가 힘들게 작업한 공을 차
지하고 그 영광을 즐기는 건 대단히 기분이 나빠"라고 그는 말했다.

이 말은 여러 정황으로 보아 그의 진심에서 우러나온 것임이 확실
하다. 실제로도 보로미니는 돈에는 그다지 관심이 없었고, 대신 예술
가로서의 명성에 대해서는 대단히 목말라 있었다. 그리고 비아퀴리날

레의 네 개의 분수에 있는 산 카를로의 작은 교회에서 그가 바라던 명성이 찾아왔다.

이야기는 보로미니가 허세를 부리느라 성 베드로 성당의 돔을 지지하는 거대한 피어pier (두 개의 문 또는 창문 사이의 벽 – 옮긴이) 중 하나에 딱 들어가면서도 시야를 방해하지 않는 교회를 짓겠다고 말한 것에서 비롯된다. 그런데 이것은 내가 직접 살펴보고서 하는 말인데 좀 허풍스러운 이야기이다. 나는 어찌어찌하여 일반인에게 결코 공개되지 않는 피어의 내부에 들어갈 기회가 있었다. 밖으로 커다란 홀이 움푹 팬 그곳은 보통의 교구 교회만했으며, 교회 하나는 충분히 들어설 수 있는 정도의 넓이였다. 보로미니도 그것을 알고 있었을 것이고, 그 사실을 아는 동료 건축가들에게 그것은 허풍에 지나지 않았을 것이다.

그럼에도 불구하고 이 터는 비좁고 다루기 까다로운 것이 사실이었다. 베르니니가 좀 아래쪽의, 넓어서 건물을 짓기가 훨씬 수월한 곳에 걸작 산트 안드레아 교회를 지은 것도 그런 이유였다. 자연스럽게 이곳은 오늘날 관광객들이 반드시 들르는 곳으로 자리잡았다. 이 교회가 워낙 유명하다 보니 인근의 작은 산 카를로 성당을 그냥 지나쳐 버리기 쉽지만 요행히 이곳으로 들어서는 사람들에게는 놀라운 광경이 기다리고 있는 것이다.

보로미니 역시 다른 바로크의 건축가들처럼 고대 로마의 고전적인 전범에서 세부적인 요소를 채용하는 일에 매달렸다. 그러나 그는 이전의 누구도 보여주지 않았던 형태로 각 세부 요소를 배치할 줄 알았다. 로마의 건축은 정적靜的이다. 땅에 단단히 뿌리를 박고서 움직임 없이 견고한 영속성을 보여준다. 대표적인 예로, 성 베드로 성당의 정면은 중국의 만리장성과도 같이 견고하다. 그러나 산 카를로 성당은 흐름이 있다. 관람객들은 처마 장식에서 창문에 이르기까지, 또 창문에서 천장에 이르기까지, 그리고 천장에서 아래로 내려와 중앙 성찬대에 이르기까지 세세한 디테일에 마음을 빼앗긴다. 모든 것들이 한 치의 어긋남도 없이 완벽한 조화를 이루며, 그러면서도 한 자리에 고정되어 있지 않다. 말하자면 전체 디자인이 움직이고 있는 셈이다.

그 시대의 지적인 관광객들은 결코 산 카를로를 지나치는 법이 없었다. 유럽 전체가 건축 열기에 휩싸여 있었고, 로마가 그 스타일을 진두지휘했다. 독일, 프랑스, 스페인, 영국, 네덜란드에서 사람들이 몰려들어 ─ 심지어 인도 사람들까지 찾아왔다는 자료가 있을 정도다 ─ 보로미니의 독창성에 경탄했다. 베르니니에게 꺾을 수 없는 라이벌이 생긴 것이다.

게다가 무엇이든 바르게만 하기로 유명한 이 남자 베르니니의 상황은 점점 더 나빠졌다. 성 베드로 성당의 정면을 텔레비전으로 지켜본 수백만의 사람들은 지붕의 길고 평평한 선이 얼마나 무거운지를 알아챘을 것이 틀림없으니 말이다. 성당에는 대개 탑이 있는데, 베르니니는 성 베드로 성당에 탑을 두 개 만들기로 하고, 지금 시계 문자판이 있는 곳에 첨탑을 세웠다. 그런데 다른 일로 무척 바빴을 것이 분명한 베르니니가 미처 이 탑의 구조를 세밀히 검토하지 않았던 듯, 탑의 무게에 눌려 정면 부분에 금이 가기 시작했던 것이다. 서둘러서 탑을 헐지 않았다면 분명 성당의 전면 일부가 무너져 내렸을 것이다. 건물 꼭대기의 작은 탑은 베르니니에게 가장 취약한 부분이었다. 그는 판테온 신전의 지극히 고전적인 파사드에 두 개의 첨탑을 세우고 싶어했으나 로마인들은 즉시 그것들을 "당나귀 귀"라고 놀려댔고, 결국 그의 시도는 불발로 끝났다.

이 점은 ― 또한 보로미니의 급상승하는 명성은 ― 자만심에 차 있고 쾌활한 성격의 베르니니를 위축시켰다. 그는 라이벌에 관해 안 좋은 이야기라도 들리면 귀를 세웠고, 유연하게 그 상황을 이용했다. 영향력 있는 후원자 한 사람이, 보로미니의 작품이 거의 고딕에 가까워서 고전적인 전범과는 거리가 상당히 멀어 보인다고 말한 일이 있었다. 당연히 베르니니에게는 호기회였다. 익히 알려졌듯이 고딕은 프로테스탄트와 상통하며, 프로테스탄트는 이단이었다. 베르니니는 특유의 대중을 향한 미소를 지으며, 나쁜 카톨릭보다는 건전한 이단이 더 낫다는 자신의 견해를 피력했다. 그러나 반종교개혁의 로마에서 이단은 명성에 흠집이 날 만한 일이었고, 그가 말한 이단이 보로미니라는 걸 모르는 이는 없었다. 이 일로 가뜩이나 까다로운 보로미니는 점점 더 냉소적이 되어갔다.

아무튼 보로미니에게 일감은 폭주했다. 산 카를로 성당을 짓는 와중에도 그는 시에서 가장 큰 프로젝트 중 하나인 건물의 건축 일을 맡아놓고 있었다. 반종교개혁은 어떤 방식으로든 교회에 활기를 불어넣고자 했던 많은 이들을 배출해 냈는데, 후에 성인聖人이 된 필립 네리(1515~1595)도 그 중 하나였다. 그는 예수회가 대리석 강당을 신봉했듯 사람들을 교화하는 음악을 신봉했다. 네리가 이끈 사람들은 큰 성공을 거듭한 끝에 오라토리오회(1564년 네리가 세운 카톨릭의 수도회 및 그 예배당 ― 옮긴이)를 일으키고 수도원을 건립했다. '신도단'이라고 불렸던 그 운영 집단은 돈이 있는 사람들이었다. 그들이 보로미니에게 건축을 맡겼다. 만사가 일사천리로 진행되면 그만이었다. 그런데 일이 그렇지가 못했다. 돈에 대해 무관심하기로 유명한 이 예술가가 돈을 너무 생각없이 써버린다고 신도단에서 불만을 터뜨린 것이다.

정확하게 말하자면 그는 돈을 '물 쓰듯 써 댔다'. 오리토리오회 신도들은 그의 지출 습관에 대해 강력한 통제권을 행사하기로 했으니, 보로미니의 이런 습관이 나중에 '예술가 기질'이라는 말로 알려지게 되었다.

보로미니는 어느 글에서 이 문제에 대한 강한 불평을 토로했는데, 우리를 "친절한 독자"라고 부른 이 글에서 그는, '노래하는 성직자'들인 신도단에게 당한 곤욕에 대해 동정과 공감을 호소하고 있다.

"나는 대단히 소심한 사람들이 모인 신도단에 봉사해야 했기 때문에 장식 공사가 진행되는 내내 수족이 묶인 것이나 마찬가지인 상태로 일을 해야 했고, 그 때문에 예술의 요구가 아닌 그들의 요구대로 작업해야 하는 일이 종종 있었다."

어쨌든 지어진 수도원의 파사드는 — 역사상 가장 아름다운 작품 중 하나로 꼽힌다 — 곡선미가 너무나 빼어나서 마치 숨을 쉬고 있는 것 같았다. 그러나 감탄이 끝날 때쯤, 관람객들은 문득 이 작품의 헐벗음을 깨닫게 된다. 보로미니가 포기해야 했던 조각 장식이며, 천사들의 머리 부분, 정교한 주두柱頭가 얼마나 많았는지 우리로서는 결코 알 수 없다. 깐깐하기 그지없는 신도단은 계속 보로미니에게 불평을 늘어놓았고 덕분에 그는 "그들이 정해진 규칙에서 한 발자국이라도 벗어나면 끝없는 불평불만의 족쇄에서 헤어나지 못했을 것"이었다.

끝내 그는 이 일에서 물러났다. 그는 자신의 천재성을 알아주는 후원자하고만 일을 할 수 있는 타입의 예술가였다. 그런 이후에야 그의 작업은 일사천리로 진행되었다. 교황은 로마의 주교로 활동하던 비토리오 스파도를 성 요한 라테란 대성당 복원 사업의 감독으로 임명했는데, 그는 보로미니의 대단한 찬미자였다. 그러니 문제가 있을 것이 없었다. 작업은 빛의 속도처럼 빠르게 진행되었다. 모든 것이 조화로 웠다. 천재 예술가도 행복하고 만족했다. 이렇게 만들어진 성 요한 라 테란의 거대한 중앙 회중석은 보로미니가 남겨둔 채로 온전하게 보존 되어 있다. 그런데 솔직히 말하면 이 본당의 회중석은 눈에 띄게 무미 건조하다. 매우 소수이기는 하지만 일부에서는 그것이 과연 위대한 예술가의 작품일까 하는 의문을 제기할 정도이다.

보로미니는 성 요한 라테란의 인테리어와 전혀 상관없는, 모종의 다툼거리를 찾고 있었다. 그리고 그의 욕구는 곧 만족되었다. 나보나 광장에 있는 베르니니의 으리으리한 분수에 대적한 보로미니의 작품 은 로마의 매음굴이 있었다고 하는 곳에 세워진 작은 교회였다. 이곳 은 초기 기독교도였던 성 아그네스가 강간당할 위기에 처했던 곳이 다. 루터의 95개조 반박문에서가 아니라 로마 당국에서 그녀의 종교 적 믿음이 잘못된 것이라는 확신을 가진 데서 신학적인 논쟁이 있었 다. 당시, 기적처럼 그녀의 머리가 쑥쑥 자라 벗은 몸을 모두 가려주 었고 그녀는 황급히 처형되었는데, 반종교개혁에서는 이 성녀의 교회 를 최고로 장엄하게 재건립하기로 결정했던 것이다.

바야흐로 도나 올림피아가 모든 결정권을 쥐락펴락하고 있던 때였 다. 그녀는 이 일에 카를로 라이날디를 선택했다. 그러나 오빠인 교황 이 죽자 일은 보로미니에게로 넘어갔다. 이즈음 보로미니는 우울증이 나날이 심각해져 가고 있었다. 그는 베르니니가 틀림없이 자신을 괴 롭힐 거라고 생각하고서 자기 작품이 있는 곳마다 어딘가 음모가 숨 어 있는지 살펴보게 되었다. 이런 성향은 실패한 예술가들에게서는 흔히 나타나는데, 보로미니처럼 명성을 얻은 이가 이런 성향을 보인 것은 좀 의외의 경우이다. 어쩌면 석공으로서 소박하게 시작한 초창기 시절에 대한 기억, 동료들이 그에게 저질렀던 악의에 찬 장난에 대한 기억 때문이었는지도 모른다. 아무튼 그는 이 프로젝트에 관련된 일꾼들이 자신에게 대항한다는 공론을 일으켰다.

그는 지체 없이 대응했는데, 그저 아침에 모습을 드러내지 않기 시작한 것이었다. 일꾼들은 그의 지시를 기다렸지만 아무런 기별이 없었다. 또 보로미니가 쥐고 있는 품삯 역시 지불되지 않았다. 더 안 좋은 일은 보로미니가 불쑥 나타나는 것이었다. 그의 출현은 순전히 그의 방식대로였다. 나보나 광장은 노점 책방으로 유명했는데, 일꾼들이 노상路上이나 작업 발판 위에 모여 있을 때면 특유의 유행에 뒤진 옷차림 때문에 쉽게 눈에 띄는 보로미니를 발견할 수 있었다. 하릴없이 어슬렁거리거나, 책을 이리저리 훑어보거나, 책방 주인과 잡담을 나누는! 그런 일이 너무 잦아지자 일꾼들의 불만이 쏟아져나왔다. 보로미니는 태도를 약간 바꾸었다. 일을 지시하되, 다음 날이면 번복을 하는 것이었다. 일부 일꾼들은 일을 그만두었고, 개중에는 법에 호소하는 이도 있었다.

우리는 앞서 초창기의 위대한 예술가들이 어떤 식으로 강력한 길드나 직업 노동조합에 소속되어 그 영향력 아래서 움직이는지를 보았다. 그러나 이때쯤에는 개별 아티스트들의 지위가 너무나 격상되어 자기가 하고 싶은 건 대부분 할 수 있는 시대가 되어 있었다. 하지만 그것만으로는 아직 충분치 않은 시대였다. 일꾼들은 보로미니를 임금 체불과 직무 태만으로 고발했으며 보로미니는 결국 쫓겨났다. 카를로 라이날디가 다시 불려와 이 교회의 일을 마무리한 사람이 되었다.

베르니니의 분수에 있는 「강의 신」 조각상들 중 하나는 완성된 이 교회와 정면으로 대치하고 있는데, 손을 처들고서 공포스러운 제스처를 하고 있다. 방문객들은 이것이 베르니니가 은연중 교회에 보여준 복수라는 이야기를 들으면 예외 없이 즐거워한다. 사실, 이야기 자체는 재미있지만 정면의 모습이 보로미니의 스타일을 약간 따르고 있다는 사실만 제외하면 분수가 열렸을 때 이 교회는 그저 땅에 나 있는 구멍에 지나지 않는다. 예술사적으로 별 이야깃거리가 아니라는 것이다. 그러나 이 이야기가 담고 있는 내적인 부분은 흥미롭다. 이들 두 남자는 나이가 들어갈수록 서로를 더욱더 미워했다.

해고의 충격은 보로미니에게 영감을 주어 도시의 다른 곳에서 그의 가장 아름답고 혁신적인 작품들이 탄생하는 계기가 되었다. 그러나 그의 피해의식은 점점 더 심해져 대인 회피와 침울함이 극에 달했다. 결국 그는 앓아눕게 되었고 의사를 불렀다. 진찰 결과 뚜렷한 질병의 증후가 나타나지 않자 의사는, 현대의 의사들이 예술가들을 상대로 할 때 흔히 그러듯, 보로미니가 과로를 했다고 결론을 내렸다. 그는 보로미니의 조수(그는 시종이기도 했으므로)를 따로 불러 스승이 밤에 무리하게 작업하지 못하게 하라고 일렀다.

밤이 되었다. 보로미니가 양초를 가져오라고 시키자 조수는 복종을 거부하고 자리를 비켜버렸다. 엄청난 절망감이 보로미니를 엄습했다. 사소한 사건이었지만 원래 보로미니 같은 사람들에게는 사소한 일이 너무도 감당할 수 없는 생각에까지 이를 수 있는 법이다. 세상이 자신을 배척하고 있으며 ─ 베르니니가 그 선두에 서서 ─ 결국 세상이 이기는 것으로 끝난다는 생각 말이다.

그는 칼을 빼어 단단히 고정시킨 후 스스로 칼날 위로 몸을 던졌다. 칼끝이 그의 가슴으로 파고들어 등으로 튀어나왔다. 보로미니는 침대에서 바닥으로 굴러떨어졌다. 쿵 하는 소리에 조수가 달려왔을 때, 그는 여전히 목숨이 붙은 채 의식을 잃지 않고 있었다.

법은 공증인이 죽어가는 사람의 육성을 듣고 기록을 남겨야 인정하도록 되어 있었다. 보로미니는 공증인 한 사람을 불러 지극히 차분한 태도로 유언을 남겼다. 유언에 따라 그의 수집품들은 같은 처지의 친구들에게 골고루 나누어졌고, 돈은 조카에게 증여되었다. 그렇게 그는 세상과의 화해 속에 — 베르니니를 제외한 — 숨을 거두었다.

그의 앙숙에 대해 말하자면 베르니니는 탄탄대로를 걸었다. 한동안 그의 승리는 장애물 없이 계속되었다. 돈에 대해서도 마찬가지여서 프랑스의 태양왕 루이 14세까지도 언젠가 자신을 위해 일하겠다는 약속 하나를 믿고 그에게 해마다 연금을 지불했다.

70대에 이르러 마침내 베르니니는 이 왕의 기마상을 제작하여 파리로 보냈는데, 이 일로 그는 생애 최초이자 최후의 굴욕감을 맛보았다. 왕은 '그것'을 너무도 마음에 들어하지 않았으며 궁정의 모든 이들이 그 견해에 고개를 끄덕였던 것이다. 왕은 기마상을 베르사유의 정원 한 구석 가장 외진 곳에 갖다버리라고 지시했고, 지금도 이 기마상은 그곳에 그대로 있다. 누구라도 베르사유 정원의 작은 길을 따라 끝까지 걸어갈 자신이 있는 사람은(무장 헌병의 인도를 따라서 가야 한다) 이 작품을 실제로 볼 수 있다. 나는 간혹 보로미니의 영혼이 이 오솔길을 따라 걸어가 기마상을 바라보는 모습을 상상해 보는데, 그의 미소가 보이는 듯하다. 당연히 그는 한없이 미소를 짓고 서 있을 것이다.

8

천재적인 위조꾼들

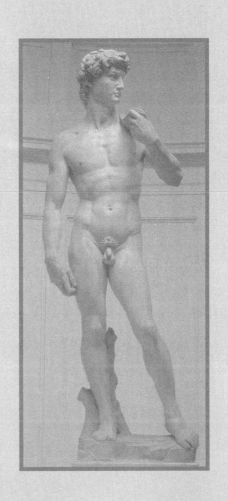

미켈란젤로, 땅에 묻었다가 꺼내라?

"이렇게 통탄할 일이 있다니! 다른 이들의 노고와 재능을 훔치고 베끼는 당신들. 그 뻔뻔스러운 손을 결코 우리들 작품 위에 올려놓지 말라."

이 말은 알브레히트 뒤러가 자신의 인기 있는 조각을 베껴서 진품인 양 팔아먹은 이들에게 던진 독설로, 이탈리아 지폐에 깔끔하게 새겨져 있는 "법이 위조자들을 심판한다"는 문구와 같은 효과를 지닌다. 지폐에 새겨진 이 문구 역시 위조 지폐범들에 의해 깔끔하게 복제되지만. 삽화가 그려진 지폐를 주고받을 때는 늘 위조꾼들이 개입되어 있다. 또 누군가 예술가에게 거금을 지불한다면 거기에도 위조꾼들이 있게 마련이다. 르네상스 시대에 예술가는 더 이상 기술자가 아니며 정말로 돈을 버는 사람들이라는 사실이 증명된 이후로 위조꾼 집단은 괄목할 만한 발전을 거듭했다.

이 장章과 11장에서 나는 위조와 위조꾼들의 명화(?)들을 소개할 것이다. 그러나 그 전에 먼저 도덕성 문제를 짚고 넘어가지 않을 수 없다. 정말 훌륭한 위조꾼이란 어떤 사람을 말하는 것일까? 그들은 간혹 창조적 천재성을 발휘하기도 하겠지만 천재가 되기에는 턱없이 부족하여 결국 위조꾼의 테두리를 벗어나지 못한 채 아내와 아이들, 연인들을 위해 터벅터벅 제 길을 걸어갈 것이다. 위조꾼이라는 직업은 수집가를 속이고, 박물관 감독을 속이며, 경매인을 속이는, 참 재미없는 일이다. 그런데 수집가나 박물관 감독, 경매인들은 전문가가 아니던가? 적어도 그들은 우리 시시한 일반인들보다 더 나은 눈을 가지고 날카롭게 식별해 낼 줄 알아야 하지 않을까? 누가 뭐래도 그들은 전문가이다. 그런 그들이 속아넘어가서 위조 그림을 살 때, 우리는 슬퍼해야 할까 아니면 배를 잡고 웃어야 할까?

이 질문에 대한 섣부른 결론을 내리고 싶지는 않다. 그러나 감히, 몇몇 위조꾼들을 솎아내어 법정에 세운 뒤 독자들의 판결을 들어보고자 한다. 이들을 변호해 줄 깜짝 놀랄 만한 증인도 확보해 두었다.

그러면 첫번째 피고를 불러보도록 하자. 그는 바로 두려울 정도로 명성이 드높은, 그래서 그가 법정에 입장하면 모두가 기립해야 할 것 같은 인물, 미켈란젤로다. 다들 착석하시길. 개정하겠다.

미켈란젤로의 후원자였던 로렌초 데 메디치는 자신의 금융 가문에서 가장 수준 높은 교양을 갖춘 사람이었다. 당시 로마는 골동품 조각상을 발굴해 내느라 누구 할 것 없이 여기저기 파헤치는 일에 열심이었다. 발견하기만 하면 수집가들에게 비싸게 넘길 수 있었기 때문이다. 그런데 기껏 찾아낸 조각상들은 대개 상태가 매우 좋지 않았다. 더구나 중세 시대에는 조각상을 우상 숭배라 하여 악마의 작품으로 여겼으며, 숱한 조각상들이 분쇄되어 석회로 화했다. 남은 것들도 대개는 머리나 팔, 다리, 코 등이 없는 불구의 모습을 하고 있었다. 특히 코가 없는 것은 너무 흔해서 한동안 로마의 조각상 중 코가 제대로 붙은 것은 십중팔구 가짜라는 이야기가 수집가들 사이에서는 정설로 받아들여지기도 했다. 물론 그것은 잘못된 생각이었다. 그러나 당시로서는 그것이 경험에 의한 판단의 근거였다. 어쨌든 온전한 형태로 보존된, 파손되지 않은 로마시대의 조각상은 분명 대단한 금전적 가치를 지닌 보물이었다.

그런 때에 미켈란젤로가 「잠자는 큐피드」를 제작했다. 말하자면 대리석을 가져다 정으로 쪼아서 '골동품' 하나를 만든 것이다. 내 생각엔 지금쯤, 그의 변호인이 자리에서 일어나 미켈란젤로의 의도는 사기를 치기 위한 것이 아니라 다른 이들에게 보여주려 한 것이었다는 이야기를 할 때인 듯싶다. 그저 자신이 고대 로마의 조각가들에 견주어도 전혀 손색이 없음을 보여주려 한 것이었다고.

미켈란젤로의 후원자 로렌초 데 메디치는 이 사실을 흔쾌히 받아들였다. 한술 더 떠서 이 조각품을 땅에 잠시 묻어두었다 꺼내면 훨씬 더 원본에 가까워 보이지 않겠느냐는 언질까지 주었다. 나아가 그는 (은행가 집안의 자손으로서 금전 감각이 혈관을 타고 흐르는) 미켈란젤로에게 그것을 로마로 보내면 훨씬 더 좋은 값을 받을 수 있을 것이라고 제안하기도 했다. 미켈란젤로는 후원자의 충고를 따랐다. 그러나 조각상을 땅에 묻지는 않았다(이 부분에서 우리는 다시 한 번 변호인의 논거를 받아들이기로 한다).

미켈란젤로는 문제의 조각상을 골동품으로서 로마에 있는 골동품 조각 판매상인 발다사레 디 밀라네제에게 보냈다. 발다사레는 딱히 미켈란젤로를 못 믿는 것은 아니었지만 예방 차원에서 이 큐피드를 포도밭에 묻었다가 자연스럽게 색이 배어든 후에 꺼냈다. 어쩌면 그는 미켈란젤로가 조각상을 너무 박박 문질렀다고 생각한 것인지도 모르겠다. 혹은 전혀 그렇게 생각하지 않았을 수도 있고. 우리로서는 알수 없는 노릇이다. 우리가 아는 것은, 발다사레가 마침내 조각상을 파냈을 때, 예술을 사랑하고 학식을 갖춘 고위 성직자 리아리오 디 산 조르조 추기경이 너무나 확신에 차서 이 천재적인(더구나 손상되지도 않은!) 골동품을 낚아채듯 사갔다는 사실이다. 그가 지불한 돈은 금화 200두카트였다. 발다사레는 이 중 일정 몫을 미켈란젤로에게 보냈다.

그런데 문제는 추기경이 점차 의심을 하기 시작했다는 것이었다. 첫째는 이 큐피드가 너무나 온전한 상태였다는 점이고, 둘째는 부오나로티 가문 출신의 한 젊은이가 로마인들과 똑같이 조각상을 제작한다는 소문을 들은 것이었다. 그는 나름대로 노력하여 추기경의 지위에까지 오른, 대단히 약삭빠른 사람이었다. 그는 피렌체로 밀정을 보내 이 비범한 젊은이에게 접근하여 이야기를 나눠보게 했다.

밀정도 약삭빠르다는 점에서는 결코 뒤지지 않는 사람이었다. 그는 미켈란젤로를 만나 예술과 골동품에 대해 가볍게 이야기를 나누었고, 미켈란젤로는 고전 작품과 견주어 손색이 없는 손 조각 하나와 흉상 하나를 보여주었다. 이어 밀정은 미켈란젤로에게 지나가는 말처럼 큐피드도 제작한 적이 있느냐고 물어보았다. 미켈란젤로는 사실대로, 그렇다고 대답했다. 밀정은 이 젊은이에게 친절하고 정중하게 대해줘서 고맙다는 인사와 함께 대단한 재능을 지닌 것에 대한 찬사를 늘어놓은 뒤 서둘러 추기경에게 돌아갔다.

추기경의 의심이 들어맞았던 것이다. 그는 발다사레를 불러 큐피드를 다시 가져가고 200두카트를 돌려달라고 했다. 그는 특별히 화가 났다기보다는 속임수를 쓰는 중간 판매상을 좋아하지 않았기에 돈만 돌려달라고 한 것이다. 그러나 자신을 속여넘길 만큼 훌륭한 솜씨를 가진 젊은이에 대해서는 주목하지 않을 수 없었다. 적어도 추기경은 예술 작품에 대한 안목과 통찰력에 관한 한 알아주는 사람이었다. 후에 미켈란젤로가 로마에 입성했을 때 두 사람은 친한 사이가 되었다.

이 대목에서 우리는 위조 사업에서 매우 흥미로운 점을 주목하지 않을 수 없다. 위조를 눈치챈 구매자는 자신을 기만한 예술가와 좀처럼 다투지 않는다는 점이다. 미술품 감정가의 변명이란 늘 이런 식이다.

"대단히 훌륭하게 위조된 경우로군요. 그렇지 않았다면 내가 눈치채지 못했을 리 없지요. 세상 모든 걸 알고 있는 것처럼 거드름을 피우는 모모 교수를 위시해서 이 위조품을 구경한 사람들 모두가 속아 넘어갔습니다. 그렇지만 나한테만큼은 통하지 않습니다. 솔직히 나는 진작에 눈치를 챘지요."

물론 문제의 작품이 가짜임을 최초로 발견하고 세상에 공표하는 이가 거만한 교수나 비평가라면 이거야말로 당황스러운 일이지만, 다행히도 그런 일은 자주 일어나지 않는다. 주지하듯 예술의 세계는 치밀하게 짜여진 그물과 같다. 전문가는 수집가에게서 예술 작품이 진품임을 증명해 주는 대가로 돈을 받는다. 물론 경우에 따라서는 의심의 눈초리를 보내는 중간 판매상에게서 돈을 받기도 한다.

분명 자랑스러운 커넥션은 아니다. 그러나 르네상스와 미켈란젤로의 시대로 거슬러 올라가면 완벽하게 존경할 만하며 정정당당한 형태의 위조가 있었다. 앞서 로마 시대의 조각상이 거의 예외없이 발굴되는 족족 불구의 형상을 하고 있었음을 이야기했는데, 당시의 감정가들로서는 정말 난감한 지경이었을 것이다. 그들은 이 조각상들에 코를 다시 붙이고 팔다리를 복구해서 유물로서 내보이기 좋은 상태가 되기를 바랐다. 그들이 보이고자 한 상대는 주로 교황, 추기경, 영주,

공작 부인, 그 외 대체로는 무식하기 그지없지만 때때로 예술에 관심을 보이는 사람들이었다.

지금이라면 루브르 박물관 감독이 「밀로의 비너스」(파로스섬의 대리석으로 만든 고대 그리스의 비너스상 – 옮긴이)에 새 팔을 달겠다고 하면 세계 곳곳에서 비명이 터져나올 것이다. 고대의 유물은 역사의 기념비로서 가치를 지니기 때문이다. 교양 있는 이들이라도 벽에 몰아세워 놓고 물어보면 「밀로의 비너스」를 그렇게까지 좋아하는 것은 아니라는 사실을 인정할 것이다. 또한 지금껏 만들어져 온 셀 수 없을 만큼 많은 이 작품의 복사본에서도, 지금의 기준으로 볼 때 매력적인 여자라고 생각되는 부분은 고작 한두 군데에 불과하다는 사실에도 고개를 끄덕일 수 있다.

하지만 르네상스와 바로크 시대 사람들은 고대 미술품의 순수한 아름다움에 전율했다. 사람의 얼굴은 – 살아 있는 사람의 실제 얼굴은 – 어쩌다 보면 매력적일 때가 있다. 그러나 완전한 신체는 그보다 훨씬 더 드물다. 얼마나 드문지 당대의 감정가들과 예술가들은 차라리 고대인들의 시각에 공감했다. 완전한 인간의 신체란 존재하는 것이 아니라 발명해 내야 할 무엇이었다. 바로 폴리클레이토스가 만들었던 그런 조각들이었다. 하드리아누스의 연인, 안티노우스로 오인된 젊은 이의 조각상이 발견되었을 때 베르니니와 다른 이들은 이 조각의 세부 묘사와 비율을 자세히 관찰하고는, 이것이야말로 모든 예술가들이 따라야 할 모범이라고 여겼다. 미켈란젤로의 근육질 남성 조각상들 역시 실제 인간에게서 취한 것이 아니었다. 그것들은 지금도 바티칸에 가면 볼 수 있는 헤라클레스 토르소를 심도 있게 연구한 결과였다.

만약 예술 작품이 이상적인 아름다움을 추구하는 것이라면 분명 불구의 신체로 남은 유물들이 '복구' 되는 것은 당연하다는 결론이 내려진다. 비율, 자세, 입체감 등이 모두 고전적인 법칙에 따라 복원되어야 아름답기 때문이다. 여기까지는 아무런 문제가 없다. 우리 현대인들은, 예술 작품에 깊이 빠지지 않기 때문에 오히려 이런 식의 실질적인 생각을 받아들일 수가 있다. 문제는 수집가들이 '복원' 자체가 아무도 눈치채지 못할 정도로 완벽해야 한다고 주장하는 데서 생긴다.

복원가들은 충분히 그럴 능력이 있었다. 로마 조각의 장려한 루도비치 컬렉션은 뛰어난 '복원품' 들로 가득 차 있으며, 아주 대담한 방문객이 아닌 이상 안내책자의 도움 없이 그것들을 폄하하고 비판할 수는 없다. 이들 장인 중 가장 뛰어난 사람 중 하나가 알가르디, 저 베르니니의 조수였던 사람이다. 그의 경우에는 위조와 복원 사이에 선을 긋기가 어려우며, 전적으로 그의 것임이 분명한 몇몇 작품들은 전 세계의 작은 박물관과 개인 소장 목록에 산재해 있다.

희한하게도 미켈란젤로는 이 부문에서 그다지 성공하지 못했다. 창조적 욕구가 지나치게 강해서였을지도 모르겠다. 사실 그는 돈 때문에 이런 일을 적극적으로 맡은 편에 속한다. 「라오콘」이라고 알려진 조각은 한 아버지와 두 젊은 아들이, 그들을 죽이려고 포세이돈이 바다에서 보낸 커다란 독뱀의 똬리에 옭아매어진 형상을 하고 있다. 아버지의 팔 한 쪽이 없는 이 작품의 제작 의뢰가 미켈란젤로에게 들어왔다. 미켈란젤로는 기꺼이 이 일을 맡았고, 문제의 팔은 하늘을 향해 극적으로 뻗게 되었다. 그리고 미켈란젤로가 만든 형상의 이미지는 지금까지도 그대로 수천 권의 화집에 실려 있다. 팔 하나가 첨가됨으로써 「라오콘」은 정력적인 헬레니즘 미술의 뛰어난 사례로서 비평가들이 앞다투어 찬사를 보내는 피라미드 구조를 지니게 된 것이다.

이 「라오콘」은 로마 조각의 복사본이었다. 그리고 다른 복사본들도 발견되었다. 이제는 우리도 아버지의 팔이 하늘을 향해 뻗쳐 있지 않았다는 사실을 알고 있다. 미켈란젤로의 팔은 제거되었고 방문객들은 바티칸 박물관의 벨베데레Belvedere(바티칸 박물관 내의 미술관 – 옮긴이)에 서 있는 조각상의 뒤쪽 벽에서 그것을 볼 수 있다.

「잠자는 큐피드」 사건에 대해 한 마디 더 하자면, 미켈란젤로는 돈을 받았을 때 대단히 화를 냈었다. 중간 판매상 발다사레가 이 고대 조각의 진품을 속여 팔았기 때문이 아니라 200두카트에 팔아놓고서 이 인색한 판매상이 미켈란젤로에게 고작 30두카트만 떼어보냈기 때문이다. 당연히 미켈란젤로는 더 달라고 했지만 결국 더 받아내지는 못했다. 어쨌든 30두카트는 그의 몫이었다. 누가 뭐래도 그것은 너무도 아름다운 큐피드 조각상이었으니까.

너무 매혹적인 그리스와 로마

베르니니의 생애는 17세기 동안이었다. 이 세기가 끝날 무렵에는 고전 조각품 대부분이 남김 없이 파내어져 복원되고 팔려나갔다. 발굴 작품이 적어질수록 가격은 천정부지로 뛰었다. 골동품에 대한 갈증도 더욱 높아갔다. 이 현상을 이해하려면 단순히 예술가들만 들여다볼 것이 아니라 더 다양한 부분에 대한 폭넓은 검토가 필요하다. 바로 서구 세계에 닥친 변화에 대한 이야기이다.

종교개혁과 반종교개혁은 서로 불꽃튀게 싸웠고 18세기의 개막과 더불어 충돌은 극에 달했다. 또한 종국에 이르렀을 즈음에는 싸움 자체가 고통스러울 만큼 지루해졌다. 물론 대단히 헌신적인 사람들에게는 신나는 일이었을지도 모르지만 상대적으로 지적 수준이 높고 활발한 이들에게는 지루했을 것이 틀림없었다. 예술과 예술가에 관해 말하자면, 종교개혁의 왼쪽 날개인 감리회와 청교도 측에서는 루터교에 비해 예술에 대한 기호도가 매우 낮았다. 반종교개혁 측에서 보면 로마는 예술의 모든 분파를 막론하고 걸작으로 빽빽이 차 있었다. 큰 교회들이 계속해서 재건축되었던 것이다. 주로 지방 도시들에서였지만.

유럽 전역의, 다양한 크기의 국가 군주들은 베르사유에 대적할 만한 궁전 건립에 열심이었다. 왕들은 나라가 작을수록 더 큰 궁전을 원했다. 이탈리아에서 가장 큰 궁전이 이 세기의 중반에 건설되었는데, 그곳은 나폴리의 왕을 제외하면 이 반도에서 가장 가난하고 누추한 왕국이었다. 어쨌든 천장과 넓은 벽이 프레스코와 그림들로 채워져야 했는데, 그 모든 일은 너무도 급했다. 한두 명의 재능 있는 화가들만이 그 요구를 감당할 수 있었다. 과거 베르니니가 했던 식의 일처리를 할 수 있는 사람, 바로 조반니 바티스타 티에폴로 같은 이였다. 그런데 티에폴로의 대표작은 이탈리아가 아닌 독일 뷔르츠부르크, 지금까지도 장엄함과 화려함을 자랑하는 주교의 궁전에서 제작되었다. 규모에 비해 기운이 좀 빠진 듯한 느낌을 주기는 하지만.

이어 계몽운동이 일어났다. 이 운동은 최초의 『백과전서』 편집자인 디드로에서부터 시작되었다. 아주 잘 읽히는 그의 책들은 종교개혁과 반종교개혁을 막론하고 기독교라는 종교에 냉엄한 눈초리를 던졌다. 그는 기독교가 지닌 모호함을 상당 부분 찾아냈고, 볼테르는 그보다도 더 많은 오류의 가능성을 지적했다. 훌륭한 크리스천들은 큰 상처를 입었지만, 이것이 그의 논의들(건전한) 때문인지 그의 빛나는 스타일(지금도 풋내기 신도들을 타락시킬 수 있는) 때문인지는 분명하지 않다. 어느 쪽이든 그는 유행을 창조한 것이다.

후원자들은 유행을 좇고 예술가들은 후원자를 좇는다. 아니면 굶주리거나! 계몽운동은 유럽을 건설한 기독교 문명을 몰아냈지만 대신 채워넣을 무엇인가가 있어야 했다. 그 와중에 중국인들이 기독교도들보다 훨씬 더 문명화되었음을 증명하기 위한 시도가 있기는 했다. 하지만 계몽되었다고 해도 실제로 중국 책을 읽을 수 있는 사람이 전무했기 때문에 이 시도는 후원자들이 중국제 주전자를 수집하고 차를 마시는 정도로 끝을 맺었다. 당연히 예술가들에게는 하등 좋을 일이 없었다.

이 난국은 기독교가 득세하기 바로 전으로 되돌아가는 일로 마무리되었다. 당시 학교에서는 라틴어가 필수 과목이었기 때문에 교육받은 이들은 누구나 라틴어를 읽을 줄 알았고, 일부는 그리스어까지 할 줄 알았다. 그리스와 로마는 르네상스 시대에도 유행했지만 이번에 불어닥친 새물결은 더 넓고 깊었다. 그리고 전 유럽을 휩쓸었다. 그리스와 로마는 생활철학에서부터 화실을 어떻게 장식할 것인가 하는 부분에 이르기까지 모든 것에서 젊은이들의 모델로 떠받들어졌다. 지중해의 맑고 밝은 빛이 쏟아져내려, 불합리하고 위선적인 몽매주의(문학, 예술에서 고의로 의도를 애매하게 하는 표현주의 – 옮긴이)를 몰아낸 셈이었다.

계몽주의자들이 말한 고전 문명의 정수는 계측과 자제였다. 이 중 '자제'라는 덕목은 그들 스스로의 선전에도 적절히 이용할 필요가 있었다. 네로, 메살리나, 칼리굴라, 코모두스 등은 도덕적으로 이상적인 모델은 아니었지만 최고의 석학들을 제외한 모든 이들에게서 그들의 단점은 아무 문제가 되지 않았다. 또 테베 공략 7인(그리스 신화에서 오이디푸스의 두 아들 중 폴리네이케스가 에테오클레스로부터 테베 왕위를 빼앗기 위하여 함께 테베를 공격하여 비극적 최후를 맞은 7명의 장군 이야기 – 옮긴이)의 영웅적 행동을 역설할 때도 그들 모두가 동성애자들이었다는 사실은 제외되었다. 이런 식으로 취사선택된, 팔다리의 균형이 잡히고 눈이 맑은 고전적인 그림이 줄을 섰고 예술가들은 무조건 전례를 따랐다.

이 신고전주의 운동에 커다란 자극제가 된 것은 서기 79년 베수비오 화산의 대폭발에 의해 잿더미로 뒤덮인 땅 아래 묻혔던 폼페이의 발굴이었다. 최초의 발굴은 세기 중엽에 시작되었지만 그 전에 이미 귀중한 보물인 조각상이, 역시 이 화산 폭발로 매몰된 헤르쿨라네움 (나폴리에서 약 8km의 해안에 위치한 고대 도시의 유적 - 옮긴이)에서 발견되었다. 그러나 헤르쿨라네움의 발굴은 사람을 지치게 하는 어려운 작업이었던 것이, 이 도시는 재가 아니라 바위처럼 견고한 진흙으로 뒤덮여 있었던 것이다. 폼페이의 재는 차라리 쉬운 상대였다. 발굴이 시작되자 사람들은 흥분하기 시작했고 그리스와 로마는 그 어느 때보다 더 매혹적으로 비춰졌다.

고전 조각품들의 가격은 천정부지로 치솟았다. 폼페이와 헤르쿨라네움은 모두 지방 도시였고, 청동과 대리석을 아무리 열심히 파내도 이들 조그만 소도시의 역량으로는 수요를 만족시킬 수 없었으므로 누구도 작품의 뛰는 가격을 잡을 도리가 없었다. 그런데 희한하게도 공급이 점점 늘어났다. 물론 그 이유를 짐작하기는 어렵지 않을 것이다. 발굴을 맡고 있던 교활한 나폴리 사람들은 건져 올린 보물들을 고용주들에게 속속들이 고하지 않았다. 그렇다고 고용주들 — 주로 박학다식한 학자들 — 이 발굴 현장에 늘 나가 앉아 있을 수도 없는 일이었다. 아무리 박식해도 잠은 자야 했으니 말이다. 그렇게 해서 신흥 부자가 속속 생겨났다.

이 부자들은 프랑스와 독일, 네덜란드 및 다른 '대륙인들' 에게는 놀라운 존재였으니, 바로 새롭게 등장한 '영국인' 이었다. 18세기, 드디어 영국이 번영가도에 들어선 것이다. 바야흐로 영국 땅 전체에 걸쳐서, 때로는 궁전과도 비견할 만한 컨트리하우스(시골 귀족 또는 대지

주의 저택 – 옮긴이)들이 세워지고 있었다. 오늘날의 여행객들에게 '스테이틀리 홈즈stately homes'로 알려진 이 저택들은, 처음에는 휑뎅그렁하게 빈 채로 차가운 북쪽 바람이 사정없이 헤집고 다니는 것을 당하고만 있었다. 그런 식으로는, 즉 적당한 가구와 예술 작품을 채워넣지 않고서는 사람이 살 만한 곳이 못되었다고 하는 편이 옳을 것이다. 요즘 여기저기 들어서는 대형 빌딩의 커다란 사무실에서도 꼭 같은 현상이 일어나는 것을 볼 수 있는데, 텅 빈 벽은 간절히 그림을 손짓하게 마련이다. 그림들이 호출되었고, 실내 장식가들은 내용이 아니라 크기에 따라 그림을 사들였다(나는 일전에 펜타곤에 갔다가 몇 개의 회랑과 사무실이 예술품으로 '가득' 채워져 있는 것을 발견하고서 대단히 놀란 적이 있다). 바로 신흥 부자 영국의, 새로 지어진 스테이틀리 홈즈의 모습이었다. 로마 황제의 흉상, 신과 여신의 조상, 사티로스, 님프, 파우누스, 큐피드, 심지어 고전적인 개들까지(영국 아니라고 할까봐) 조경으로 잘 꾸며진 정원 여기저기에 놓였다.

도대체 이 모든 조각품들은 어디에서 온 것일까?

놀리컨스, 졸부들을 속여넘기다

조세프 놀리컨스(1737~1823)는 안트베르펜 출신의 한 화가의 아들이었다. 그 아버지가, 신흥 백작, 남작, 기사들이 다투어 저택을 지은 스테이틀리 홈즈의 벽을 채울 그림을 그리기 위해 영국으로 이민을 갔기 때문에 그의 출생지는 영국이 되었다. 조세프는 조각을 배웠고, 금세 소사이어티 오브 아츠 Society of Arts로부터 3개 부문에서 상을 받았다. 이 단체는 당시로서는 좀 색다른 조직에 불과했지만 없어서는 안될 만큼 꼭 필요한 조직이었다. 그때까지만 해도 로열아카데미Royal Academy of Arts가 생기기 전이어서 예술학교가 전무했고 소사이어티 오브 아츠는, '뭔가로 채워야 할 집'을 소유하고서 그 일을 해줄 사람들(대부분 이민자들)을 찾는 아마추어 젠틀맨들의 본거지였다.

당대의 기호와 요구를 예리하게 간파한 놀리컨스는 3개의 상을 챙겨넣고 로마로 건너갔다. 로마는 그랜드투어(영국 상류계급 자녀의 유럽 주유 여행 – 옮긴이)의 필수 코스였다. 신흥 영국 귀족들은 고상한 취미와 매너를 익힐 수 있는 계기가 되기를 바라면서 자녀들을 그랜드투어 연수를 보냈다. 당시의 영국식 매너는 그다지 세련되지 않았으며 특히 음주문화는 심각했다. 그래서 이 가문의 자제들이 그랜드투어에서 돌아오면 로마의 위인과 신을 표현한 흉상들을 받침대 아래로 내려다보며 우아하게 술을 마시고 경우에 따라서는 라틴말까지 하게 될 거라고 기대했다. 이윽고 하인들이 그들을 침대로 모셔갈 때까지. 물론 흉상과 조각상들은 로마에서 사들인 것이어야 했다.

놀리컨스는 곧 영국인 골동품 거래상인 토머스 마틴과 친해졌다. 토머스는 로마와 그리스의 조각상을 위조해 영국 나리들에게 팔아넘기느라 정신없이 바쁜 이탈리아 조각가 그룹에 놀리컨스를 소개해 주었고, 놀리컨스는 기꺼이 이 그룹에 합류했다. 이 일이 계기가 되어 그는 조각품 복원가로서의 입지를 굳히는 한편 원작도 여럿 남길 수 있었다. 한편 그랜드투어에 나선 젊은이들은 고전 조각상 구매의 임무도 띠고 있었는데, 놀리컨스와 그 동료들은 이 '순진한 영국 자제분들'에게 비열한 이탈리아인들이 위조품을 가지고 사기 치는 데 넘어가면 안 된다는 경고를 하고 다녔다. 그렇지 않아도 이탈리아인들은 기회만 있으면 도둑질을 한다는 이야기를 듣고 온 어린 여행자들은 친절한 충고에 고마워 어쩔 줄을 몰랐다. 더구나 그들은 모국에서 온, 모국어를 쓰는 사람들이 아니던가.

'사기 행각'의 다음 단계는 속이려는 대상에게 강한 인상을 남기는 것이었다. 즉 진품은 발굴되는 즉시 이탈리아 수집가에게 낚아채이고 만다는 이야기를 들려주는 것이었다. 이미 조각상으로 가득 찬 이탈리아 궁전에서 긴 저녁 시간을 보낸 뒤인 이 젊은이들로서는 쉽게 그 말을 믿을 수밖에 없었을 것이다. 젊은이들은 문제의 이탈리아 수집가가 매우 인색한 사람이라는 이야기도 듣게 된다. 영국 신사 나리들이 부자라는, 그것도 매우 부자라는 사실은 익히 알려져 있었다. 다음

은 헤르쿨라네움이나 하드리아누스의 저택, 또는 카라칼라의 대목욕
장에서 나온 작품들이 언제 어디로 가버릴지 모른다는 이야기와 함께
작품 소개가 이어진다.

그런 후 작전에 속아넘어간 젊은이들은 고향의 아버지에게 편지를
쓴다. 편지에는 교황의 관습적인 지위의 남용이라든가 미신적인 의식
등등의 이러저러한 이야기 끝에 조각상에 관한 언급도 슬쩍 들어 있
게 마련이었다. 그러면 별채를 짓느라 바쁜 아버지는 그 와중에도 "얼
른 사들이라"는 답장을 보낸다.

놀리컨스는 이들 '대상'을 볏짚과 올 굵은 삼베가 쌓인 교외의 시
골집으로 데려갔는데, 이 역시 그의 수법 중 하나였다. 여기서 그랜드
투어의 손님들은 금화를 치르고 놀리컨스에게서 조각상을 국외로 밀
반출해 주겠다는 약속을 받았다.

참 놀라운 일은, 그가 당시에 썼던 수법들이 지금까지도 통한다는
사실이다. 물론 대상은 미국인이거나 베네수엘라, 아르헨티나에서 온
사람들로 바뀌었다(아랍인들은 아직까지 수집에 열을 올리지 않으므로).
요즘은 위조가 에트루리아 미술(이탈리아 반도의 중부에서 북부에 걸쳐
기원전 7세기경부터 고대 로마에게 멸망당할 때까지 번영했던 이탈리아의
미술 – 옮긴이) 쪽으로 옮겨갔다. 오랫동안 뉴욕 메트로폴리탄 미술관
의 자랑이자 즐거움이었던 작품 두 점이 바로 이 시대의 위조품이었
다는 사실!

영국의 스테이틀리 홈즈는 이제 옛날 — 예를 들어 빅토리아 시대
— 처럼 위조품들로 가득 찬 곳이 아니다. 잘 알려진 것처럼 그들의
주요 작품 중 대부분은 조세와 상속세의 명목으로 징발되었다. 물론
위조 예술품은 세관을 통과할 필요가 없어 팔기가 더 쉬워졌지만. 그

래도 꽤 많은 작품들은 아직까지 남아서, 여러 의미로 해석할 수 있는 모호한 꼬리표를 달고 명망 있는 문화보호협회에 의해 빈틈없이 간수되고 보존되고 있다.

이 중 가장 유명한 위조품은 오늘날 많은 사람들이 찾는 스테이틀리 홈, 펫워스Petworth에 소재한 작품이다. 전시장 안내책자에 적힌 대로라면 「프락시텔레스의 두상」일 텐데, 그나마 라벨의 문구는 조금 더 정직해서 프락시텔레스라는 이름 뒤에 물음표가 붙어 있다. 원래 이런 작품은 어떻게든 지하실 같은 곳으로 옮겨놓아야 다른 이들이 애꿎은 손해를 보지 않을 텐데 말이다. 사실 프락시텔레스가 조각한 작품은 단 두 점만이 알려져 있다. 그나마도 진품 여부에 대한 의견이 분분한 가운데. 그리고 이것들 둘 다 영국에 있지 않다. 아마 이 프락시텔레스를 산 사람은 죽을 때까지도 자기가 값을 매길 수 없을 만큼 귀중한 보물을 입수했다고 생각하며 무덤으로 들어갔을 것이다. 그러나 이 작품은 18세기에 로마에서 제작된 위조품이며 그리 훌륭하지도 않다.

위조품 가운데도 로맨틱한 뒷이야기를 간직한 것이 있는데, 이번 것은 페이디아스의 작품으로 명명된, 역시 두상이다. 이 작품을 산 이는 악셀 문테Axel Munthe라는 사람으로, 산미켈리에 있는 그의 저택에는 지금도 이 작품이 있다. 악셀 문테는 이 저택과 이곳에서 그가 환대했던 손님들에 관한 가십거리 수준의 베스트셀러를 썼는데, 그래서인지 해마다 봄여름이면 수천 명의 사람들이 이곳에 와서 오래전에 죽은 주인의 유지에 따라 벨벳으로 덮여 있는 이 작품을 주의 깊게 바라본다. 하루에도 십여 차례나 안내원이 자못 경건한 태도로 벨벳을 벗기면 보물이 모습을 드러내면서 마치 문테가 생전에 그랬던 것처럼 감동적인 울림이 일어나는 것이다. 그는 늘 이 두상이 앞바다 깊숙한 곳에서 건져올린 것이라고 주장했다. 물론 잘못된 이야기지만 적어도 펫워스의 위조품보다는 훨씬 나은 측면이 있다.

나는 운좋게도 이 작품에 대해 에드몬도 세리오와 토론할 기회가 있었다. 세리오는 문데의 친구이자 카프리의 왕으로 알려진 사람으로, 이 섬 출신 중 가장 걸출한 인물로 꼽힌다. 그는 문데에 관한 흥미로운 이야기를 무궁무진하게 알고 있었다. 나는 문제의 두상이, 한 세기가 넘도록 로마 예술품 거래의 중심 역할을 하는 바뷔노 거리가 아닌 다른 곳에서 건져올려졌을 리가 없다고 생각한다. 물론 거래되는 예술품은 대개가 가짜다. "내 사랑하는 친구 악셀이 그걸 산 곳이 바로 거깁니다"라고 카프리의 왕이 내 믿음을 확인해 주었다.

그러나 로마 위조꾼의 조각칼에서 탄생한 작품 중 최고의 아름다움을 자랑하는 견본은 정작 로마 안에 있다. 로마에서도 가장 중요한 박물관을 꼽을 때 선두에 속하는 팔라초 베네치아 안에 있는 이 작품은, 고전적이라기보다는 후기의 위조작에 속하여 오히려 영국인들의 기호가 고딕으로 되돌아갈 무렵의 스타일을 보여준다. 이름을 알 수 없는 교황의 매우 사랑스러운 두상으로, 부드럽게 기울인 얼굴의 온화한 눈길이 돋보이며, 라벨은 붙어 있지 않다. 안내책자의 문구는 솔직하지만 가격은 엄청 비싸다. 이처럼 위조품들은 매년 셀 수 없는 찬미자들을 끌어모은다. 그리고 그들 찬미자들은 위조꾼들에게는 분명 기쁨일 수밖에 없다.

걸작 모조품이여, 영원하라

골동품 제조업자들은 어떤 사람들이었을까? 그저 자신의 재능에 대한 확신이 없으며, 나서기를 싫어하고, 돈을 좋아하는 수수한 사람들이라고 생각할 수도 있다. 그러나 적어도 놀리컨스는 전혀 그렇지 않았다.

호주머니를 충분히 채운 후 영국으로 돌아간 그는, 이제 귀족 사회에서 스스로를 복원가로서뿐만 아니라 순수 예술가로 소개했다. 그의 귀향 시기는 아주 적절했던 것이, 당시는 외국인들이 대거 들어오면서 매우 혼잡한 양상을 보인 시대였기 때문이다. 이민자들 중에는 너무 일을 못해서 이탈리아 스튜디오에서 쫓겨난 사람들이 꽤 있었다. 펫워스에서 가장 눈길을 끄는 작품은, 한 이탈리아인이 제작한 거대한 프레스코화와 더불어 진열되어 있는데 어찌나 볼품이 없는지 보는 이마다 그곳의 계단을 오르내렸던 이들의 기호를 의심할 지경이었다.

그렇다고 귀족들 모두가 예술에 무지한 것은 아니었다. 벌링턴 경은 건축가이자 상당한 식견을 가진 수집가이기도 했다. 놀리컨스의 부재 기간 동안(10년 정도) 로열아카데미가 설립되었고, 벌링턴 경의 저택 중 하나가 아카데미 건물로 쓰이고 있었다. 몇몇 예술가들이 이 탈리아에서 쫓겨나 아무리 형편없이 작품을 만들어도 실력을 알아볼 사람이 없는 영국으로나 가보라는 말을 듣던 것은 옛일이 되었고, 상황이 역전되어 오히려 영국에서 쫓겨나 이탈리아로 돌아가라는 말이 생겨났다.

조반니 바티스타 구엘피(?~1734년)가 바로 그런 경우에 속했다. 벌링턴 경은 사비를 들여 그를 영국으로 불러왔는데, 기록에 따르면 1734년에 그를 감사히 본국으로 돌려보냈다고 되어 있다. 지금껏 남아 있는 그의 둔하고 생기 없는 작품을 보면 이유를 짐작하기가 어렵지 않다. 당대의 전기작가가 쓴 글에도 이에 관한 부분이 보인다.

"말이 느리고, 상당히 고집스러우며, 어느 이탈리아인의 생각처럼 이 나라에서는 기법 면에서 그에 필적할 사람이 없다. 그럼에도 불구하고 그의 작품은 모두가 영감과 우아함의 결여라고 하는 단점을 쉽사리 드러낸다. 이 때문에 벌링턴 경이 망설임 없이 그를 내친 것으로 생각된다."

놀리컨스는 양손으로 기회를 붙잡았다. 남들 앞에 예술가라며 나서려면 일단은 로마 출신이어야 했지만 앞서 이야기했듯이, 이탈리아인이라고 해서 다 훌륭한 예술가는 아니었다. 어쨌든 놀리컨스는 어떤 면으로는 로마 출신이기도 했거니와 기량 또한 아주 뛰어났다. 당시에는 로마 원로원 의원과 가능하면 많이 닮아 보이는 자신의 흉상을 갖는 것이 유행이었다. 그런데 존 불John Bull,[1] 중에서는 매부리코나 눈썹이 솟은 얼굴(로마인의 특징 – 옮긴이)이 흔치 않았다. 반대로 로마인들은 지독한 날씨에 여우 사냥을 즐기는 사람들(영국인의 특징 – 옮긴이)이 아니었다. 게다가 놀리컨스의 초상화 의뢰인들 중에는 그가 십

년 동안 함께 살았던 로마의 골동품 흉상만큼이나 심통 사나운 이들이 많았다. 하지만 그는 기가 막히게 잘 표현해 냈다. 그가 영국 귀족들을 완벽하게 로마인으로 바꿔서 표현하지 않았다면 적어도 이 의뢰인들을 남자 학교의 교장처럼 보이게는 만들었을 것이며, 그래도 마찬가지로 좋은 성과를 거두었을 것이 틀림없다. 흉상 제작이 돈 되는 일이었다는 부분에 대해서는 다음 장에서 다시 이야기하겠다.

놀리컨스의 비즈니스는 대성공이었다. 그는 1771년 새로운 로열아카데미 그룹을 결성했고 이듬해에는 구성원이 모두 찼다. 한마디로 그는 존경받는 인물의 대열에 올라선 것이다.

앞서 나는 계몽운동이 고전 문명의 특성을 조심스럽게 어느 정도 수용할 수밖에 없었던 배경에 대해 이야기했다. 논쟁 속에서 소크라테스는 예수 다음 자리에 랭크될 수 있었지만, 그것은 길고 애매모호한 대화 문장에서 참조부호를 모두 빠뜨리는 것처럼 부자연스러운 것이었다.

어쨌든 계몽사상을 가진 이들도 조각상을 샀다. 벌거벗은 젊은 남자와 청년들이 삽으로 파올려져서 수집가들에게 낚아채였다. 위조품도 이와 똑같은 전철을 밟았으며 역시 환영받았다. 더 많은 유명 오리지널 작품의 복사본들 역시 열렬한 구매 대상이 되었다. 비록 관목 숲 뒤의 땅에 파묻었다가 꺼낸 것들일지라도.

이 복사본 중 하나를 보면 놀리컨스가 마음먹고 제대로 작업을 하

---

1) 스코틀랜드의 의사이자 풍자작가인 J. 아버스넛이 영국 · 프랑스 사이의 전쟁 중지를 제창하여 쓴 정치적 풍자 팸플릿 『존 불의 역사』(1712)에 등장하는 전형적인 영국인 이름에서 나온 말이다. 영국 사람의 정직하고 솔직함, 쾌활하고 호담(豪膽)함, 날씨에 좌우되는 변덕스러운 성격을 대표한다. ─옮긴이

면 얼마나 뛰어난 작품을 창조할 수 있는 사람인지를 알 수 있다. 로마의 쌍둥이 신 카스토르와 폴룩스를 표현한 — 혹은 그저 이름없는 두 청년이었을 수도 있겠지만 — 고대의 조각이 그것인데, 두 청년이 벌거벗은 채 천사 같은 얼굴을 하고서 한 쪽이 다른 한 쪽의 어깨를 다정하게 감싸안고 있는 형상을 하고 있다.

원작은 복원된 채로 크리스티나 여왕에게 팔렸고(지금은 마드리드의 프라도 미술관에 있다), 놀리컨스가 이 작품을 베꼈는데 그는 상당히 정직하게 이 작품에 임했다. 말하자면 이 복사품을 원작으로 속여 팔지 않았다는 이야기다. 그도 그럴 것이 일거수일투족을 세상이 다 알도록 떠들썩하게 행동하는 크리스티나가 이 작품의 원본을 소장하고 있다는 것은 이미 잘 알려져 있었기 때문이다.

놀리컨스의 복사품은 그야말로 나무랄 데 없는 조각품의 최고봉을 보여준다. 그가 왜 당대의 애호가들 사이에서 그처럼 높은 명성을 누렸는지 충분히 이해할 수 있다. 놀리컨스도 자신이, 겉핥기 식이긴 해도 천재적 재능의 소유자라는 사실을 알고 있었다. 그는 10년이라는 시간을 투자하여 '영원의 도시' 로마에서 고대의 조각을 공부했으며, 원작을 치밀하게 베끼는 일보다 더 효과적인 학습은 없다는 사실을 잘 알고 있었다. 이렇게 하여 체득한 지식은 그에게 자부심을 심어주었고, 심지어는 거만하게까지 만들었다. 다소 설득력은 떨어지지만 대중에게 인기가 있었던 조각가 플랙스먼(1755~1826)이 놀리컨스에 대해 험담하는 글을 쓴 적이 있는데, 다음은 놀리컨스가 그 글에 강하게 맞받아친 글이다.

나는 그를 좋아하지 않는다. …… 그는 늘 골동품이 지닌 선의 단순성에 대해 이야기한다. 그는 한 번도 로마에 가본 일이 없지 않은가. 그는 알프스를 넘어본 적도 없고, 베수비오 산의 꼭대기에 서 본 일도 없다. 내가 그 산의 구름 속에서 손을 씻을 때 말이다. 그런 그가 도대체 무엇을 알 수 있다는 말인가?

맞는 말이다. 플랙스먼의 선은 정숙한 여인에게서 느껴지는 무미건조함과 단순함이었다. 그리고 그는 로마에 가본 적이 한 번도 없었다. 또한 조각품을 위조하여 영국 귀족들에게 판 일도 없었다. 따라서 놀리컨스가 제작한 두 소년 연인들의 복사품처럼, 제한된 시장에 완벽하게 맞아떨어지는 무엇을 만들어보지도 못했다. 오늘날 이 작품은 런던의 빅토리아 앤드 앨버트 박물관에 소장되어 있으며, 누가 뭐라 해도 걸작임에는 틀림없다. 다만 나는 빅토리아와 앨버트 두 사람이 모두 이 작품을 본 일이 없었기를 바란다.

9

후원금의 탄생

작품료의 수직 상승

영국은 날로 번성해 갔다. 교역이 너무도 빠르게 증대된 나머지 "사업가들의 벼락 경기 나라"라는 영예로운 이름을 얻었을 정도이다. 이는 사업가들이 한꺼번에 망해버린 '금융 사고' 남해포말사건 The South Sea Bubble[1]을 가리키는 말이다. 이름에서 느껴지듯 남해포말사건은 남아메리카처럼 낯선 지역과의 무역을 걸고 주식을 발생시킨 위험한 도박이었다. 1929년 월가의 몰락처럼 상황이 나쁜 것은 아니었지만, 나라를 한바탕 떠들썩하게 한 사건이었다.

이 일로 영국은 군주의 손에서 주도권을 빼앗아 정치가의 손에 넘겨주게 된다. 바로 영국 최초의 수상 로버트 월폴 경Sir Robert Walpole이 그 장본인이다. 그는 돈을 잘 아는 사람이었고, 영국 역사상 가장 부패한 행정부를 이끈 인물이기도 하다. 그러나 그는 해외에서는 가능한 한 평화를 유지하는 정책을 폈고, 이는 무역에 대단한 도움이 되었다. 그런 식으로 영국은 지구의 사분의 삼을 소유하는, 예정된 길을

---

1) 18세기 초 영국 남해회사의 주가를 둘러싼 투기사건. 에스파냐령 식민지와 노예 무역을 할 권리를 얻은 영국이 주가를 올렸으나 내용이 부실한 것으로 판명되어 주가가 폭락함. ─옮긴이

잘 걸어가고 있었다.

한편 프랑스에서는 여러 분야에 걸쳐 두루 탁월한 능력을 겸비한 인물이 등장했다. 그는 월폴과는 반대로 악착같이 돈을 모으는 행위를 철저히 경멸했는데, 이는 오늘날 많은 사람들이 돈에 대해 보이는 태도와도 흡사하며, 특히 교양과 미적 감각을 지닌 이들에게서 두드러지는 경향이다. 이 프랑스인, 나폴레옹 보나파르트는 영국을 "가게 주인의 나라nation of shopkeepers"라고 불렀다.

영국은 나중에 나폴레옹과 엄청난 악전고투를 벌이고 전쟁 경비를 꽤나 쓴 후, 이 프랑스인을 세인트헬레나 섬으로 유배를 보냈는데, 그곳이야말로 상점이 너무 없어서 은퇴한 나폴레옹이 평소 바라던 대로 갈등 없이 마음의 평정을 찾기에는 그만인 곳이었다. 프랑스와의 작전을 수행하는 과정에서 영국은 넬슨 같은 영웅을 탄생시키기도 했다. 그런데 그 역시 영국인답게 돈의 중요성을 한시도 잊지 않는 인물이어서 기사 작위를 받을 때 보검sword of honor에 대한 지불을 대놓고 거절했다는 이야기가 있다.

예술가들은, 경기가 좋을 때 늘 그렇듯 재정을 잘 운용해 나갔다. 물론 그들이 예술적으로도 잘해 나가고 있었는지는 별도의 논쟁을 통해 풀어야 할 문제이다. 어쨌든 프랑스를 차지하기 위해 벌인 대규모 전투는 일단의 제독과 장군, 사령관들을 배출해 냈으며, 이들의 묘지는 인기 있는 조각품들로 치장되느라 한층 무거운 짐을 져야 했다. 영국 국회의사당 주변을 걸어본 사람이라면 영국의 군주들이 세상에서 가장 큰 키치kitsch(저속한 작품들) 컬렉션 한가운데서 왕관을 썼음을 알 수 있을 것이다.

그러나 오늘날 예술을 공부하는 학생들이라면 한 조각가와 영국인들의 금전 감각에 고마움을 표해야 한다. 프랜시스 레가트 챈트리 경 (1781~1841)이 자비를 들여 처음으로 후원금이란 것을 만들었기 때문이다.

로열아카데미에는 미켈란젤로의 성모자聖母子 톤도tondo(돋을새김의 원형圓形 그림 - 옮긴이)가 있다. 많은 예술가들이 찬양해 마지않는 작품이다. 그러나 이곳에는 회원들만의, 일반에게 공개되지 않는 또다른 소장품이 있다. 바로 챈트리의 회계원장인데, 상인 특유의 꼼꼼함으로 평생을 소중히 써 내려간 것으로, 마땅히 경의를 표해야 할 유품이라 할 수 있다. 인종과 국가를 막론하고 수천 명의 예술가들이 낙담하여 중도에 포기했던 것과 달리 그는 한 번도 펜을 놓지 않고 원장을 완성했다.

챈트리는 명성과 부가 쌓이다 못해 넘칠 지경이 된 예술가이지만 의외로 드라마틱한 것과는 거리가 먼 인물이었다. 말이 얼마나 간결했던지 과묵하기로 이름난 미국 대통령 캘빈 쿨리지도 울고 갈 정도였으며, 명성이 정점이 이른 어느 날, 끝도 없이 많은 바티칸의 갤러리를 둘러보는 그 긴 시간 동안 한 마디도 하지 않았다고 한다.

그는 셰필드 근교의 한 마을에서 태어났으며(1781년 4월 7일), 매우 가난했다. 열두 살 때 목수였던 아버지가 죽자, 어린 챈트리는 식료품상에서 심부름을 해주면서 그럭저럭 생계를 이어나갔다. 심부름 일에 꾀가 나면 그는 목각사木刻師 로버트 램지의 상점을 기웃거리곤 했다. 램지의 상점은 그림뿐 아니라 조각상도 취급했는데, 그 중 석고 흉상이 특히 이 어린 소년의 마음을 사로잡았다. 결국 그는 직업을 바꿔 로버트 램지의 견습생이 되었으며 최대한 겸손한 자세로 그림을 닦고 손질했다. 견습 계약을 깨면 50파운드를 물어내는 조건이었다. 여기서 그는 드로잉과 채색을 배우기 시작했다.

혼한 스토리대로라면 이제부터는 램지가 소년의 재능을 알아보고 크게 성장할 수 있도록 도와준다는 얘기가 나와야 할 테지만, 셰필드는 상업주의의 영국이지 르네상스를 일으킨 이탈리아가 아니었다. 오히려 램지는 신경질적으로 챈트리를 시기했고 둘 사이에는 마찰이 이어졌다. 램지 입장에서 챈트리는 시골뜨기에 불과했다. 사실 마을의 학교에서 읽기, 쓰기, 셈을 배운 것이 챈트리가 받은 교육의 전부였다. 교육의 부족함은 평생 그를 괴롭혔다. 게다가 그는 루벤스나 베르니니 같은 재능을 타고난 것도 아니었다. 램지의 시기심으로 결국 내쫓김을 당한 챈트리는 변변치 못한 월급에서 모은 약간의 돈으로 상점 옆에다 작은 방 하나를 세내어 작업에 몰두했다. 그는 초상화가가 되고자 했다. 이 무렵 여전히 견습 계약에 얽매인 그를 도와줌으로써 성공의 기반을 마련해 준 것은 친구들이었다. 각자 돈을 갹출해서 피같은 돈 50파운드를 램지에게 주었던 것이다.

자, 여기서 우리는 또다시 50파운드의 실질 가치를 따져보는 어려운 문제 하나를 짚고 넘어가야 한다. 그러나 당시의 은화 50파운드를 현대의 가치로 환산해 보는 것은 별 의미가 없다. 유명한 격언 중에 어떤 사람은 연간 40파운드로도 부자가 될 수 있는가 하면 3만 파운드의 수입을 올리면서도 스스로를 부자가 아니라고 생각한다는 말이 있듯이. 그런데 예술 세계의 금전 가치에는 또다른 기준이 있다. 각종 기관에서 주는 상금이 그것이다. 상금은 대개 금액 면에서는 그리 대단치 않지만 어느 면으로 생각해 보면 결코 작은 가치로 치부될 만한 돈도 아니다. 당시 '소사이어티 오브 아츠'에서도 상금을 주었다. 역시 영국의 조각가였던 토머스 뱅크스에게 수여되었던 상금 명세를 한

번 훑어보자.

> 1763년 포틀랜드석에 얕은 돋을새김을 한 작품 : 31파운드
> 1765년 대리석에 역시 얕은 돋을새김을 한 작품 : 26파운드
> 1766년 같은 소재의 또다른 작품 : 10파운드
> 1769년 점토 모형 한 점 : 21파운드
> 1769년 장식 가구의 디자인 한 점 : 21파운드

첫번째 수상이 스물여덟 살 때였으니 뱅크스는 상당히 일찍 성공한 사람이었을 것이고, 명세에서 보이듯이 작품별 평균 상금은 20파운드 정도이다. 그렇다면 20파운드의 금화로 한 사람의 젊은 작가를 행복하고 자랑스럽게 만들며, 또한 재료를 사고 시간을 벌 수도 있었으니 꽤 괜찮았다는 이야기다.

이제 챈트리의 회계원장을 자세히 살펴보자. 그는 뱅크스보다도 훨씬 이른 시기에 인정을 받기 시작했다. 스물한 살에 이미 로열아카데미에서 수업을 쌓았으며 2년 후에는 그림을 전시하기에 이르렀다. 그러나 그림보다 대리석 흉상이 인기를 끌던 시절이어서 그 기술을 마스터하는 데 일 년의 시간을 투자하기도 했다. 그는 상당한 재력가 여인을 만나 결혼하게 되는데 이 또한 그의 순조로운 출발을 도왔다. 스물일곱 살쯤에 이미 그는 존 브라운 박사의 흉상 비용으로 100파운드를 요구할 만한 위치로 성장했고, 실제로 그 돈을 받았다고 회계원장에 기록되어 있는데, 이는 5건의 상금을 한 번에 타는 셈이었다.

그때부터 그는 뒤는 돌아보지 않았다. 1813년에 그는 흉상 한 개당 가격을 100파운드에서 150파운드까지 올려놓았다. 뿐만 아니라 은화로 돈을 지불할 경우에는 1파운드마다 1실링(금화 1파운드의 5분의 1)

씩을 추가로 내게 했는데, 이는 예술가도 기니로 대가를 받는, 말하자면 젠틀맨의 대우를 받는 시대가 되었다는 상징이었다. 기니는 파운드보다 약간 더 가치가 있는 금화였다. 변호사와 의사들이 기니 단위로 지불을 받았는데(또한 경마에 돈을 걸 때도 기니를 썼다), 이는 그들이 단지 기능공이 아님을 나타내는 것이었다. 기니는 챈트리의 금고에 돈이 쌓이기 시작할 때쯤 발행이 중단되었지만 2차 세계대전 직후까지는 특진 의사 및 외과 전문의 그리고 시대를 풍미하는 초상화가들이 여전히 청구서를 기니 단위로 기재해 보냈고, 환자나 초상화를 의뢰한 사람들은 이를 맞는 액수의 현금으로 마련하기 위해 고심해야 했다.

챈트리는 금전적으로 두 가지 의미 있는 일을 함으로써 그의 명성을 확고히 했다. 한 가지는 서른일곱에 로열아카데미의 종신 회원이 된 일이다. 이 사건이 왜 중요한가 하면 작품료의 인상과 직결되는 문제였기 때문이다. 1822년에 그는 작품료를 150기니에서 200기니로 끌어올렸다. 영국을 조롱했던 나폴레옹은 일 년 전에 죽었고, 한동안은 그의 반신상 따위를 만들 사람은 없을 것이었다. 그러나 승리한 영국으로서는 누구나 단단한 대리석으로 두상 하나쯤 만들어 친구들에게 보여주는 것이 아무런 흉 될 일이 아니었다. 그것은 사회적으로 어느 정도 위치에 올랐다는 의미였다.

그런 분위기 속에서, 어느 날 국왕 조지 4세가 챈트리에게 흉상 제작을 의뢰했다. 챈트리는 당연히 그 일을 맡아 완성품을 바쳤다. 조지 4세는 "가게주인들의 나라"라는 명성을 얻은 나라의 군주답게 작품료를 물어보았고, 챈트리는 대리석 가격을 포함해서 300기니라고 대답했다. 사실 조지 4세는 정말로 좋아할 수 없는 모습을 하고 있었다.

축 늘어진 목살에, 온몸에 기름이 번드르르한 살찐 인물이었다. 그런데 챈트리의 작품에 표현된 이 군주는 그야말로 이상적인 모습이었다. 아니, 그래야만 했다. 만약 사실대로 작품을 제작했다면 그는 십중팔구 런던 탑 안에 갇히는 신세가 되었을 것이다. 작품을 보자 왕은 꽤 마음에 들었던지 챈트리에게 300기니 외에 50기니를 더 얹어주었다.

왕가의 후함에 대해 이야기하자면 대영제국 형성 초기에 조금 먼 속국에서 이루어진 그의 작품 활동을 이야기하지 않을 수 없다. 당시 저 멀리 인도 캘커타에서는 헤버Heber 주교가 힌두교도들을 개종시키는 한편, 이미 속이 부대낄 만큼 돈을 소유한 백인 신도들의 탐욕을 자제시키는 일에 최선을 다하고 있었다. 그가 죽었을 때 챈트리는 헤버를 위한 기념물을 만들어달라는 청을 받고 일을 시작했다. 기념물은 이 훌륭한 주교가 무릎을 꿇고 있는 모습으로 표현되었다. 그 자세가 개인적인 헌신에서인지, 영국의 동인도회사가 인도에 저지른 죄를 신께 용서받고자 했던 것인지는 분명치 않지만. 어쨌든 이 작품에 대해 주교 관구에서 치른 비용이 2,000파운드 조금 못 미치는 액수였다면 더 말할 필요가 없을 것이다.

이런 금액은 어떻게 하여 책정된 것일까? 1776년에 스코틀랜드 사람 애덤 스미스는 저 유명한 『국부론』을 펴냈다. 이 책은 베이컨 한 근의 가격에서부터 주교의 대리석상에 이르기까지 만물의 가격이 형성되는 배경을 다루고 있다. 그 배경이란 시장의 자유 교환, 공급과 수요의 과정이다. 스미스에 의하면 이는 영국이(스코틀랜드도 포함해서) 이미 하고 있는 것이었고, 더 개선될 수도 없거니와 그래서도 안 되는 일종의 조정 과정이었다. 유럽과 미국의 경제학자들은 지금도 여전히 스미스를 옹호하거나 그 반대의 입장에 서서 서로 얼굴을 붉히고 있다.

그러나 이런 논쟁에서 굳이 어느 입장을 취하자는 것은 아니지만, 적어도 흉상의 가격이 움직이는 한계를 정하는 부분에서는 수요와 공급의 자유시장 원칙에 더하여, 약간의 인위적인 조장이 필요했었으리라는 것은 짐작할 수 있다. 그 역할은 로열아카데미가 맡았다. 유럽 대륙의 유사한 기관과 마찬가지로 로열아카데미 또한 숱한 예술가들 중에서 최고 위치의 사람들이 선호하는 작품을 만드는 이들을 선택했다. 이들이 말하자면 준회원인 셈이었다. 그런 다음 이들 중에서 지속적으로 좋은 작품을 양산하는 사람들만을 추려서 온전한 예술원 종신 회원들로 삼았다.

일단 종신회원이 되면 그림이나 조각을 그만두고 술만 마신다 해도 로열아카데미는 이들을 이해하고 예술원 회원, 즉 'RA' 로서의 모든 자격을 유지해 주었다. 그런 식으로 'RA' 두 글자는 해당 예술가의 이전 작품들 혹은 현재의 작품들의 가격을 수직 상승시키는 역할을 했다. 물론 오늘날에는 이런 경향은 줄어들었지만 그건 그만큼 현대가 애덤 스미스의 시대보다도 훨씬 덜 안정됐다는 반증일 수도 있다.

이 과정에서 예술가들은 여러 문제에 대해 깊이 생각해 보게 되었다. 자신들이 어떠한 장애를 무릅쓰고라도 해야 하는 예술이라는 것, 그리고 혁명, 전쟁 혹은 그보다 더 나쁜 것들에 대해. 뿐만 아니라 전쟁과 마찬가지로 예술적인 창조력의 근간이 되는 또다른 존재, 돈에 대해서도.

가난한 예술가는(챈트리가 어린 시절 더할 수 없이 가난했던 것처럼) 어디에선가 돈을 구해야 한다. 아니면 고행자가 되거나, 그도 아니면 아예 밥을 먹지 않고 사는 법을 배우거나 택일해야만 한다. 그렇지 않으면 돈과 결혼하는 방법도 있다(챈트리의 경우가 이 예에 속한다). 그러나 돈과 결혼하는 것은, 곡예단이 머물고 간 자리에 자손들이 마구 생겨나는 것처럼 상당한 문제들을 초래하는 것이기도 하다.

자, 이제 챈트리가 어떤 식으로 그 많은 돈을 분배했으며, 그럼으로써 미술사에 어떤 영향을 미쳤는지 알아보자.

챈트리의 기품 있는 재산 분배

챈트리는 온갖 부와 영광을 누린 후 편안한 죽음을 맞이했다. 1840년 12월 31일, 60세의 나이로 숨을 거두었는데, 그 전날 남긴 유언이 있다. 그의 첫번째 유언은 매우 감동적이다. 매년 50파운드씩을 노톤(그가 태어났던 교구임)의 가난한 소년들을 교육하는 데 보내라는 유언이었다. 50파운드가 많은 돈은 아니지만 적어도 노톤의 아이들 중 몇몇은, 평생 배움의 부족함 때문에 괴로워했던 챈트리처럼 살지 않아도 되는 것이다.

또한 연간 100파운드씩은 "내 묘지가 존속하는 한"이라는 조건을 붙여서 노톤의 교구 목사에게 보내게 했다. 영국의 스테이틀리 홈들은 지금 대부분의 경우 문화보호협회, 즉 내셔널트러스트가 유지 관리하고 있는데 이 단체의 초기 형태가 바로 독창적인 챈트리의 100파운드 기금인 셈이다. 미래 어느 시대에 어떤 복원가가 나서서, "어느 놈의 것인지도 모르는 저 묘지를 없애버리고 공작 부인을 기리는 스테인드글래스 창문을 만들자"고 한다면 그 교구 목사는 연간 100파운드를 고스란히 잃게 된다. 참 현명하고도 기품 있는 조건이 아닐 수 없다.

다음으로 그는 아내에게도 유산을 남겼다. 남은 돈으로 더 할 일도 없었으니. 거기에도 단서가 붙었다. 만일 아내가 죽거나 재혼을 하면 그해의 정월 초하루까지만 유산이 유효하다는 것이었다. 그 자신은 아내의 결혼 지참금을 자본으로 삼아 성공했지만, 아내가 자신이 남긴 유산을 재혼 상대에게 줄 수 없도록 원천 봉쇄를 한 셈이다. 어쩌면 그는 자신이 묘에 묻히면 아내가 평생 조각칼이나 그림붓 같은 것은 한번도 만져보지 못했을 다른 남자의 팔에 안길 것이라고 지레짐작을 한 것이었을까? 그런데 실제로 그런 일이 일어났다고 하니 챈트리의 재산은 최소한 예술도 모르는 낯선 남자에게 넘어가지는 않았던 것이다.

그의 아내에 대한 묘한 유언 다음에는 그가 생전에 품었던 바람이 드러나는 유언이 나온다. 로열아카데미는 급속히 확장돼 가는 영국의 예술 세계에 모종의 취미나 안목, 질서를 부여해 줄 수 있는 유일한 기관이었다. 따라서 이곳의 원장은 반드시 활동하는 예술가여야 했고, 대신에 나이가 좀 지긋한 사람이 여러모로 안정감이 있을 것이라 생각했다. 유언에 따라 일단 원장으로 선출된 사람에게는 챈트리의 유산에서 "절대적으로 그 자신의 재량에 따라 스스로를 위해 사용할 수 있는" 300파운드의 연금이 주어졌다.

말하자면 번영가도를 달리는 영국에서 적어도 한 사람은 양모 상인이나 다혈질의 귀족, 심지어 왕실 일가를 찾아다니면서 일감을 얻으려고 딱딱한 대기실 의자에 앉아 모자를 벗어들고 만지작거리는 일 따위는 하지 않아도 되는 것이다. 또한 같은 부류의, 취미삼아 그림 좀 그린다고 하는 고상한 집안의 애송이들을 상대로 입에 발린 칭찬을 하지 않아도 되는 것이다. 그런 식으로 로열아카데미의 원장 자리는 재정적으로 자립을 보장받는 직위가 되었다. 물론 그가 와인이나 여자, 종마 따위에 돈을 낭비하지 않는 경우에 한해서. 그러나 이런 것들이야말로 저항하기 어려운 유혹이 아닐까?

유언장의 다음 조항은 나로서는 좀 이해가 안되는 부분이다. 로열아카데미의 비서에게 연간 50파운드를 지급하되, "비서직에 있는 사람이 내 수탁자들의 회의에 참석하여 그들이 집행하는 자금 사용 과정을 기록하는 것을 전제로"라는 단서가 붙었다. 위에서 인용한 부분은 챈트리의 문서 중 그가 직접 밑줄까지 친 문장인데, 그렇다면 그는 수탁자들을 믿지 못한 것이었을까? 그래서 50파운드라는 연금으로 비서를 정직한 보고인으로 만들려고 했던 것일까? 알 수 없는 일이다.

다음 항목이야말로 챈트리의 이름이 오늘날에도 기억되는 이유가 된, 핵심적인 내용이다. 유서에는 "유산의 잔여분 일체를 원장 및 다른 구성원들로 이루어진 예술 관련 위원회의 재량에 맡긴다. 당분간은 로열아카데미가 그 대상이 될 테지만 같은 성격의 다른 모임이나 협회도 가능하다"고 되어 있다(그러나 그 대상이 아마도 다른 '로열' 즉 왕립의 예술원이 될 일은 없을 것이었다. 프랑스인들은 챈트리가 노톤의 어린 소년이었을 때 이미 자신들의 왕을 참수해 버렸으니까). 유서는 이렇게 이어진다. "위원회에서는 회화와 조각 부문에서 최고의 가치를 지니고 있다고 여겨지는 순수 예술 작품을 스스로의 판단에 의해 구매할 수 있다."

이것이 바로 지금까지 이어지는, 예술 활동을 보조하는 후원금의 탄생 과정이다. 일단 그런 관행이 생기자 이후로도 예술가가 고객 내지 그 부인들의 입맛에 얽매이는 일은 없어졌다. 예술가로서의 명성은 동료 예술가들에 의해 평가되었다. 로열아카데미의 역사를 보면 명백히 재능이 있음에도 불구하고 작품을 팔 수 있는 시장을 마련하지 못한 예술가들의 작품을 구매한 사례를 어렵지 않게 발견할 수 있다. 20세기 초반에 불어닥친 영국 예술의 정체기에, 챈트리의 유언은 통찰력 있는 안목으로 집행되었고, 영국의 예술가는 자주적으로 존재하며 왕가와 귀족, 심지어 더 아래 계층으로 내려가 명사들의 초상화를 그리는 일에서 독립적이라는 관념을 명쾌히 정립했다.

'챈트리 구매'의 대상이 모두 훌륭한 것은 아니었고 때에 따라 불공평하거나 논쟁의 소지가 있는 경우도 물론 있다. 그러나 챈트리가 재산을 옳은 방법으로 쓴 것은 분명하다. 이후 수많은 후원자들의 기부가 대학이나 미술관, 예술학교에 끊임없이 이어지고 있으니 말이다. 돈주머니를 찬 아저씨는 물러나는 순간 그 판단을 알 만한 사람들에게 남겨주는 법이다. 그런데 그 훌륭한 정신을 '알 만한' 사람들이 과연 충실히 따르고 있을까?

내 사랑 그리스 조각상

이제 나는 예술이라는 작은 세계의 싸움, 마치 프로테스탄트와 카톨릭 사이의 다툼만큼이나 생생하고 쓰라렸던 싸움에 대해 다뤄 보려 한다. 때는 바야흐로 반동세력의 득세 시기였다. 마치 반종교개혁의 전야에 서 있던 어느 날처럼.

예술 시장에 큰 변화가 일어나고 있었다. 얼마나 많은 창조적 천재들이 그들 힘으로는 통제 불가능한, 때로는 이해조차 할 수 없는 환경에 의해 영향을 받았던가. 이름없는 미켈란젤로들이나 라파엘로들은 또한 얼마나 숱하게 우리가 알지 못하고 다만 짐작만 할 따름인 신고전주의 운동(18세기 중반에서 19세기 전반까지 유럽을 휩쓴 예술 양식으로, 고대 그리스 로마 양식으로의 복귀 경향을 말한다 – 옮긴이)에 의해 파괴되었던가.

이에 대해 책임 있는 사람들을 찾자고 하면, 그야말로 온갖 기괴함을 다 모아놓은 컬렉션이 탄생한다. 거기에는 스스로를 숨기는 동성애자, 가장 악명 높은(스스로는 만족하는) 세기의 바람쟁이, 치명적인 손상을 입히는 일단의 시끄러운 고고학자들……. 그리고 또 한 사람,

마리 조제페 로제Marie-Joséphe-Rose라는 아름다운 여인이 포함되어 있다. 마리-로제는 이름을 조제핀으로 바꾸었으나 결국 큰 도움이 되지는 못했다. 또한 그녀가 예술가들의 주머니에 쑤셔넣었던 엄청난 돈도 무용지물이기는 마찬가지였다.

요한 요하임 빙켈만(1717~1768. 독일의 미술사가 – 옮긴이)은 '젊고 아름다운 수컷'이라면 광물과 동물을 가리지 않고 열광하는 사람이었다. 그는 그리스 조각상과 잘생긴 베네치아인을 둘 다 무척이나 좋아했는데 후자, 즉 베네치아 청년에 대한 선호는 은밀한 부분이었으나 전자에 대해서는 가히 예술적 취향의 혁명이라고 할 사건을 일으켰다. 그는 이탈리아에서 발굴된 유물을 꼼꼼히 연구하고 그 결과를 『고대 예술사Geschichte der Kunst des Altertums』라는 책으로 펴냈다. 나무랄 데 없이 훌륭한 이 책에서 그는, 르네상스와 베르니니에게 많은 영향을 주었던(앞서 살펴본 바와 같이) 누드 조각상의 장점을 찬양하는 일에 많은 부분을 할애하면서, 예술의 진정한 묘미는 오로지 고대 그리스에서만 찾을 수 있다는 결론을 내리고 있다.

덕분에 유럽에서 교양 있다고 자처하는 사람들은 모두가 그리스 조각에 열정적인 애정을 갖는 분위기가 조성되었다. 그러나 불행히도 활동적이었던 생애 동안 그는 그리스 조각상을 한 번도 보지 못하고 눈을 감았다. 그가 본 모든 조각상들은 하나같이 로마시대의 복사품이었고 그것도 매우 날림으로 만들어진 것이 많았던 것이다. 그의 실수는 또 있었다. 1768년 어느 베네치아인과 함께 어두컴컴한 뒷골목에 간 일이 그것이다. 그곳에서 그는 그 베네치아인의 칼에 맞아 죽임을 당했다. 그가 더할 수 없이 좋아하는 베치치아인으로부터 말이다.

그는 1755년에 폼페이를 방문한 적이 있는데, 그곳에서 큰 충격을 받았다. 도굴 작업이 열기를 한창 띠고 있었다. 집들은 파헤쳐지고, 프레스코화들은 난장판이 되었으며, 조각상들은 아무에게나 팔려나 갔다. 샅샅이 도굴된 집은 옆집에서 나온 흙먼지로 채워졌다. 그리고 지금까지도 그곳은 감춰진 채 남아 있다. 그는 이 사태에 분개했고 왕에게 항변했다. 그러나 나폴리의 왕은 자신의 컬렉션을 만드는 데 몰두하여 오히려 반달리즘(반달 사람의 기질. 예술문화의 고의적 파괴 – 옮긴이)을 조장하고 있었다. 사실 그런 식의 발굴은 반동세력들을 색출하여 세금을 물리는 것보다 더 편한 투자이기도 했으니까. 왕은 빙켈만을 국외로 추방해 버렸다.

같은 시기에 이 왕의 궁정에는 고대 유물에 대한 탐미적인 열정과 분별력을 동시에 소유한 영국 대사가 있었으니, 바로 윌리엄 해밀턴 경이었다. 그도 아름다운 여성을 좋아했지만 유물에 대한 열정에 미치지는 못했다. 그는 그리스 항아리를 대대적으로 컬렉션하는 한편 짬을 내어 에마 라이언이라는 고급 창녀와의 사랑 유희도 즐겼다. 에마는 체셔(영국 서부의 주 – 옮긴이) 지방 대장장이의 딸이었으며, 그녀의 아버지는 나중에 하트로 성이 바뀌었다. 해밀턴 부인이 된 에마는 예술에 대한 특별한 애호는 없었고, 그보다는 선원들을 좋아했다. 그 중에서도 나폴리 항구에 닻을 내린 넬슨(영국의 넬슨 제독을 가리킴 – 옮긴이)을 특히 좋아하여 결국 그와 함께 떠나버렸다. 해밀턴은 이 일에 대단한 충격을 받지는 않았다. 오히려 그로서는 진정한 관심 대상인 예술을 추구할 여유가 더 많이 주어진 셈이었다.

해밀턴은 빙켈만을 나폴리로 다시 불러들였고, 빙켈만은 그의 비호 아래서 재차 폼페이를 방문했다. 그리고 이때 그가 쓴 보고서는 폼페이가 약간이나마 질서를 회복하고 터무니없는 도굴의 폐해를 줄일 수 있게 되는 데 결정적 역할을 했다. 또한 이 보고서는 그가 얼마나 그리스 예술에 대한 열정을 — 지금까지도 인구에 회자되는 대단한 열정을 — 불태웠던가를 생생하게 보여주는 자료로서 남아 있다. 비록 그것들 중 어느 하나도 진정한 그리스 조각이나 프레스코화는 아니었을지라도 말이다.

자, 이제 마리-로제의 이야기로 넘어가 보자. 그녀는 카리브해 연안의 마르티니크섬 출신으로, 후에 프랑스 황제가 된 나폴레옹 보나파르트와 결혼한 조제핀, 바로 그 여인이다. 나폴레옹도, 그와 경쟁 관계에 있던 넬슨도, 여자 문제에 관한 한 불운한 사람들이었다. 넬슨은 창문 아래 모인 군중들이 창녀 출신의 연인 에마에 대해 욕설을 퍼부어 대자 하는 수 없이 영국으로 돌아가야 했고, 나폴레옹은 조제핀과 결국 이혼에 이른다.

일이 그렇게 되기 전까지, 마리-로제는 남편에게 보여주지 못한 사랑을 예술에 쏟았다. 그녀는 폼페이의 프레스코화에 그려진 여인들의 옷차림과 머리모양을 좋아하여 똑같이 하고 다녔다. 때마침 빙켈만이 도굴범들을 자제시킨 효과가 있어, 수천 점의 가정용품은 물론 가구들까지도 온전히 발굴되어 판화 화보에 실렸고, 이 책은 유행을 좇는 사람들에게 불티나게 팔려나갔다.

나폴레옹도 스타일이란 것이 필요했다. 그는 손쉬운 선택으로 조제핀의 취향을 따랐고, 이로 인해 가구와 장식에서의 '제1제정기(나폴레옹이 이룩한 제국. 1804년 5월부터 1814년 3월까지 10년간 전 유럽이 그의 발아래 굴복한 기간을 말한다 – 옮긴이)'가 탄생했다. 바야흐로 신고전주의의 절정기가 열린 것이다.

빙켈만에 의해 성공가도를 달린 한 젊은이가 있었으니, 이탈리아

트레비소에서 버터로 사자 조각상을 제작하는 등 다양한 작품을 선보이면서 세간의 이목을 끌기 시작했다. 이 청년, 안토니오 카노바(1757~1822)는 로마로 진출하자마자 곧바로 후원자를 만나게 된다. 그의 후원자는 예술과 돈에 대해 두루 일가견이 있는 사람으로, 돈을 많이 벌고 싶다면 빙켈만을 좇아 신고전주의자가 되라고 충고해 주었다.

빙켈만이 선호한 조각상들은 모두 매끈한 흰색 작품들이었다. 로마의 모사품 제작자들이 시장의 수요에 맞추기 위해 대량 제작을 하느라 놓친 것이 바로 그리스 원본이 지닌 이런 섬세함이었다. 이를 눈여겨본 카노바는 카라라의 채석장에서 갓 캐낸 대리석을 사용하여 알맞게 매끈한 하얀 조각상들을 제작했는데, 그 촉감이 고드름처럼 매끈하고 차가웠다. 그의 작품들은 이내 대단한 인기를 모았고 그는 성공가도를 걸었다.

그의 작품 두 점은 예술 시장이 한 재능 있는 젊은이에게 어떤 영향을 끼칠 수 있는지를 단적으로 보여주는 사례로 꼽히는데, 보는 이에 따라서는 코믹하게도, 한편으로는 슬프게도 느껴질 수 있다. 원래 카노바의 타고난 스타일은 자유로움과 여유로움, 그리고 무엇보다도 따뜻함이었다. 성 루크 아카데미(로마 소재)에 뽑혔던 그의 초기 자화상은 이런 그의 스타일이 잘 드러난 작품이다.

반대의 사례는 그가 나폴레옹 영광의 시절에 만든 이 황제의 동상이다. 이 동상은 규모도 거대하다. 신고전주의자들에 따르면, 수많은 그리스 조각상들이 소위 '영웅적 나체상'이라는 형태로 벌거벗은 이유는 그리스인들이 위대한 용기에 보내는 찬사였다고 하는데, 똑같은 이유로 마렝고와 아우스테를리츠 전투의 승리자인 나폴레옹의 조상 역시 실오라기 하나 걸치지 않은 나체로 서 있다. 이 조각상은 지금 런던의 앱슬리 하우스, 즉 나폴레옹을 정복한 웰링턴에게 국가가 하사한 관저에 소장돼 있는데, 크기 때문에 중앙 계단의 뚫린 공간에 놓여 있어 계단을 오르내리는 방문객들은 벗은 나폴레옹을 일 인치도 놓치지 않고 꼼꼼히 감상할 수 있다. 그의 성기 역시 크기 면에서 고전적인 영웅성을 따르고 있어서, 다시 말하자면 비자연적으로 작게 표현되어 있는데, 이 또한 신고전주의자들이 열렬히 신봉했던 그리스와 로마 식의 비율에 따른 것이다.

앞서 나온 크리스티나 여왕 외에도 로마의 망명 군주들 가운데는 한때 영국을 통치한 가문인 스튜어트 가 사람들이 있었다. 이들 또한 카톨릭 신도였지만 환영받지 못한다는 점에서는 똑같았다(당시 교황은 이 가문의 사람 하나가 올 것이라는 기별을 듣고 이렇게 말했다고 한다. "그래. 그런데 왜 하필 여기란 말인가?"). 어쨌거나 성 베드로 성당에는 작지만 우아한 이 가문의 기념물이 있다. 카노바가 제작한 고부조高浮彫(높은 돋을새김 – 옮긴이)의 천사 조각상 두 점이 그것인데, 실물 크기로 갓 청년기에 들어선 두 사람을 매우 고전적으로 표현하고 있으며, 크리스티나 여왕이 너무 좋아하여 사 갔고, 놀리컨스가 모조품을 제작한 바로 그 작품이다. 이 조각상의 아름다운 엉덩이 부분은 손을 쭉 뻗으면 방문객 누구라도 만질 수 있는 위치에 있는데, 원래 전체가 흰색이었던 이 조각상의 엉덩이 부분은 지금은 숱한 사람들이 만져보는 바람에 때가 타서 갈색으로 변해 있다. 12사도의 묘지에 들러서 죄 사함을 받고서 행복한 기분에 잠긴 수백만의 순례자들이 무수히 토닥거린 애정의 흔적인 셈이다.

승승장구 끝에 바야흐로 명성이 최고조에 이르렀을 즈음, 카노바는 후원자와 빙켈만 그리고 예술품 시장으로 카노바를 이끌었던 이들에 의해 배신감을 맛보게 된다. 엘긴 경이 적당한 뇌물을 써서 파르테논에 남아 있던 대리석을 무더기로 본국인 영국으로 실어간 것이다. 그의 목적이야 당연히 그것들을 팔아보겠다는 심산이었다. 그는 '문화의 향유'를 대중으로 확산시켜 그들의 지갑을 공략하는 기법을 개시했으며, 그 기법이 지금까지도 통하게 만든 장본인이다. 처음에 영국인들은 '오래된 돌무더기'를 사라는 어처구니없는 요구에 화를 냈고 의회의 의원들까지 항의 사태를 벌였지만, 점차 기세가 꺾이더니 결국 문제의 돌 컬렉션은 3만 5,000파운드에 영국 정부에 팔렸다. 3만 5,000파운드라는 돈! 대중이 부담하기에 큰돈은 큰돈이었다.

카노바는 영국에 갔다가 이 대리석들을 보게 되었다. 그는 매우 분개하여 로마로 편지를 써보냈다. 비평가와 후원자들 모두가 짠 듯이 그를 속여왔다는 사실을 알게 된 것이다. 그가 처음으로 본 이 진정한 그리스의 대리석들은(그가 그리스 식이라고 믿고 작업해 왔던 작품과는 달리) 전혀 차갑지 않았을 뿐 아니라 오히려 놀랄 정도로 따뜻했다.

시간이 좀 지나자 비평가들과 예술품 판매상들은 늘 그래 왔듯이 변명거리를 생각해 냈다. 그 온기는 파르테논을 축조할 당시의 대리석에만 국한되어 나타나는 현상이며, 세월이 흐르면서 날씨의 영향으로 노화한 것이라는 설명이었다. 이로써 논란은 잦아들었다. 조각상들은 또다시 고드름처럼 차가운 양상으로 제작되었다.

물론 그들의 변명은 옳지 않다. 비평가는 물론 판매상들 스스로도 무엇이 어떻게 된 것인지조차 몰랐다. 지금도 꾸준히 발견되는 미완성의 조각상을 보면 — 그 중 하나는 채석장에서 쪼다 만 상태로 발견되기도 했다 — 그리스의 조각가들은 드릴을 가지고 대리석을 다듬었다. 표면은 강철 발톱이 달린 끌을 사용해 문질러서 연마한 다음에야 일반적인 끌로 본격적인 조각을 하며, 마지막으로 모래와 오일로 문질러 표면의 매끈한 균질감을 확보하는 것이다. 이를 위해서는 빛을 적절히 쪼이는 일이 중요했다. 그러나 로마의 위조꾼들은 장시간의 공정을 기다릴 새가 없었다. 이것이 그들의 작품이 차가운 이유였다.

현대 예술 상인들의 후함 덕분에 엘긴의 대리석들은 대영박물관에서 그리스의 태양광과 거의 흡사한 인공 조명을 받으며 서 있다. 요즘 이곳을 찾는 방문객들은 드릴 사용의 테크닉도 배워볼 수 있다. 드릴 사용은 말머리 조각을 할 때 최고의 효과를 낸다.

관람객들은 드릴 실습을 하는 동안 장려한 전시실과 조명들이 조세프 D. 두빈Joseph D. Duveen의 기증품이라는 사실을 듣게 된다. 후에 조세프 경Sir Joseph이 된 두빈은 더 시간이 흘러서는 밀뱅크의 두빈 경Lord Duveen of Millbank으로 격상되었으며, 이처럼 현기증 날 정도로 높은 자리에 올라서야 만족한 미소를 띠며 세상을 떠났다(1939). 그가 예술품 시장을 인정사정 없이 쥐락펴락 조작하면서 애처롭게 명성을 좇고 돈을 번 것은 우리가 살펴보아야 할, 예술품으로 돈을 버는 또다른 기법 중 하나이다.

좋은 취미, 좋은 돈

예술가들에 대한 중세 길드 식의 속박은 상당히 오랜 기간 지속되었지만, 이제 예술가들은 자유의 몸이었고 명예와 돈도 얻게 되었다. 그러나 길드의 부활이 은밀하게 모의되고 있었다. 이번에는 예술원이 그 역할을 자처하고 나섰다. 물론 이번의 길드에는 구성원들을 틀어쥐고서 마구 부려먹는 일에 자부심을 느끼는, 거친 마스터는 없었다. 예술원 사람들은, 적어도 그들이 예술원 멤버가 된 이후부터는, 누가 뭐라 해도 철저한 젠틀맨들이었다. 챈트리처럼 그들의 시작은 초라했을 수 있지만, 일단 회원 선출의 영예를 얻게 되면 곧장 최고 사회로의 진입이 보장되었다. 그들을 묶는 끈은 이제 비단으로 만들어져 있었다.

때는 19세기로 접어들었고, 소위 지식인으로 보이고 싶어하는 이들 사이에서는 '좋은 취미' 붐이 일어났다. 좋은 취미란, 증기기관차로 대표되는 고삐 풀린 상업주의 위를 질주하는 유럽 문명이, 자칫하면 빠지기 쉬운 크레바스(빙하 속에 생긴 깊은 균열 – 옮긴이)와 같은 '천박함'을 피하는 일이었다. 다행히 취미는 획득 가능한 일이어서 작가들은 이를 가르치는 일로 '좋은 돈'을 벌었다.

존 러스킨(1819~1900)은 좋은 취미에 대한 아름다운 산문을 대단히 많이 쓴 대표적인 인물이다. 그는 당대의 가장 '천박하지 않은' 인물 중 하나였다. 그는 여성과 자는 문제에 대해서는 입 밖으로 내본 적 없도 없으며, 심지어 아내와도 함께 자지 않았다. 빅토리아 여왕의 남편인 앨버트공 역시 예술에 관한 좋은 취미에 경도된 인물로, 아내에게 이를 가르치기 위해 많은 노력을 했다. 그의 이승에서의 인생은 이 문제에 관한 한 실망으로 점철되어 있었다고 해도 과언이 아니다. 만약 그가 지금 하늘에서 앨버트 메모리얼을 내려다본다면, 천상의 행복이 식어버리는 기분을 느낄 것이다. 그래도 그는 최선을 다했다.

천박함이 그렇듯이 좋은 취미에도 함정이 있다. 예술원 회원들은 바삐 그 함정들을 메웠으며, 유럽 대륙 전역에 걸친 신흥 부자들을 위해 그 길을 윤나게 닦았다. 프랑스 예술원은 심지어 로마에 본부를 두고 젊고 유망한 젊은이들에게 후원금을 주어 좋은 취미 — 당연히 고전적인 것임 — 에 푹 젖어서 돌아올 수 있는 가장 확실한 땅에서 연수를 할 수 있는 장치를 마련하기도 했다. 이 로마상Prix de Rome의 수혜자가 되는 것은 예술가에게 최고의 영예가 되었다.

자크 루이 다비드(1748~1825)는 1774년에 이 상을 수상했다. 그는 자신이 살았던 시대, 즉 프랑스혁명의 시대와 너무 완벽하게 맞아떨어지는 바람에 당시 유행이었던 단두대에 머리를 밀어넣을 뻔하기도 했다(그는 프랑스혁명 당시 자코뱅 당원으로서 혁신 측에 가담하였다가 로베스피에르가 실각하자 투옥된 적이 있다 – 옮긴이). 그러나 그는 살아남아서 나폴레옹의 시대를 온몸으로 환영했다. 그는 매우 근면한 화가였고, 모든 명사들을 최대한 로마인처럼 보이게 그리는 것이 주특기였다. 개중에는 밀랍인형처럼 어색해 보이는 것도 있지만 나폴레옹의 초상화들만은 생생하고 인상적인 부분들을 잘 담아냈다. 다비드는 그 시대의 실제 로마인들의 두상도 많이 그렸는데 로마인들 사이에서는 예술가의 모델 일을 업으로 삼는 사람들이 꽤 늘어나고 있었다. 그런데 로마에는, 지금도 그렇지만 정통 로마인들의 후손만 있는 것은 아니었다. 로마는 한때 코르시카에 점령된 역사가 있으며, 나폴레옹도 코르시카 사람이었다. 이쯤 되면 나폴레옹이 다비드의 초상화를 열렬히 좋아한 이유가 짐작될 것이다. 이처럼 황제의 초상을 그린 일련의 작품들과는 별개로, 다비드에게는 진정한 불멸의 작품이 있다. 그것은 사교계를 주름잡던 한 여인을 그린 「레카미에 부인의 초상」이다. 레카미에 부인은 미모와 지성으로 당대에 큰 인기를 끈 여성으로, 그림의 주인공은 폼페이풍 드레스 차림으로 폼페이풍 소파에 기대 누워 있는 모습으로 표현되어 있다. 섬세하고 부드러운 얼굴 표정과 자세 등이 엄격하고 고요한 신고전주의 양식에 잘 부합되는, 다비드의 대표적인 걸작이다.

그 밖의 몇 가지. 이제 예술계는 예술원에 의해 완전히 장악된 상태였으며, 예술원의 치세는 이 세기가 끝날 때까지 계속되었다. 예술가로 살아나가려면 프랑스에서는 살롱에, 영국에서는 로열아카데미의 전람회에 그림을 걸어야 했다. 신고전주의는 프랑스에서는 쇠퇴일로를 걸었으나 빅토리아조의 영국에서는 여전히 득세하고 있었기 때문에, 로렌스 앨머 태디마 경이 폼페이풍 세팅을 배경으로 그린 로마 여인들의 그림은 굉장한 인기를 누렸다(그리고 매우 비쌌다). 다만 그의 그림 속 여인들은 예의 영웅적인 누드는 아니었고 아주 간단한 옷을 걸치고 있다. 이쯤에서 나는 아카데미즘 미술의 장점이나 단점에 대해서는 더 이상의 언급을 삼가려 한다. 너무 위험한 주제이기 때문이다. 한 예로, 내가 더 젊었을 때는 경매인들이 앨머 태디마 작품을 1차 호가인 50파운드에 팔아치우기도 했는데, 지금은 그의 그림들이 매우 높은 가격에 팔리고 있다. 이슬람계 석유 부호들이 즐겨 찾기 때문이다.

자, 지금부터는 신고전주의에 대한 반동과, 이러한 반작용이 불러일으킨, 그림으로 돈 버는 또다른 방법에 대해 알아보기로 하자.

10

화가들의 전쟁

강경파 세잔, 든든한 아버지 덕분?

그 전쟁은 프랑스예술원과 예술사에 그 이름이 길이 남을 일단의 화가들 사이에 벌어졌다. 진실을 이야기하자면 '화가들이 이겼다'. 그러나 이 승리의 한 구석에는 적에게 붙는, 군인답지 않은 전술이 개입되어 있었다. 물론 그 무엇으로도 이 화가들, 모네, 르누아르, 마네, 세잔의 영광을 손상시킬 수는 없다. 이 장章에서 내가 말하고자 하는 것도 그런 이야기는 아니다. 다만 나는 무슨 일이 일어났는지 아는 것은 예술사에서 의미 있고 흥미로운 일이라고 생각하기 때문이며, 지금은 전투의 화염이 모두 사그라지지 않았는가.

이 이야기는 이미 연구논문이나 소설, 영화로 여러 차례 다루어졌고, 텔레비전에서도 출퇴근 시간 외의 오프피크 시간에 시청률을 올릴 필요가 있을 때면 방영하는 내용이다. 그러나 내게는 그것이 두 명의 매우 보기좋은 이탈리아의 젊은 연인들과 맞물린 기억으로 남아 있다.

내가 그들의 말을 엿듣게 된 것은 런던의 내셔널갤러리에서였다. 그들은 얼른 보기에도 이탈리아에서 신혼여행을 온 부부 같았다. 결혼식 직후에 신랑신부의 여행 의례에서, 박물관이나 미술관, 교회를 거치는 것은 필수 코스처럼 되어 있다. 왜 그래야 하는지는 알 수 없지만 말이다. 대개 신부는 이내 이런 코스에 싫증을 내어 딴청을 부리게 마련이다. 이후로 그들 부부가 미술관을 찾는 일은 결코 없을 테고. 만약 그들이 다시 미술관을 찾는다면 그건 방해받지 않고 신혼 기분을 내고 싶을 때나, 혹은 나중에 남의 말 잘 하는 외국인들이 베네치아에 들르지 않겠다고 할 때 자랑스레 자신들은 미술관에 다 가 보았다고 말하기 위해서일 것이다.

나는 세잔의 「목욕하는 여인들」 앞에서 그들을 만났다. 남자는 여자에게 이탈리아어로 인상파 화가들에 대해 이야기하고 있었다. 그는 상당히 조예가 깊었고 열정적이기까지 했다. 아마도 그것은 그가 아내로부터 "그만 하고 가서 아기 우유나 데워 오라"는 이야기를 듣는 신세가 되기 전에 그런 종류의 이야기를 할 수 있는 마지막 기회일 것이라는 생각이 들었다.

그는 여자에게 어떻게 해서 모네가 이끄는 한 무리의 화가들이 '예술원 회원들은 눈으로 보지 않고도 그림을 그린다'는 결론을 내리게 되었는지를 설명했다. 즉 그 이전에는 소와 소치는 사람의 그림이 필요하면 누군가가 나가서 소와 소 주인을 화가의 작업실로 데려와야만 그림을 그릴 수 있었지만, 인상파 화가들은 — 이 대목에서 그는 정작 인상파 화가들이 이 이름을 좋아하지 않았음을 지적하기도 했다 — 직접 교외로 나가서 이젤을 세워두고 실제 눈으로 본 것을 그렸다는 내용이었다.

예술원 회원들은 분개했다. 그들은 이 화가들의 그림을 살롱에 전시해 주지 않기로 했는데, 그 결정은 아무도 이들의 그림을 사지 않게

266

된다는 뜻이었다. 이들은 가난에 시달리면서도 그림을 계속 그렸다. 대중은 그들을 마구 조롱해 댔고, 한번은 소요가 있다고 하여 그들의 전시회장에 경찰을 불러들이기도 했다.

"그런데" 신랑은 세잔의 그림을 향해 멋지게 손을 뻗어 보이며 말했다. "영국 대중들이 이 작품을 백만 파운드에 샀다는 사실!"

"정말?" 신부가 말했다.

"그럼." 그는 상자 하나를 가리켰다. 국립예술품수집기금National Art Collection Fund이라고 표기된 상자 안에는 실제로 지폐가 담겨 있었다.

신부는 주변의 다른 관람객들을 둘러보았다. 그리고는 생각에 잠긴 듯한 말투로 말했다.

"그래서 당신은 영국 사람들이 대단히 지각 있는 사람들이어서 감동받은 거야?"

이번에는 새 신랑이 물었다. "왜, 당신은 이 그림이 마음에 들지 않아?"

"응." 신부의 대답은 단호했다. "누가 그린 거라고 했지?"

"세잔."

"그 사람, 그림을 잘 못 그려. 내 동생 토니오가 훨씬 더 잘 그리는 걸. 그 아인 아직 열네 살밖에 안 되었는데도 말야."

젊은이는 할 말이 없다는 듯 눈만 깜박거리고 있었다.

그녀가 계속해서 말했다. "그 앤 예술가가 되고 싶어하는데 아버지가 허락하지를 않으셔."

"왜?"

"왜냐하면, 당신이 말한 것처럼 돈을 못 버니까. 당신이 말한 게 그거잖아? 가난 말이야." 신부는 남편의 팔을 잡고 다른 곳으로 갔다.

15분쯤 후, 나는 다시 그들과 마주쳤다. 그들은 앵그르의 유명한 그림 앞에 서 있었다. 그림 속 중년의 여인은 화려한 옷차림으로 보아 부유한 사람임이 분명했고 묘사도 매우 섬세했다.

"바로 저거야." 신부가 말했다. "난 저런 그림이 훌륭하다고 생각해. 누가 그렸어?"

"앵그르." 신랑의 대답은 다소 침울했다. 잠시 후, 아무래도 좀 화가 치미는 듯 그가 한 마디 덧붙였다. "자기는 라벨을 읽지 못하나 보지?"

"잉그레스." 신부는 이탈리아식으로 읽었다. "엽서를 사서 집으로 부쳐야겠어. 기억하고 있어 줘. '잉그레스.' 토니오가 아주 좋아할 거야. 그 애가 엄마를 그렸는데 이 그림하고 아주 비슷했거든. 그래서……"

"토니오 얘기만 계속 할거야?" 신랑이 말했다.

둘 사이에 잠깐의 침묵이 흘렀다.

이윽고 신부가 차분하게 말했다. "토니오도 자기를 좋아하지 않아. 그래도 두 사람, 서로에게 익숙해질 거야." 그녀는 또다시 남편의 팔을 잡고 옆 전시실로 사라졌다.

어리석은 세상에서는 팔리지 않을 혁명적인 걸작을 그려서 빵 부스러기라도 벌어보려는 노력을 하는 가난한 화가의 초상과는 거리가 멀게, 폴 세잔(1839~1906)은 런던의 테이트갤러리에 있는 자화상과 꼭같은 모습을 한 사람이었다. 살이 찌다못해 이중 턱이 늘어진 프랑스의 지방 사람.

그는 엑상프로방스의 성공한 은행가 루이 오귀스트 세잔의 아들로 태어났다. 루이 오귀스트는 수많은 젊은 예술가들이, 자기에게도 그런 아버지가 있었으면 하고 간절히 바랄 만한 아버지였다. 평생 아들에게 돈을 대주었고, 죽을 때에는 유산을 남겨주었다. 그 아들이 실망만 안겨주었음에도 불구하고 말이다. 그의 아버지는 아들이 은행가가 되었으면 하는, 아버지로서의 아주 자연스러운 바람을 지니고 있었다. 세잔이 경제학을 공부할 수 없게 되자(천하의 오귀스트도 아들에게 경제학을 가르칠 교수를 찾지 못했다) 오귀스트는 법을 공부해 보라고 권했다. 그러나 아들은 예술가가 되고 싶어했다.

제대로 예술을 배우려면 아무래도 유일한 미술교육기관이었던 파리의 에콜 드 보자르('순수예술학교'라는 의미)로 가야 했다. 아버지는 학비를 치르고 아들을 그곳으로 보냈다. 이 학교는, 앞서의 새 신부가 눈여겨본 것처럼, 그림 솜씨가 단연 압권이었던 앵그르가 장악하고 있었다. 세잔의 그림 솜씨는, 적어도 안간힘을 쓰는 그를 향해 비웃음의 박장대소를 보냈던 동료 학생들에 따르면, 썩 훌륭하지 못했다. 그러나 아버지는 계속해서 세잔에게 돈을 보내주었다.

물론 대단히 많은 돈은 아니었다. 그러나 남자 혼자서 먹고, 방세 내고, 옷 사 입고, 물감과 캔버스를 사고, 그러고도 남은 돈으로 카페 게르부아(인상파 화가들이 매주 목요일에 모여 토론을 벌였던 곳 – 옮긴이)에 모이는 친구들에게 흑맥주 한 잔쯤은 돌릴 수 있을 만한 돈이었다. 여기서 친구들이란, 연간 살롱 전시 작품을 뽑는 위원회로부터 거부당한 화가들로, 소위 기성체제 또는 주류라고 불리는 이들에게 과감히 도전장을 낸 유쾌한 패거리였다.

그들은 스스로 '독립파 The Independents' 라 이름붙이고는 함께 행동할 것이며 살롱에 출품하지 않겠다고 결의했다. 그것은, 살롱의 출품작

심사위원회가 경솔하고 덜 된, 마구잡이 식의 그림이라고 평한 자신들의 그림을 팔아보려는 생각을 버렸다는 뜻이다. 인상파(지금은 그들을 대개 이렇게 부른다) 중 몇몇은 이런 결정에 다소간 고뇌하기도 했지만 세잔만은 누가 뭐라 해도 강경 일변도로 나가야 한다고 목소리를 높였다. 뒤에 아버지가 버티고 있는 그로서는 그럴 만도 했다. 아들이 실패한 조짐이 역력한데도 계속해서 돈을 보내주는 아버지가 있으니 말이다.

물론 나중에는 아버지와 아들의 다툼이 있기는 했다. 그건 예술 때문도, 세잔의 그림 실력 때문도 아니었다. 세잔이 파리에서 지내기에는 돈이 턱없이 부족하다며 자꾸만 더 많이 부치라고 졸라댄 것이 화근이었다. 이 때문에 아버지는 은행가 특유의 의심을 갖게 되었다. 그는 그 돈이 부족하지 않으리라는 것을 알고 있었다. 아니나 다를까, 아들에게는 함께 사는 여자가 있었다. 그녀, 오르탕스 피케와 세잔은 이미 아들까지 낳고 살림을 차리고 있었다. 아버지의 태도는 완강했다. 그녀와 관계를 유지하고 싶다면 세잔 스스로 가족의 생계를 책임져야 한다고 주장했다.

세잔은 두 가지 진실을 터득하게 되었다. 하나는 현실적으로 아무도 자신의 그림을 사지 않으리라는 사실이었고, 두번째는 한 사람 몫의 돈으로 두 사람이 살기에는 무리라는 사실이었다. 그러니 세 사람은 더 말할 것도 없었다. 세잔은 그 상황에서 용감하게 현실을 헤쳐나갔을까? 오르탕스에게 돈벌이를 시키고 자신은 들판에 나가 그림을 그리는 생활을 시작하고 싶었을까? 그는 그렇게 하지 않았다. 그냥 아버지에게 돌아가기로 결정했다. 그로서는 그림을 포기하기란 너무나 어려운 일이었고, 차라리 연인과 아들을 버리는 편이 더 쉬웠다. 그는 두 모자를 친구에게 부탁하고 엑상프로방스의 집으로 돌아갔다.

아내와 아이를 친구에게 맡긴다는 것은 역사에 남을 만한 매우 특이한 일이 아닐 수 없다. 그러나 이 경우 그 친절하기 그지없는 친구는 바로, 베스트셀러 소설 『목로주점』의 저자 에밀 졸라였다. 졸라는 세잔의 어린 시절 학교 친구였으며, 이들 시대반항적 화가 집단의 열렬한 지지자이기도 했다. 이 두 가지 사실은 졸라의 관대한 성품과 잘 맞아떨어진 경우였다. 어쩌면 그들은 세세한 이야기를 모두 하지는 않았던 것도 같다.

졸라가 예술에 대해 쓴 책을 찬찬히 읽어보면, 그가 그림에 대해 진정으로 깊이 아는 것 같지는 않다는 느낌을 받게 된다. 자신의 명성과 수입이 안전하게 보장되면서부터는 인상파에 대해 상당히 미지근해졌다는 사실마저 느끼게 된다. 그러나 베스트셀러 작가가 늘 그렇듯이 그는 자기 홍보에 예술을 적절히 활용할 줄 알았다. 그는 스스로를, 가공하지 않은 삶을 있는 그대로 대담하게 묘사하는 사실주의 작가로 설정하고자 했는데, 인상파들이야말로 사시사철 밖에 나가 빛의 변화를 사실적으로 그리는 사람들이었으니 그들을 지원하는 것이(또한 그들 중 한 사람의 연인을) 자신의 대중적 이미지에 하등 해될 것이 없었던 것이다.

세잔이 고향 프로방스를 그린 많은 그림은 이제 서구 세계의 주요 갤러리에 빠짐없이 걸려 있다. 그가 남긴 위대한 유산들이, 값을 매길 수 없을 만한 명작들이, 자신의 여인과 아들 폴, 두 사람의 가족을 건사하지 못한 대가라는 사실은 무척 흥미로운 일이다.

어린 폴이 계속 사생아였던 것은 아니다. 이들의 가족사는 해피엔딩이었다. 세잔은 오르탕스와 결혼했고, 아버지는 아들의 생활비를 올려서 부쳐주었으며, 6개월 후 딱 알맞은 시기에 세잔에게 전 재산을 상속하고 세상을 떠났다. 게다가 마침내 세잔은 살롱에 작품을 걸 수 있었다.

모네, 지독한 가난과의 사투

클로드 모네(1840~1926)야말로 '전설적'이라는 표현이 잘 어울리는 화가이다. 모네만큼 꾸준히, 세상이 다 알도록 무일푼으로 지낸 화가는 드물기 때문이다. 아래에 그가 연극에서나 볼 수 있는 간절한 호소가 담긴 편지글들의 일부를 간간이 인용해 놓았는데, 당시의 100프랑이 요즘 돈 50달러에 해당한다는 사실을 염두에 두고 읽어 보기 바란다. 다만 이것은 대강의 척도일 뿐이며, 시대와 상황을 감안해야 할 것이다.[1]

모네는 1840년에 르아브르에서 식료품 상점집 아들로 태어났다. 아버지는 가난하지는 않았지만 부자도 아니었다. 그는 안정된 기반을 지닌 프티부르주아의 일원이었고, 아들은 자기보다 좀더 높은 사회적 지위를 가졌으면 하는 당연한 소망을 지니고 있었다. 그래서 그는 아들에게 오스카라는 세례명까지 받아주었다. 오스카는 좀 괴팍한 아이

---

1) 프로이센-프랑스 전쟁 동안, 그리고 그 직후에 프랑스, 특히 파리는 극심한 인플레이션으로 고통받았다. 식료품 값과 임대료 역시 가파르게 치솟았다. 그러나 한동안의 혼란 상황이 지난 후 모든 것이 진정 국면으로 접어들었고, 인상파 화가들의 말년에는 경제가 한층 안정되었다.

였다. 학교를 빼먹기 일쑤였고, 학습장은 온통 낙서로 가득했으며, 무엇보다 오스카라는 이름을 질색했다. 그 누구도 그가 무엇이 될지 짐작할 수 없었으며, 그가 불멸의 이름을 떨칠 것이 확실해진 말년까지도 그에 대해 제대로 파악하지 못했다. 그는, 심지어 동료 인상파 화가들에게까지 수수께끼 같은 사람이었다.

모네에 대한 이야기를 시작하기 전에, 주제가 주제인지라 간혹 구구절절한 이야기들을 늘어놓지 않을 수 없음에 대해 독자의 양해를 바라면서, 모네의 작품에 대한 내 견해를 밝히기 위해 간략하게나마 몇 줄의 글을 삽입하고자 한다. 작품들에 대해 수년간 연구해 오면서 나는 그가 예술사에서 가장 위대한 화가 중 한 사람이라는 확신을 가지게 되었다. 그가 이룩한 업적은 세잔의 영향으로 빛이 바랜 감이 없지 않다. 세잔은 이론가였다. 그는 "자연을 원통과 각주로 보라"고 했다(예술 선생이 아니었기에 다소 주저하는 태도를 보이기는 했다). 사실 예술가들은 늘 하나의, 혹은 다른 이론으로 세상을 보아왔다. 내 생각이지만 세잔의 이론이 쇠퇴하고 나면 모네의 위대함이 분명히 드러날 것이다. 모네는 세상을 '물감'으로 보았던 것이다.

물론 다른 인상파 화가들처럼 그도 이론을 가져야 한다고 주장했다. 그도 다른 사람들처럼 '사실주의자'였으며, 햇빛과 구름 등등의 다양한 변화 아래에서 진짜 사물을 묘사했다. 이런 발상 자체는 꽤 그럴싸한 아이디어였으므로 나는 한동안 모네를 그런 견지에서 바라보았다. 그런데 더 깊이 들어갈수록 모네는 전혀 '실재'를 그리지 않았다는 사실을 발견했다. 그는 다양한 형태의 빛 아래서 '루앙 대성당'의 유명한 연작 그림을 그렸으며, 유명해진 후에도 또다른 연작을 그렸는데 이번에는 '건초더미'가 그 대상이었다.

그런데 고딕 성당 중에 모네가 그린 루앙의 성당과 닮은 곳은 하나도 없다. 누군가 채색된 블랑망제blanc-manger(우유를 한천으로 굳힌 흰 젤리의 일종 – 옮긴이)를 건물로 만들기 전까지는 아마도 그럴 것이다. 또한 자존심 있는 말이라면 절대로 모네의 건초를 먹으려 들지 않을 것이다. 그는 자신 앞에 놓인 실재를 출발점으로 삼아 뭔가 완전히 다른 새로운 사물을 캔버스 위에 창조해 냈던 것이다. 그의 실재가 너무나 독창적이었기에 그의 손에서 탄생한 마술이 무덤 속으로 들어가 버린 지금, 그와 같은 작품은 다시는 나타나지 않을 것이다.

고작 열여섯 살 때 모네는 지역 사람들의 풍자만화를 그렸다. 그것들이 화구상 유리문에 내걸리자 구경꾼들이 재미있어하며 모여들었다. 그의 어머니는 아들을 은근히 자랑스러워하다가, 아들이 그림을 20프랑씩에 조용히 팔아넘기는 장면을 보고는 경악했다. 모네는 그 돈을 쓰지 않고 따르던 숙모에게 간수해 달라고 부탁했다. 자신은 보통의 소년들이 주머니에 넣고 다니는 정도의 푼돈만을 남겨놓고.

이것은 대단히 의미 있는 행동이었다. 작은 돈이야말로 모네의 일생을 통틀어 늘 중요한 존재였기 때문이다. 어쨌든 십대의 나이에 돈을 벌어서 저축한다는 것은 흔치 않은 일이므로 모네의 행동은 독특하다고밖에 할 수 없겠다. 어쩌면 그는 자신 앞에 펼쳐질 쓰디쓴 악전고투를 미리 예견했던 것일까? 우리로서는 알 수 없는 일이다. 우리가 아는 것은 오로지 동료 인상파 화가들이 그의 끊임없는 자금 부족에 질려했으며, 그러면서 동시에 그가 무리에서 가장 날카로운 사업가였다고 토로한 사실이다. 아버지에게서 돈을 받아쓰는 동료 하나는 "너무 날카로웠다"고까지 말했다.

세잔의 아버지와 달리 모네의 아버지는 화가가 되고 싶어하는 아들의 꿈에 동정적이었다. 그는 재능 있는 젊은 예술가들에게 보조금을 지급하는 지방위원회에 편지를 썼다. 편지에서 그는 아들에 대한 찬사와, 그 아들을 파리의 에콜 드 보자르에 보내고 싶으나 그럴 만한 여력이 없다는 사실을 솔직하게 털어놓으며 아들에게 보조금 혜택을 달라고 호소했다.

프랑스의 시골 사람들은, 지금도 그렇지만, 예술에 대해서는 별로 아는 것이 없고 다만 뭔가 신성한 것이라는 사실만 느낀다. 젊은 모네의 풍자만화는 그가 냉철한 마인드의 소유자(지방 특유의 불합리함을 꿰뚫어보는 안목)임을 보여주고 있는데, 아니나다를까 위원회는 너무 경박하다는 이유를 들어 아버지의 신청을 받아들이지 않았다.

아버지는 나름대로 대책을 강구한 끝에 결국 아들에게 돈을 쥐어 파리로 보내서 에콜 드 보자르에 합류하게 만들었다. 모네는 일단 입학은 했지만 학교에 등을 돌려 버렸다. 대신에 치과 의원과 공동으로 쓰는 개인 스튜디오에 들어가 그림 실습을 했다. 아버지와 아들 사이에는 격렬한 싸움이 일어났고, 클로드는(그는 이렇게 불리는 걸 좋아했다) 학교를 마음대로 빼먹기 시작했다.

그 후 그는 군대에 징집되었다. 군대에 간다는 것은 한 젊은 남자의 인생에서 7년이란 세월을 허송하는 일이었다. 그가 프랑스의 영광을 수호하는 데 뛰어드는 일은 작품 구매자를 찾지 못했을 경우를 전제로 한 것이었는데, 그 제안을 한 사람은 아버지였다. 아버지는 군대에 가는 것이 아들의 생활을 바로잡는 길이라고 여겼다. 모네는 거절했다. 그가 친구에게 거절한 이유를 설명하느라 보낸 편지에는 인생의 모험과 영광에 대한 갈구가 분출하고 있었다. 하지만 그것은 명백한 거짓이었다. 그는 자유를 선택했다. 비록 그것이 모순되게도 또다른 군대에 들어가는 일일지라도. 어쨌든 모네 자신이 모순덩어리였으니……

1862년, 그는 복무 중이던 알제리에서 중병이 들어 고통받고 있었다. 이번에는 아버지 모네가 다시 한 번 구세주 역할을 했다. 돈을 주고 아들을 군에서 빼내어 제 길을 가게 해준 것이다. 아무런 수입도 없는 모네에게 딱 필요한 때에 아버지가 나서서 딱 필요한 일을 해준 셈이었다. 모네는 자신감으로 충만했다. 어떻게든 뭔가를 이루어낼 수 있으리라는 확신이 들었기 때문이다.

그런데 이 시기에 모네는 더 이상 바지 주머니에서 푼돈을 꺼내들고 만족하는 소년이 아니었다. 그는 한 남자였고, 더구나 부양해야 할 연인이 있었다.

그 연인, 카미유 동시외는 역사에 등장하는 위대한 고급 매춘부에게서 흔히 볼 수 있는 얼굴을 하고 있었는데, 정확히 어떻게 생겼는지는 단정적으로 이야기하기 어려운 사람이었다. 이 여자를 그린 천재 화가가 둘 있었는데, 두 사람 모두 일단 캔버스 앞에 앉아 붓을 들면 누구도 못 말리는 고집불통들이었기 때문이다. 카미유는 모네에 의해 수없이 되풀이해 그려졌다. 르누아르 역시 그녀를 거듭해서 그렸다.

모네는 그녀를 최신 유행의 옷차림을 한 상태로 묘사했으며, 그의 초기 작품 중 풍성한 치마를 입고 있는 그녀의 그림은 사람들의 시선을 사로잡는 매력이 있다. 이 그림에서 카미유는 호리호리한 체격에 다소 허약해 보이는 외모로 표현되었다. 반면에 르누아르는 마른 모델을 선호하지 않았다. 그는 카미유에게도 살집을 붙여서 명해 보이면서도 섹시한, 그의 그림에 등장하는 대부분의 여성과 같은 외모를 부여했다. 지금 카미유의 초상화는 유명 갤러리마다 걸려 있는데 이 그림들을 둘러보는 이들이 공통적으로 추론해 볼 수 있는 것은, 그녀가 상냥하며(그녀는 참을성 있는 모델이다), 들창코에(그러나 모네는 태양광선의 각도를 이용해서 코의 모양을 교묘하게 바꾸었다), 눈이 크고 미간이 넓으며, 굳이 또 하나 꼽자면 입이 작다는 점이다. 그녀의 입은 세월이 흐를수록 점점 더 처져서 마침내 고통스러운 느낌의 선을 이루고 있다.

그도 그럴 것이, 그녀는 13년 동안 모네와 살았고 결국 모네 부인이 되었지만, 그 세월은 그녀에게나 그녀의 아들에게나 모진 나날이었기 때문이다. 이 아이는 모네와 르누아르 두 사람 모두의 그림에서 엄마 옆에서 팔다리를 쭉 펴고 잔디 위를 뒹구는 행복한 모습으로 표현되어 있지만(르누아르는 모네에게 그림이 어떻게 표현되어야 하는지 보여주려고 카미유를 그렸다) 잘 먹지 못해 배고픈 날이 더 많았다.

살롱에서는 모네의 그림을 마치 펄쩍 뛸 듯한 태도로 거부했다. 사람들은 그런 그림을 사려 하지 않았다. 돈은 구경도 할 수 없고 유사시에 깨뜨려 쓸 수 있는 숙모의 돼지저금통도 없었으니 재정 위기는 파도처럼 끊임없이 밀려들었다.

그나마 카페 게르부아 패거리의 한 명인 화가 친구, 프레데리크 바지유가 많지 않은 수입에서 떼어 보내주는 돈이 이들 가족의 유일한 수입이었다. 바지유는 어떻게 해서든 매월 50프랑 정도는 모네에게 부쳐주었지만, 그 돈이 세 식구가 먹고살기에 충분치 않다는 사실은 분명했다.

그 와중에 고향 르아브르에서 열린 바다 풍경화 공모전에서 은메달을 받기도 했지만 돈은 들어오지 않았다. 그 해에 그에게는 카미유와 어린 아들의 방을 데울 숯을 살 돈조차 없었다. 모네는 너무도 절망했다. 달리 그가 어떻게 할 수 있었을까? 이 시기에 그가 직접 쓴 글이 있어 인용한다. 1868년 봄에 바지유에게 보낸 편지인데, 초상화 의뢰를 받았다는 이야기가 있다.

> 그 모든 것으로도 나의 옛 열정(그림에 대한)을 되돌리기에는 충분치 않네. 내 그림은 나아가지 않고, 나는 이제 영화榮華에 대한 기대를 모두 버렸어. 의욕이 없어. 한마디로 자네와 헤어진 후로 나는 아무것도 못하고 있다는 말일세. 나태함의 나락으로 떨어져서 일을 해보려고 해도 이내 지치고 말아. 모든 것이 침침하고 희미하게 보일 뿐이라네. 게다가 늘, 돈이 없어. 르아브르 전시회에서도 한 점도 팔리지 않았다네. 15프랑짜리 은메달 하나와(이 메달은 전당포 신세가 되었음이 분명하다) 지방 신문에 난 호평 몇 개가 전부였지. 그런 것들은 밥 한 숟가락도 가져다주지 않는다네. 그럭저럭 그림 한 점을 의뢰받기는 했네. 돈 되는 일은 아니지만 앞으로를 생각해서. 물론 나는 지금 미래 같은 것이 있다고 믿지도 않지만 말일세.

사뭇 서글픈 내용이 아닐 수 없다. 그러나 이때 모네는 겨우 스물여덟 살이었고, 두 건의 작품 의뢰와 메달 하나가 있었으니 기성체제에 항거하는 화가치고는 그리 나쁜 상황만도 아니었다. 하지만 상황은 더욱 악화되었다. 그해 6월 29일 모네는 다시금 바지유에게 편지를 보냈다.

> 자네에게 가능한 한 빨리 도와달라는 급한 청을 하느라 몇 줄 적고 있네. 내가 불행을 운명으로 안고 태어났다는 건 부정할 수 없는 사실인 것 같군. 나는 알거지 신세로 여인숙에서 길거리로 내동댕이쳐졌어. 카미유와 불쌍한 어린것은 시골로 보냈다네. 나도 얼마라도 보태줄 후원자가

있나 찾아보려고 오늘 저녁에 르아브르로 떠난다네. 내 가족은 아무것
도 해줄 수 없다는 태도이고, 그런 형편이니 내일은 어디서 잠을 청해야
할지 나도 모르겠네. 고통 속에서, 친구 모네가.

추신, 어제는 너무 절망스러운 기분에 바보같이 강물에 몸을 던지려 했
다네. 다행히 다친 데는 없네.

모네가 바다로 뛰어들었다가 젖어 있는 자신을 깨닫고 다시 열심히
헤엄쳐 나오는 모습을 생각하면 측은하기도 하고 흥미롭기까지 하다
(평생 동안 그가 마지막까지 견뎌낸 것은 어떤 의미로든 축복이다). 어쨌든
이 편지가 상징적인 표현을 하고 있다는 점을 감안하더라도 한 가지
는 확실했다. 모네가 기거할 수 있는 여인숙 방은 없었다. 9월까지 그
럭저럭 지나간 후, 그는 또다시 바지유에게 편지를 썼다. 그는 르아브
르를 떠나 여인숙에서 쫓겨났던 페캄으로 돌아와 있었다.

이곳에서 나는 내가 사랑하는 모든 것들에 둘러싸여 있다네. 주로 밖에
서 시간을 보내고 있네. 날씨가 나쁘거나 고깃배가 출항할 때면 바닷가
바위 위에 앉아 있곤 하지. 교외로 나가면 모든 것이 어찌나 아름다운지!
내 생각엔 이곳은 여름보다 겨울이 더 좋을 것 같아. 저절로 우러나오는
마음으로 온종일 그림을 그리고, 저녁이 되어 내 작은 집으로 돌아오면
화롯불과 사랑스러운 가족이 기다리고 있지. 사랑하는 친구, 자네가 내
아들을 볼 수 있다면 좋겠어. 그 애가 얼마나 사랑스러운지를 말야. 그
조그만 녀석이 자라는 걸 지켜보는 건 정말로 멋진 일이야. 내 맹세하네
만, 그 아이가 있어 나는 진정으로 행복하다네. 나는 그 아이를 그려서
살롱에 걸어보고 싶어. 사람들이 둘러서서 좋은 소리를 하는, 그런 식의
그림 말이야. 르아브르에 있는 저 신사분 덕택에 나는 최상의 평온함을
누리고 있네.

기성 화단에 도전장을 던진 반란군의 입에서 공공연히 살롱에 상업적으로 어린 아들의 그림을 걸겠다는 말이 나오면 이상하게 들릴 수 있겠지만, 인상파 화가들은 순전히 '사실주의자'로서만 존재하는 것이 아니라 진짜 사람들이기도 했다. 언행에 모순이 없는 문화 반란자들은 실제로는 존재하기가 어려운 법이고, 또 그런 사람들이 있다 해도 그 상대방은 지겹기 한량없는 경우가 대부분이다. 모네가 어린 아들을 그렸다면, 몇 년 후 사춘기를 지난 그 소년의 그림이 그랬듯, 거부당했을 것이 분명하다. 그 그림이야말로 순수한 모네 그 자체였을 것이고, 그의 손은 다른 식으로 그릴 줄을 몰랐을 테니까.

그런 만큼, 그는 또 한 사람의 인상파 화가이면서 그들의 리더이자 구루guru(정신적 지도자 – 옮긴이)였던 이가 관계된 치밀한 사기극 같은 일에는 말려들지 않았다. "한 점의 그림에서 주인공principal person은 빛이야"라고 그는 카페 게르부아에서 단호히 말했었다. 그 구루, 에두아르 마네(1832~1883)는 한 친구에게 "내가 지금 원하는 건 오로지 돈을 버는 일이야"라고 털어놓았으며, 저널리스트이자 친구였던 테오도르 뒤레(1838~1927)가 만들어놓은 함정에 빠져버렸다. 이 문필가는 자신의 초상화를 의뢰하되, 살롱 스타일을 요구했던 것이다. 선 자세의, 모자까지 갖춰 쓴 말쑥한 차림, 고상한 태생의 상징으로 여겨졌던 지팡이에 기대어 완벽하게 품행 방정한 태도로 선 모습으로. 마네는 갈겨써서 읽기 힘든 계약서에 서명했고, 이리하여 모든 사람들이 기성 화단의 누군가가 그렸다고 생각할 법한 초상화가 탄생했다. 물론 이 그림이 반란군에 의해 그려졌다는 것은 금세 밝혀졌지만 말이다. 이런 식의 태도는 계속 이어지지는 않았다. 재미있는 사실은 그 그림에 등장하는 '주인공'은 빛이 아니라 뒤레, 즉 대가를 지불한 의뢰인 자신이었다는 점이다.

상황이 이러니, 우리는 모네가(마네가 아니라 모네의 이야기로 돌아간 것임. 이 두 사람의 이름은 당대의 비평가들 사이에서도 혼동을 일으켰다. 비평가들은 그들의 그림조차도 구별하지 못했다) 자기 아들을 보기 좋게 그려서 사람들 눈높이에 맞게 걸어둠으로써, 그것으로 현금을 만들어 보려고 한 생각을 용서해 줄 수밖에 없겠다. '눈높이에 맞춘다' 고 했지만, 이는 당시 살롱이 실제로 어떻게 생겼나 하는 것과 관계가 있기 때문에 부연설명이 필요하다.

살롱은 상업적 기관이었고 지금의 슈퍼마켓과 비슷한 형태로 꾸며졌다. 따라서 벽이란 벽은 가능한 한 많은 그림을, 세 줄로 천장까지 닿도록 빽빽이 거는 것이 그들의 방침이었다. 그 중에 사람의 시선이 머물기 좋은 위치를 '눈높이' 라고 표현한 것이다. 그러나 천장 가까이 높은 곳에 그림이 걸린 화가들도 적어도 낙선된 것은 아니었다. 중요한 건 그림이 걸린다는 사실이었으니까.

모네는 차라리 친구에게 돈을 빌리는 편이었다. 6년 후, 혹은 그보다 좀더 이른 시기일 수도 있는데(편지의 날짜에 대해 이론이 있으므로), 여전히 빈털터리였던 그가 마네에게 편지를 썼다.

어느 때보다 점점 더 어려워지고 있어. 그저께부터는 땡전 한푼 없는데, 푸줏간이나 은행에서도 전혀 외상을 주지 않네. 자네 혹시 20프랑쯤 대지급으로 보내줄 수 없겠나? 당분간은 그 정도로 도움이 될 것 같네만.

그러나 마네는 베네치아로 외유를 가고 없었다. 모네는 다른 친구에게 재차 편지를 보냈다.

지금 나는 극한 상황에 몰려 있다네. 어떻게 해서든 상황을 정리해 보려 하지만, 그들(집달관을 말함)이 모든 걸 실어가 버릴 거야. 맨몸으로 길거리로 내쫓기고 나면 나로서는 해결 방법이라고는 하나밖에 없네. 닥치는 대로 예전의 일을 하는 것 말일세. 그 일은 너무나 참담한 충격이 될 테니, 정말 생각하기도 싫어. 지금 나름대로 마지막 노력을 해보고 있네만, 500프랑이 있어야 우선 상황이 정리될 수 있을 것 같아. 내게 유화가 25점 있는데, 몽땅 500프랑으로 쳐서 자네가 가져가 주었으면 하네. 그럼 자네는 나의 구원자가 되는 것이네.

그는 자신의 그림을 한 점당 20프랑 쳐달라고 부탁했지만, 당시 인상파 화가들의 그림값은 밑바닥이었다. 피사로(1830~1903)의 작품 한 점은 7프랑에 팔려나가기도 했다. 결국 모네는 '상대적으로' 부유한 친구들과 팬들이 그림에 대한 답례로 돈을 보내주어 위기를 모면했다. 하지만 1877년 다시금 빈곤의 수렁으로 떨어졌다. 더욱이 이번의 수렁은 흙탕물이었던 것이, 카미유가 둘째 아이를 임신 중이었던 것이다. 모네는 빅토르 쇼케에게 편지를 썼다.

당신께서 친절을 베푸시어 한두 점의 서툰 그림을 거두어주실 수 있다면 감히 50프랑, 아니 40프랑 정도만 부탁드립니다. 얼마를 주시든 감사히 받겠습니다. 제가 시간을 지체할 수 없어서요.

테오도어 뒤레는 그를 염려했고, 마네는 한 가지 안을 짜냈다.

어제 모네를 보러 갔더니(이 글은 마네가 뒤레에게 보낸 편지이다.) 너무나 참담한 몰골로 자포자기해 있더군. 내게 그림을 10점이나 20점 정도 한 점당 100프랑을 주고 사갈 사람이 없겠냐고 물었어. 아무래도 우리 두 사람이 직접 나서서 어떻게 해보아야 할 것 같아. 한 점에 500프랑이면 어떨까? 명심해야 할 것은 아무도, 특히 그 친구가, 그림을 주문한 사람이 우리라는 걸 모르게 해야 한다는 걸세. 사실 판매상이나 수집상 한 사람을 떠올리기는 했지만 거절할 것이 뻔하지 않겠나. 불행하게도 그럴 수 있는 사람은 우리밖에 없을 것 같아. 재능 있는 화가는 도움을 받아야 하니까 말이야.

뒤레는 이 제안을 거절했다. 그러나 그 역시 은밀하게 이 거래에 가담했음이 몇 년 뒤에 드러났다. 그는 몇 가지 그림을 1,000프랑에 사겠다고 했고, 이 돈은 모네를 가장 옥죄었던 채권자에게 보내졌다. 그러나 1878년 4월 그에게 또다시 난관이 닥쳤다. 카미유가 출산을 코앞에 두고 있었다.

그는 의사이자 미술애호가인 폴 가셰에게 편지를 썼다. 아내가 당장이라도 아이를 낳을 것 같다는 내용과 함께 돈을 좀 보내줄 수 있겠느냐는 부탁의 편지였다. 물론 모네는 이미 그에게도 빚을 지고 있는 상태였다. 이 친절한 의사는 50프랑을 보내주었다. 물론 그 돈으로는 턱없이 모자랐지만, 아기는 건강하게 태어날 수 있었다. 그는 졸라에게도 편지를 썼다.

나를 도와줄 수 있겠나? 집에는 1수도 없어서, 물조차 끓일 수가 없다네. 더 나쁜 건 아내가 앓아누워서 의사의 손길이 필요하다는 사실이라네. 아마 자네도 이미 전해들었겠지만 아내가 얼마 전에 어여쁜 꼬마를 출산했어. 그러니 내게 2~3루이만 빌려줄 수 없겠나? 아니면 1루이라도? 어제는 종일 1상팀도 구경해 보지 못하고 지나갔다네.

가세 박사는 차마 모네의 처지를 외면하지 못했다. 예의 행복한 사건 직후 모네는 채권자들을 피해 이사를 하기로 결정했는데, 계획은 씁쓸한 실패로 끝났다. 그는 가세에게 보낸 편지에 이렇게 썼다.

당신께 부탁해 볼 생각을 했지만 감히 그러지를 못했습니다. 가구를 운반차에 모두 실어놓고도 떠나지 못했습니다. 짐꾼에게 단 1센트도 주지 못했으니까요.

가난한 그들을 구원하다

독자들 중에 이 모든 것이 너무 동정 위주의 고상한 영화처럼 되어간다고 느끼는 사람이 있다면, 인상파 화가들의 분노를 함께 나누고 있는 것이다. 그들은 스스로를 '독립파'라 불렀지만 그들 화가 집단보다 덜 독립적인 사람들을 상상하기란 어렵다. 그들은 아버지나 아내, 또는 숙모에게 얹혀 살았으며, 그도 아니면 파리에 체류하는 미국인들(이들은 부정적인 프랑스 천재들에게 최후의 보루였다)에게라도 폐를 끼쳤다.

그러한 파리의 미국인들 중에 메리 커샛(1845~1926)이 있었다. 부유한 피츠버그 은행가의 딸로, 아버지의 충고를 뒤로하고 화가가 되고자 파리로 건너온 여자였다. 그녀에게는 살롱을 드나드는 화가 친구들이 많았다. 그들은 메리의 그림을 살펴보고는, 저 유명한 프랑스식 정중함을 잃지 않으면서 말해 주었다. 그녀의 아버지가 전적으로 틀린 것은 아니라고. 메리는 이에 굴하지 않았다. 그녀는 「애니여 총을 잡아라Annie Get Your Gun」(서부시대 실존 인물인 버팔로 빌의 이야기를 다룬 영화-옮긴이)에 잘 표현되어 있는 미국 여성 특유의 강인함을 발휘하여 드가를 찾아갔으며, 그의 문하에 들었다. 드가는 인상파 화가들 중에서도 다소 까다로운 사람이었다(한 오페라 가수에게 지속적으로 그림을 팔았으며, 동료 방랑자들을 좀 낮춰 보고, 때로는 그들을 마구 꾸짖기도 하는 경향이 있었다). 메리는 그들 자신을 대변하는 동료들의 그림을 사정이 허락하는 한 사들였지만, 거기에 사업적인 의도가 전혀 없었다는 점은 의심의 여지가 없다. 앨러게니 산맥에 자리한 도시, 펜실베이니아에서 건너온 30대 중반의 숙녀에게 달리 무슨 꿍꿍이가 있었으랴.

그녀는 뒤랑뤼엘(인상주의 화가의 옹호자로서, 그들의 그림을 사들이다가 재정 위기를 맞기도 했다 - 옮긴이)을 파산에서 구제해 주기도 했던만큼, 모네가 인상주의의 아버지라면 그녀를 착한 요정 할머니라 불러도 손색이 없을 사람이었다. 뒤랑뤼엘이 없었더라면 인상파 화가들의 작품은 아마 지금도 다락방에서 먼지를 뒤집어쓴 채 세월을 보내고 있었을지도 모르니까 말이다. 그는 인상주의에 관한 이야기에서 그야말로 영웅이며 진정으로 위대한 그림 판매상이다. 그것도 '정직한' 방식으로만 거래한!

뒤랑뤼엘은 되팔 수 없음을 뻔히 알면서도 인상파 화가들의 그림을 사들였다. 세잔의 그림을 잘 간수해 둔 그의 지하실은 끊임없이 다른 인상파 화가들의 작품으로 차곡차곡 채워졌고, 심지어 그는 모네의 빚을 갚아주기도 했다. 모네는 호소 편지를 위해 갖다붙일 수 있는 불행에 관한 단어는 모두 써버린 상태였다. 뒤랑뤼엘은 모네에게 해마다 시장 상황의 변동을 감안한 정기적인 수입을 제공한다는 재치 있는 아이디어를 내놓았다. 조건은 모네가 그릴 수 있는 만큼의 작품 전부였다.

뒤랑뤼엘의 아이디어는 우리 시대의 판매상들 사이에서도 대단히 애용되고 있는데, 정직한 거래이기는 하지만 예술가에는 고통이 될 수 있다. 발군의 영국 후기 인상파 화가인 덩컨 그랜트는 수년 동안 내 친구로 지내오고 있는데, 그가 런던의 판매상 애그뉴스와 계약서에 사인을 했을 때 함께 축하했던 일이 기억난다. 계약 조건은 정해진 수의 작품을 제공하고 연간 1,000파운드를 받기로 한 것이다(제공하기로 한 작품 수는 잊어버렸지만 꽤 많았던 것으로 기억한다). 그런데 만사형통인 듯했던 그해 말, 나는 종종 그가 밀린 돈을 청구하느라 불평과 분노를 쏟아내는 모습을 보곤 했다.

하지만 뒤랑뤼엘의 제안은 내 친구와는 달리 인상파 화가들의 재정 문제 해결에 큰 실마리를 가져다주었다. 물론 인상파 화가들 모두가 뒤랑뤼엘과 계약을 맺은 것은 아니었지만, 그들은 자기들의 그림에 대해 별다른 토를 달지 않고 돈을 줄 수 있는 한 남자가 있음을 잘 알고 있었다.

그는 왜 그런 자비를 베풀었을까? 뒤랑뤼엘은, 판매상은 모름지기 자신의 기호에 따라야 하며 시장의 유동적인 수요에 휩쓸려서는 안 된다는 말을 남긴 사람으로 전해진다. 사실 내가 아는 모든 판매상들은 그와 똑같은 말을 하기는 한다. 그러나 그들의 개인적 기호가 얼마나 폭넓으며, 또 얼마나 순간순간의 대중의 기호와 정확히 맞아떨어지는지는 신기할 정도이다. 뒤랑뤼엘 역시 전적으로 빛나는 갑옷차림의 기사만은 아니었다.

그의 아버지도 이전에 그림 판매상이었으며 바르비종파의 그림을, 그들이 똑같은 비판을 듣고 있던 당시에 사들였었다. 바로 밀레, 쿠르베, 코로 등등이었다. 그런데 이들의 그림이 대중들 사이에, 특히 미국인들 사이에 유행하기 시작했다. 미국인들은 코로에 열광하여 그가 실제로 그린 그림보다 더 많은 그의 작품을 사들였다. 이런 것을 보고 자란 뒤랑뤼엘은 그런 식의 위험을 호기롭게 감수할 줄 알았다. 그러나 그의 경우, 위험 수위가 그 아버지를 훨씬 능가했다. 살롱은 계속해서 인상파의 그림을 거부했고, 어쩌다 요행히 이들의 그림 중 하나가 통과되기라도 하면 고급 미술애호가들은 천장 바로 아래 걸려 있는 그 그림을 보느라 목에 쥐가 날 정도였다고 한다. 하지만 이들 중에서도 강경파들의 그림은 끊임없이 낙선되었다.

인상파 화가들은 그들만의 전시회를 열었다. 대중들도 더 이상은 조롱을 일삼지 않았다. 그냥 전시장을 찾지 않을 뿐이었다. 에밀 졸라도 겨울바람 같은 혹독한 미술 비평계를 누그러뜨리는 바람막이 역할을 자처했다. 그러나 여전히 그들은 이 화가들의 그림이 경솔하고 덜 되었다고 불평을 해댔으며, 세상에 보라색 포플러나무가 어디 있느냐고(도대체 이들이 떠벌리는 '사실주의'는 어디로 갔느냐고) 힐난했다. 무엇보다 그들은 이 화가들이 선택한 주제와 고용한 모델들에게서는 '좋은 취미'라고는 찾아볼 수 없다고 개탄해 마지않았다. 그러면서도 인상파 화가들의 진술함만은 인정해 주었으며, 이들의 재능(이는 오늘날 그 달의 평론을 읽어보지 않은 듯한 일부 비평가들에 의해 종종 무시되는 부분이기도 하다)도 인정했다.

결국 그들은 이 그림들이 사장될 성질의 것들이 아니라고 의견의 합일을 보았다. "그러나 왜 그것들은 하나같이 그리도 상스러울까?" 그들의 이 생각에 대한 해답을 얻으려면 인상파 화가들의 갤러리를 비평가가 된 기분으로 돌아다녀 보면 된다. 이 무리들이 들놀이와 뱃놀이를 즐기고, 식당에서 식사를 하며, 공연을 관람하는 모습을 바라

보면서 말이다. 마네는 「폴리 베르제르의 술집」에서 이러한 상황을 정확히 드러내준다. 이 작품은 그림으로서 대가의 수준을 보여주지만 사람들이 모두가 다 젊은 술집 여급에 매혹되는 것은 아니다. 적어도 20대를 넘긴 후가 아니라면 말이다.

도전과 반란에 종지부를

미국은 그때도 지금처럼 상당히 민주적인 사고방식의 나라였다. 모든 사람들이 진정으로 동료와 동등한 대우를 받는 역사상 최초의 나라가 미국이었다. 그러나 19세기 중반부터 반세기 동안 세계는, 자기가 미국인이 아니었으면 하는 바람을 가진 수많은 미국인들을 볼 수 있었다. 그런 소망이 문화와 헨리 제임스(미국의 소설가 겸 비평가. 유럽을 동경하여 영국으로 귀화했다 - 옮긴이), 인상파 화가들의 재정적 구세주를 낳았다. 그리고 뒤랑뤼엘은 이 신세계를 끌어들여 구세계 은행 잔고의 수지를 개선시키려는 기발한 착상을 했다.

그는 신중하게 모네, 르누아르, 그 외 인상파 화가들을 미국의 대중에게 소개했다. 앞서 이야기했듯이 그 아버지의 혜안 덕택에 뒤랑뤼엘은 바르비종파, 즉 쿠르베와 코로 등등의 작품을 다수 소장하고 있었다. 코로처럼 인상파들도 스타일 면에서 다소 혼란스러웠고, 일부 미국 비평가들은 그들이 정말로 그림을 그릴 수 있는 사람들인가에 대해서조차 의문을 표했다. 그러나 뒤랑뤼엘은 이 질문을 피해 가면서, 오로지 그들이 프랑스인이라는 사실만을 전면에 내세웠다. 그게 통하는 시대였기 때문이다. 기존 체제에 손상을 입히지 않고 다른 미국인들 사이에서 스스로를 격상시킬 수 있는 방법으로 '파리로 가기'가 유행하던 시절이었다. 그리고 파리를 다녀온 사람들이라면 누구나 기꺼이 '그곳'에서 사람들 입에 오르내리던 그림을 사서 '그곳'의 추억을 되새길 만한 기념물로 벽에다 걸어두었다. 그것들은 다행히도 말대꾸를 할 수 없고, 저 거슬리는 프랑스어의 소음을 만들어내지도 않는 '말하는 작품들'이었다.

미술 비평가들은 늘상 하던 이야기를 되풀이했지만 표현은 다소 부드러워져서, 『뉴욕 헤럴드 트리뷴』 같은 신문에서는 조심성 있는 언론 특유의 완곡 어법을 사용하여 "……라는 의견입니다"로 문장을 마무리했다. 대중은 그러나, 늘 하던 대로 그림을 샀다. 뒤랑뤼엘은 파산의 경계선에 위태롭게 서 있었다. 메리 커샛은 그를 돕기 위해 최선을 다했지만 그녀의 가장 큰 역할은 온몸을 던져 미국 대중에게 코로와 쿠르베에 필적하는 훌륭한 화가들의 존재를 인식시킨 일이었다.

뒤랑뤼엘의 문제는 프랑스의 경제 위기에서 기인한 것이었다. 요즘의 젊은 예술가들은 '경제 위기'라는 말을 너무 자주 듣기 때문에 별느낌이 없을 수도 있겠지만 이 말 속에 재미있는 완곡의 의미가 들어 있다는 것을 아는지? 사실 이코노미, 즉 경제라는 말은 '가정 살림을 꾸려나가는 사람'이란 의미의 '가사 매니저'라는 그리스어에서 유래했다. 국가 경제의 위기도 생각해 보면 '가정'에서 비롯되는 것이 맞는 말이다. 집세 징수원이 문을 탕탕 쳐대고, 남자 둘이 들어와 스테레오세트를 들어내며, 요리사는 짐을 싸고 있고, 남편과 아내는 신용카드 청구서 너머로 서로 접시를 던져대는 '가정'에서 말이다. 이쯤 되면 '매니저'는 가정 내에서 어떤 일이 벌어지고 있는지 분명히 말하기 어렵지만 터널 끝에서 한 줄기 빛을 볼 수는 있다는 것을 현명하게 감지하는 것이다.

어떤 예술가든 자유로운 세상에서 그림을 그리고 생계를 이으려면 반드시 자신의 생활 터전에서 이런 혼돈에 직면할 수밖에 없다. 젊은 예술가라면 그의 기도는 오로지 하나, 작품을 팔아 돈을 버는 것이다. 안정적 기반을 쌓은 기성 예술가라면 그는, 기구한 운명의 장난에 의해 그곳에서 돈을 벌 수 있는 몇 안 되는 시민이 된다. 사람들이 투자 개념으로 그의 작품을 살 것이기 때문이다.

이와 똑같은 일이 프랑스에서도 일어났다. 뒤랑뤼엘의 아버지와 그 아들에게서 헐값으로 바르비종파의 그림을 산 사람들은 이제 목돈을 이문으로 남기고 되팔 수 있게 된 것이다. 게다가 바다 건너 미국인들 사이에서는 이런 현상이 인상파의 그림을 중심으로 전개되었다. 가격이 오르기 시작했다. 살롱에서도 흥미를 보였다. 그러자, 이런 이야기를 하게 되어 너무도 애석하지만, 인상파 화가들이 저들의 볼썽사나운 벽에 그림을 걸어보겠다고 앞다투어 달려가는 바람에 이들의 신선한 모임은 마침내 산산조각이 나고 말았다.

르누아르가 그 선두에 섰다. 그의 풍만한 여인들은 당대 사람들의 입맛에 딱 맞았다. 그 여인들은 속이 꽉 차고 편안해 보이는 것이, 1851년 런던 대전람회에서 선보여 인기를 끌었던 가구와 닮아 있었다. 인상파 화가들의 철칙 중 하나는, 자연을 그리고 싶으면 자연으로 나가라는 것이었지, 소를 화실로 끌고 들어오는 것은 그야말로 부조리라는 것이었다. 그러나 르누아르는 바람이 부는 방향을 감지했으며, 그 방향이 소를 키우는 목장이 아니라는 것도 파악하고 있었다. 그런 차에 샤르팡티에라는 이름의 부인이 그에게 그림을 의뢰해 왔다. 그녀 자신과 어여쁜 두 아이를 그려달라는 주문이었다. 그녀는 부유한 부르주아였으며, 값비싼 가구로 가득 찬 저택을 소유하고 있었다. 르누아르는 이론 따위는 팽개쳐 버리고 현실적인 선택을 했다. 그녀가 1,000프랑이라는 돈을 제시하지 않았던가. 그는 기꺼이 야외가 아닌 집 안에서 그림을 그렸다.

또 한 가지, 인상파 화가들은 그림자를 표현하는 데 주로 검정을 썼던 기성 화단의 화가들을 공격하는 입장이었다. 그들에게 검은색 사물은 존재하지 않았다. 그런데 샤르팡티에 부인은 하필 파리에서 사온 검정 드레스를 입고 포즈를 취하는 것이 아닌가. 르누아르는 이의를 제기하지 않고 그대로 그렸다. 그림의 샤르팡티에 부인을 보면 목과 손목에 흰 흔적이 있는데, 이것은 어쩌면 르누아르의 양심의 표현은 아니었을까. 나중에 또 한 사람의 인상파인 피사로는 르누아르의 이 '변절 사건'을 전해 듣고서 이렇게 말했다고 한다. "가난이 힘들기는 한가 보군."

인상파 화가들에게 늘 따라붙은 비난은 그림을 잘 못 그린다는 것이었다. 영국 내셔널갤러리에서 이탈리아인 신부가 남편을 괴롭혀 가며 역설했던 그 비난이었다. 샤르팡티에 가족을 그릴 때 르누아르는 두 어린아이를 한두 걸음 떨어진 곳에 배치했다. 큰 아이는 꼭 무너져 내리기를 기다리는 듯한 표정으로 천장을 올려다보고 있고, 작은 아이는(여장을 하고 있다) 그런 누이를 물끄러미 바라보고 있다. 아마 르누아르는 이 두 아이를 어떻게 배치할 것인가 꽤나 고심했을 텐데, 그 해법으로 커다란 개 한 마리를 두 아이의 사이에 두었다. 그리고 개는 주둥이를 구경꾼을 향해 내밀고 있다. 자, 애완동물을 스케치해 본 사람이라면 이것이 얼마나 어려운 각도인지를 잘 알 것이다. 코와 두 귀는 그럭저럭 정리가 되는데 뒷부분으로 갈수록 점점 더 석탄기에 태어난 그 어떤 생물을 닮아가는 듯한! 르누아르는 개의 뒷다리와 엉덩이 쪽에다 아이를 앉힘으로써 이 문제를 산뜻하게 해결했다. 이 그림 「샤르팡티에 부인과 아이들」은 지금 뉴욕의 메트로폴리탄 미술관에 걸려 있는데, 이탈리아 신부의 남동생이 보았다면 잘못된 부분을 열 가지는 넘게 지적할 것이다. 아니 미술을 공부하는 사람이라면 누구나 할 말이 많을 그런 그림이다. 그러나 그 누구도 부정할 수 없는 한 가지 잘된 점이 있으니, 이 그림은 살롱에서 호평을 받으며 받아들여졌다.

이때부터 르누아르는 성공에 성공을 거듭했다. 벌어들인 돈으로 여행도 하고 폼페이를 찾아가 마을 집의 벽에 걸린 프레스코화도 보았다. 그런데 고대의 작품들을 연구하면 할수록 그는 기성 화단의 평이 옳았다는 확신을 갖게 되었다. 확실히 자기는 그림을 잘 못 그리는 사람이었다. 그는 스스로 결점을 고쳐 나갔다. 그를 포함한 인상파 화가 친구들이 늘 맞서 싸워왔던 것 중 하나가 살롱 화가들이 인물의 형상 주변에 뚜렷한 선을 그린다는 사실이었다. 실제 사람들에게 그런 선이 있을 리 없으므로 리얼리즘을 추구하는 인상파의 주장은 당연했다. 프랑스로 돌아온 르누아르는 정력적으로 그림을 그렸고, 그 그림에서 인상파 동료들은 슬프게도 형상의 주변에 있는 뚜렷한 선을 보았다.

인상파 화가들은 해체 일로를 걸었다. 세잔은 살롱 전시회 출품에 아무런 이의가 없다고 말했고, 알프레드 시슬레(1839~1899)도 마찬가지였다. 마네도 동조했다. 그리고 레종 도뇌르 훈장 슈발리에 장의 수여로 대변되는 마네의 성공과 더불어 기성 화단에 대한 도전과 반란은 종말을 고했다고 해도 과언이 아니다.

그렇다면 모네는 어땠을까? 몇몇 남은 강경파 인상주의 화가들은 그를 염려의 눈으로 쳐다보았다. 그도 넘어가고 말 것인가? 그는 이 운동의 아버지가 아니었던가. 그러나 어쩔 것인가! 그 또한 두 아들의 아버지인 것을. 그도 전향했다. 그리고 6년 후 그는 최고의 자리에 올라 있었다. 그의 「건초더미」는 한 점당 3,000 내지 4,000프랑에 팔렸으며, 그 중 하나는 미국에서 9,000프랑에 해당하는 가격을 받았다.

한편 점점 더 쇠퇴해 가는 '반란군' 의 막사에 어느 날 한 화가가 찾아들었다. 한때 모네를 불타오르게 했고, 역경 속에서도 그를 지탱해 주었던, 신천지를 개척하겠다는 열의에 충만한 그 신참은 폴 고갱이었다. 어느 경매에서 처음 샀을 때의 가격보다 엄청나게 뛰어오른 값을 받고 피카소를 무척이나 기쁘게 해준 그림을 그린 장본인이다. 고갱의 이야기는 너무 잘 알려져 있으니 굳이 되풀이하지는 않겠다. 반란만큼이나 아름답게, 그는 태평양의 한 섬에서 상상할 수 있는 최고의 로맨틱한 환경에서 생을 마쳤다. 그러나 파리로 입성할 당시의 그는 모네의 열정을 끌어올릴 적임자, 반란의 기치를 높이 들고 앞장설 그런 사람으로 보였다.

당시 모네는(그때 이미 돈방석에 앉는 처지가 되어 있었는데) 그의 그림 한두 점을 보고는 고개를 끄덕였다. 그러나 그는 나중에(여전히 부유한 채로) 말을 바꿨다. "난 한 번도 고갱을 진지하게 생각해 본 일이 없어"라고.

11

위조꾼들의 승리

사기꾼에게 속지 않는 법

이제 잠깐, 우리의 관심을 예술가들에게서 거두고 그들에게 돈을 송금하는 이들, 그림을 의뢰하는 이들, 그리고 갤러리의 벽에 걸린 그림을 사가는 이들, 한마디로 부르주아지에게로 돌려보자. 이들을 정확히 지칭하는 다른 어휘를 알지 못하는 나의 짧은 언어 실력을 이해해 주시길. 프랑스는 어떤 곳보다 이들 부르주아지에 대해 매정하게 그리고 가열차게 비판해 온 나라이다. 그러나 알고 보면 다른 어떤 나라도 시민의식과 문화가 그처럼 공공연히 부르주아 사상에 기반하고 있는 나라도 없다. 대다수 프랑스의 예술가, 작가, 지성인들은 명성을 향한 사다리에 첫발을 올려놓을 때 예외없이 부르주아지 타도를 앞세운다. 그것이 고상한 정신의 표현이며 매우 안전한 방법이기 때문이다. 그러나 일단 정상에 도달하면 그때는 대개 마음을 고쳐먹는다. 주지하듯 그때 가서는 그것이 또 사리분별 없는 행동이라 여겨지기 때문이다.

이들 부르주아지는 '독립파'가 돈이 될 거라는 판단을 했고, 때마침 옛 전사들이 물러나고 새로운 집단이 그 자리를 대신하고 있었다.

공식적으로 그림을 배우지 못한 앙리 루소(1844~1910)가 새로 결성된 독립파에 가담했으며, 젊은 스페인 화가 한 사람도 이 새로운 예술가들의 모임에 가담했다. 그는 드로잉과 채색 능력뿐 아니라 몇 년에 한 번씩 자신의 스타일을 변화시키는 비상한 재능까지 갖춘 발군의 인물이었다. 그의 스타일은 매번 이전보다 충격적이고 불가해한 매력을 내뿜었는데, 이것이야말로 부르주아지가 원하던 그것이었다. 앞서 인상파 화가들이 엉뚱함 속에 돈이 있다는 것을 증명해 보여주었던 것처럼, 이 젊은 스페인 화가 파블로 피카소(1881~1973)는 그 점을 잘 활용하여 축복받은 긴 생애 내내 금전적인 어려움을 한 번도 겪지 않았다.

그러나 부르주아지 본인들은 피카소처럼 타고난 천재가 아니어서 젊은 부르주아지가 무엇을 배우는 데는 오랜 시간이 걸리며 자연히 우여곡절도 겪게 된다. 넉넉하고 걱정이라고는 없는 부자 제임스 삼촌이 한때는 가장 친했던 동업자에게 속아서 빈털터리 신세였다는 이야기는 늘 들어도 놀랍다. 또한 할머니 발치에 앉아서, 외국인 백작 부인이 어떤 방법으로 할아버지 재산의 절반을 빼내어 달아났는지에 대해 듣는 일은 혼이 쏙 빠지도록 재미있다. 게다가 나중에 그녀가 백작 부인도 무엇도 아닌 것으로 밝혀지기까지 하니까. 이처럼 유난히 사기꾼에게 잘 속아넘어가는 사람들이 부르주아지다.

부르주아지는 일련의 유쾌한 사기꾼들에게 항상 속아왔고 지금도 여전히 속고 있다. 나는 그 사기꾼들의 몇몇 실례를 선별해 보여줄 예정인데, 그 전에 사기꾼들이라면 예외 없이 과거에도 해왔고 지금도 하고 있는 두 가지 상투적인 말을 짚고 넘어가기로 하자. 첫번째는 "아름다운 것은 영원한 즐거움이다", 두번째는 "아름다움은 보는 사람 마음이다"라는 것이다. 여기에 여러분이, "제 눈에 안경이란 예술 작품에서 안전한 투자처를 찾아 여기저기 둘러보는 일이다"라는 말을 보태면 거꾸로 사기꾼이 제임스 삼촌에 필적할 만한 엄청난 바보임이 드러날 수도 있다.

제임스 삼촌이 가구를 구매한다고 치자. 그것은 단단한 나무로 만들어졌다. 원주민들은 마호가니 혹은 티크 원목을 잘라내느라 정글에서 땀을 흘렸을 것이다. 양순한 코끼리들이 수마일을 운반했을 것이고, 가구장이와 목수들이 며칠 동안 나무를 맞추어 원하는 형태로 만들었을 것이다. 이는 모네와 르누아르가 살롱에 입성하기 위해 귀부인들의 풍성한 드레스를 열심히 그린 것과 똑같은 과정이다. 드레스만 해도 그렇다. 실 잣는 일이야 누에들이 자기들의 본능적인 즐거움을 위해 억척스럽게 한 일이라고 쳐도, 소맷단과 프릴, 자수 등은 누군가의 민첩한 손가락이 하는 일이다. 신사 나리들의 화려한 바지 솔기도 똑같은 방법으로 꿰매진 것이다. 그러다 보니 개중에는, 마담과 신사 나리들의 몸은 하나에서 열까지 모두 노동착취 공장에서 나온 것들로 덮여 있다고 비난하는 이들도 있기는 하다. 그야 관심을 끌기 위해 무슨 말이든 하는 사람들은 늘 있게 마련이니까. 심지어 무정부주의자들 중에는 '재산은 무조건 훔친 것'이라는 얼토당토않은 이야기를 하는 이들도 있으니! 울랄라!

기성 작가에게 그림을 한 점 의뢰하는 것도 마찬가지이다. 이 역시 누군가가 돈을 벌기 위해 수시간, 수일, 수주 동안 고통스런 노동을 제공하는 것에 다름아니다.

그런 의미로 인상파 화가들의 성공은 오늘날 우리에게 한 가지 문제점을 안겨주었다. 학교에서 아이들은 종이 위에 자유롭게 그림을 그래서 자신의 느낌을 마음껏 표현하도록 교육받는다. 이 교육 이론은 영국 역사상 가장 뛰어난 미술비평가로 손꼽히는 허버트 리드 (1893~1968)에 의해 주창되었다. 허버트는 무정부주의를 확고한 정치적 신념으로 공언했으며, 따라서 그의 글은 무정부주의 문학선집에서 두루 찾아볼 수 있다.

이제 본론으로 들어가, 원리를 배우지 못한 미술 교사가 유아들을 커다란 캔버스 앞에 둘러서게 하고 각자 조금씩 물감을 떨어뜨리게 한다고 가정해 보자. 그런데 이 사악한 여자가 아이들이 그린 그림에 잭슨 폴록(1912~1956. 마룻바닥에 편 화포 위에 공업용 페인트를 떨어뜨리는 액션페인팅을 개발한 미국의 추상화가 – 옮긴이)의 사인을 위조해 넣었다면 어떻게 될까? 그녀는 학부모 교사 협의회의 다음 모임에 나타나지 말아야 하는 걸까? 밀라노의 유수한 갤러리 주인 중 한 사람인 시뇨르 기링겔리는, 그녀가 모임에 참석해야 한다고 단호히 말했다. 한 가지 덧붙이자면 내가 그에게 이 질문을 했던 1950년대 후반은 밀라노의 사업가들이 그의 갤러리에 있던 뉴욕파 New York School(1940~1950년대에 뉴욕에 나타난 추상 표현주의 화파 – 옮긴이)의 이탈리아 위조작들을 모조리 실어가서 지하실에 꽁꽁 숨겨두고(기링겔리의 표현이다) 있던 때였다.

문제는 인상파 화가들이 작품의 절차탁마切磋琢磨에 공을 들이는 고통을 감내하지 않았다는 데 있었다. 그들은 빛과 그림자의 순간적인 놀음을 잡아내는 데 목적을 두었을 뿐 그 이상의 노력은 하지 않았다. 그림이 마음에 들지 않으면 폐기하고 다음날 다시 그리기를 시도했을 뿐 정교한 붓터치를 위한 수고로운 퇴고는 하지 않았다. 그러나 르누아르가 노년에 근육병이 생겨 두 손을 모두 못 쓰게 되었을 때, 손목에 붓을 매어서 그렸던 시기의 작품이야말로 가장 위대함으로 빛난다는 사실을 기억하기 바란다.

어찌되었든 인상파의 작품은 잭슨 폴록이나 그 아류 작가들의 이름을 달아서 위조하기가 쉽고, 시뇨르 기링겔리가 흔쾌히 인정했듯 진위를 가려내기가 거의 불가능할 정도였다. 제임스 삼촌은 그 동안 제법 좋은 작품을 잘 사들이고 있다는 자신의 생각이 전복되어 버린 바람에 딜레마에 빠져버렸다. 이제 그의 눈에는 누구라도 코로나 모네를 그릴 수 있을 것 같고 사인 또한 마치 수표책에 하듯이 쉽게 모방해 낼 수 있을 것 같았다.

한 가지 빠져나갈 방법이 있긴 했다. 예술가가 살아 있는 경우, 그를 찾아가 진품 여부를 확인받은 뒤, 그 사실을 기록으로 남겨 문서를 은행 금고에 넣어두는 방법이 그것이다. 그리고 이 방법은 실제로 통용되었다. 19세기 내내 많은 사람들에게 이 방법은 적절한 보안책으로 이용되었다. 위조가 판을 쳤음에도 불구하고 사람들은 진지하게 해결책을 모색했던 것이다.

당당한 위조꾼들

이제 돈에 대해 확고한 가치관을 가지고 있으면서, 놀리컨스의 이름을 사용한 어느 훌륭한 구시대 위조꾼의 이야기를 들여다보자. 그의 이름은 한스 반 메르게른Hans Van Meergeren(1889~1947)이다. 그는 자신의 직업에 대해 끝없는 고통을 감내한 사람으로, 작업에 쏟아붓는 시간을 전혀 아까워하거나 꺼려하지 않았다. 참으로 오늘날의 위조꾼들에게서는 찾아볼 수 없는 품성이다. 그는 가장 베끼기 어려운 화가의 작품, 특히 유작이 몇 안 되는 베르메르를 선택했다. 베르메르는 인상파가 생기기 오래전에 이미 빛을 그린 화가로서, 결코 서두르는 법이 없었다. 예술사에서 불멸의 명화로 꼽히는 그의 「델프트 풍경」은 운하를 가로질러 늘어선 고만고만한 집들을 그린 단순한 그림인데, 그가 창출해 낸 대기의 효과는 가장 위대한 인상파 화가들조차도 비견될 수 없는 높은 수준이었다.

반 메르게른은 그만의 방식으로 베르메르를 그려서 갤러리 주인과 감독에게 팔았으며, 그런 식으로 벌어들인 돈이 250만 달러가 넘었다. 그는 나중에 체포되어 일 년 동안 수감생활을 했지만, 이 처벌은 결코 그의 위조작업 때문이 아니었다. 그를 감옥에 보낸 것은 제2차 세계대전 동안 나치에 동조했다는 혐의 때문이었다. 이 판결은 상당히 수긍이 가는 것이, 반 메르게른은 네덜란드인이었고 판사도 네덜란드인이었다. 그들로서는 다른 건 몰라도 나치 같은 폭도들과의 공조는 성실하고 근면한 네덜란드 시민의 품성을 해치는 용인될 수 없는 죄과였으니 그는 마땅히 대가를 치러야 했다.

안타깝게도 메르게른의 위조 인생은 불행으로 마감한다. 1950년대에 나는 메르게른의 위조 작품 12점 가량이 파리에 있는 프랑스 정부 청사에서 전시된다고 하여 보러 간 일이 있었다. 작품은 하나에서 열까지 모두 형편없었다. 왜 알 만한 갤러리 주인들이 그의 작품을 전시할 생각을 했는지, 누가 어떤 방식으로 그들을 설득했는지 얼른 이해가 되지 않았다. 나는 메르게른이 땡전 한푼 없이 죽었다는 것만 여기에 기록한다.

위조꾼들은 이제 가장 쉬운 표적을 찾았다. 인상파 화가들은 일을 망쳐놓았고, 후기 인상파가 나서서 새롭고 순수한 무질서를 탄생시켰다. 후기 인상파란 이름을 명명한 이는 런던의 유명한 미술비평가 로저 프라이Roger Eliot Fry이다. 프라이는 몸집이 작고 온유한 성품을 지닌 사람으로 나와도 친분이 있었다. 그는 오후에 즐기는 홍차 한 잔에도 깊은 관심을 보이는 사람이었다. 어느 날 나는 그와 약속이 있어서 런던의 블룸즈버리에 있는 그의 아파트의 가파른 계단을 올라갔다. 계단의 벽면에는 세잔, 마티스를 위시한 유명 화가들의, 가격을 매길 수 없는 작품들이 죽 걸려 있었다. 프라이는 그곳에서 차 한잔을 마시면서 나 같은 젊은이들에게 그림에 대해 설명하곤 했다. 그는 내게 '의미 있는 형태significant form'를 찾아야 한다는 말을 했다. 여기서 '의미 있는 형태'는 당시 블룸즈버리를 풍미하던 단어였다.

내 정신작용이 차 한잔에 고무되었던 탓인지, 나는 그에게 과감하게 반문했다. "그럼 의미 없는 형태insignificant form란 무엇인가요?" 뒤이은 잠깐의 정적 속에 찻잔에는 두 번째 차가 따라졌고, 그 차를 한 모금 마시면서 나는 "극도로 의미 없는 형태란 계란 프라이 같은 것이 아닌가요?" 하고 말했다. 그런데 그 일이 있고 한 주가 지났을까. 피카딜리 거리가 끝나는 곳의 한 갤러리에서 나는 파블로 피카소(당시 런던에는 별로 알려지지 않은 화가였다)의 유화 한 점을 사라는 청을 받았다. 그림과 프레임을 합한 가격이 15파운드였다. 적당한 가격이라고 생각했는데 그 그림은 바로 계란 프라이를 그린 것이었다. 나는 뭔지 모를 부끄러움을 느꼈다.

진실은, 인상파들의 추종자들이 모든 규칙을 벗어던진 후, 규칙의 폐기 그 자체가 창조적인 행동이 되었다는 것이다. 콘스탄틴 브랑쿠시(1876~1957)당시는 아마 20세기의 진정한 천재 중 한 사람이라 할 수 있을 텐데, 매끄러운 금속으로 조각 하나를 만들고 「공간 속의 새」 Bird in Space라는 제목을 붙였다. 판매상들이 이 조각품을 미국으로 보냈을 때 미국 세관에서는 이를 기계류로 간주하여 세금을 매겨야 한다고 주장했다. 판매상과 비평가들 사이에서 한바탕 엄청난 소동이 있은 후 이 새의 가격은 치솟았다. 그런데 미국 세관의 주장은 옳았다. 이 금속 조각상은 지금 런던의 테이트갤러리에 있는데, 아무리 봐도 기계의 한 종류로 보인다. 실제로도 내가 마지막으로 그곳을 방문했던 날 나는 초등학교 학생들 한 무리에게 둘러싸여 있었는데, 그 아이들 대다수가 이 작품이 초음속 여객기인 콩코드를 닮았다고 했다. 브랑쿠시가 이 새를 제작한 때는 그 비행기가 만들어지기 수십 년도 더 전이었는데 말이다.

이 새가 탄생하기까지는 수년간의 땀과 시행착오의 과정이 있었다. 그러나 그 과정은 다른 사람에게는 보이지 않는다. 위조꾼들은 몇 시간이면 거푸집을 만들 수 있는 진흙 모델을 만들어낸다. 그림의 위조도 똑같은 과정을 밟는다. 일단 기본 틀이 완성되면 수천 개를 만들어내는 것은 식은 죽 먹기다. 요즘은 제임스 삼촌도 나름대로 감각이 생겼다. 그의 바지는 이제 펑퍼짐하지 않다. 그는 이제 진 바지를 입는다. 그러나 불운했던 빅토리아 시대의 선조들과 마찬가지로, 갤러리에 들어서면 그는 여전히 예술품 판매상의 호구이다.

제임스 삼촌에게는 모리스 위트릴로(1883~1955)가 그린 프랑스 거리의 멋진 풍경 같은 작품들이 조심해야 할 상대다. 위트릴로는 맑은 정신이 아닐 때 작업을 하는, 대단히 비범한 화가였다. 그러니 그가 맑은 정신인 때가 거의 없었다는 것이 우리로서는 다행스러운 일이다. 그가 입은 영혼의 상처에 비견할 아픔을 지닌 이들은 예술가들 중에서도 많지 않다. 그는 공중곡예사의 아들이었다. 딱히 공중곡예 때문은 아니었지만 그의 어머니는 낙상을 했다. 하는 수 없이 그녀는 먹고살기 위해 화가의 모델 노릇을 하게 되었으며, 자연스럽게 그녀 자신이 화가가 되었다. 그녀는 이제 그네에서 내려와 육지에 정착했으나 그렇다고 안전해진 것은 아니었다. 그녀는 한 취객에게 강간당했고 그 결과 위트릴로가 태어났다.

위트릴로는 아주 어려서부터 술을 마시기 시작했으며, 따라서 법적으로 책임을 질 만한 나이가 되었을 때까지 무엇 하나 제대로 된 게

없었을 것은 뻔한 일이었다. 그 또한 그림을 그렸다. 인상주의적 기법, 또는 후기 인상파의 기법을 답습했기 때문에 그도 거리로 나가 빛의 변화에 따른 진실한 효과를 잡아내려 했다. 그러면서 한편으로는 뒷골목에서 어머니가 당한 것 같은 불운을 겪지 않으려는 생각에서였던지 가끔씩 집에 머물면서 그림엽서의 풍경을 베껴 그리기도 했다.

그의 작품들을 엮어놓은 카탈로그가 하나 있는데, 이 책자에는 진품으로 알려진 4,000점의 캔버스화와 위조로 판명된 그림 1,000점이 열거되어 있다. 나는 세계여행 중에 위조 작품 중 일부를, 내게 친절히도 점심이나 저녁을 대접한 사람들의 집 벽에서 보았다. 반 메르게른의 것과는 달리 그것들은 매우 훌륭한 가짜들이었다. 이미 살펴보았듯이, 아름다움이란 작품을 사는 사람의 눈에 달려 있는 것이기에, 나는 그들의 따뜻한 환대 속에 식탁에 함께 앉아서 아무 말도 하지 않았다.

그러나 위트릴로 작품의 위조꾼들 중 한 사람의 이야기를 하지 않고 넘어가기란 나로서도 쉽지 않다. 위트릴로가 너무 취해서 붓을 잡기가 힘들 때는, 바쁘게 사업을 하고 있던 그의 판매상이 팔레트를 들고 대신 그림을 그려 가져다 팔기도 했다! 마치 위트릴로처럼, 아주 자연스럽게.

위트릴로의 판매상이 보여준 삶의 방식에도 분명 뭔가 매력적인 부분은 있다. 그 역시도 재능 있는 인물로서, 알코올중독자인 또 한 사람의 재능 있는 화가에게 도움의 손길(이 말이 지닌 실질적 의미 그대로)을 내밀었던 것은 부정할 수 없는 사실이다. 말하자면 그는 일인 알코올중독 방지회였던 셈이다.

위트릴로에게는 또다른 친구도 있었다. 사람들은 그녀를, 반짝거리는 옷 장식이나 캉캉, 화려한 장롱을 연상시키는 "체치 뒤 몽파르나스 Zezi du Montparnasse", 즉 몽파르나스의 체치라는 이름으로 불렀다. 그러나 그녀는 매우 열심히 일하는 여성이었다. 그녀의 이름 뒤에 붙은 몽파르나스는 예술가들이 모이는 몽마르트르가 아니고 옛 소르본 대학 주변의 한 지구地區이며, 주요 거주민들은 학생이다. 체치는 학생은 아니었지만 뭐든 빨리 배우는 사람이었다. 그녀 역시 이 신동의 심신이 편치 않을 때면 위트릴로의 역할을 떠맡았다. 그녀는 그림에서 묘사해야 할 지역의 넓이에 따라 100프랑에서 300프랑까지 적정한 비율로 작품의 가격을 매겼다.

만약 누구라도 체치를 폄하하고 싶을 때는 위트릴로가 베끼기 쉬운 화가였다는 평계를 대면 된다. 사실 그는 그림엽서를 가져다놓고 따라 그리기도 했던 사람이니까! 그러나 체치에게는 어떤 깊이가 있었다. 심지어 그녀는 피카소의 그림까지도 같은 가격에 위조해 낼 수 있었다. 당시 피카소는 여전히 젊었고, 끊임없는 창의력이 활화산처럼 불타오르고 있었다. 그는 예술계의 카멜레온이었으며, 체치는 그의 스타일의 '석간', 즉 누구나 다 아는 것은 카피하지 않았다. 그녀는 그가 이미 내버린 것들만 베꼈다.

순전히 감상적인 의미에서, 나는 워싱턴 조지타운의 어느 집 식당에 걸려 있던 위트릴로의 모사품이 체치의 작품이라고 생각하고 싶다. 그 작품의 주인은 위트릴로의 숭배자였는데, 많은 돈을 주고 구입한 그림임을 여러 번 내게 이야기했다. 7만 프랑이면 체치-위트릴로의 작품치고는 상당한 가격을 치른 것은 분명했다. 게다가 그 일이 벌써 이삼십 년 전의 일이니까.

그러나 제임스 삼촌이 그림을 구매하기 전에 미리 화가들에게 달려가 보여주면서 진품인지를 물어볼 수는 없었을까? 이미 살펴보았듯이 혁명의 초기 시절에는 그도 그럴 수 있었겠지만 새로운 세대들은 그것이 쉽지 않았다. 피카소와 위트릴로에게는 제임스 삼촌이 '예술가 기질'이라고 이름붙인, 부르주아지로서는 이해할 수 없는 어떤 특질이 있었기 때문이다. 이들 뻔뻔스러운 졸부 화가들은 사실상 부르주아지를 기만하고 있었다.

위트릴로는 자신의 그림을 베끼는 위조꾼들에게 대단히 관대했다. 누군가 그에게 자신의 모작 하나를 보여주자 그는 "내가 그린 것 같기도 하고……"라고 말했다 한다. 이런 식으로 그는 굳이 작품의 진위를 가려내려 하지 않았다. 아니, 그럴 필요가 없었다.

아니면 혹시 특별한 이유가 있었을까? 예수회의 수도사들은 궤변의 기술, 즉 도덕적 딜레마에 관한 갑론을박을 조심스럽게 전개해 가는 기술이 경지에 이른 사람들이다. 언젠가 나는 대단히 수양을 높이 쌓은 예수회 신부님 한 분에게 위트릴로의 도덕성을 평가해 달라고 청한 일이 있었다. 그는 생각해 보더니 이렇게 대답했다. "그가 실천적인 천주교도라면 고해성사를 해야 할 것입니다. 내게 고해성사를 해온다면 헤일 메리Hail Mary(성모 마리아에게 드리는 기도 – 옮긴이) 3회와 사면을 내릴 겁니다. 그리고 가능한 한 빨리 작업실로 돌아갈 수 있게 해달라고 기도하라는 충고와 함께 말이지요."

피카소 역시 위조꾼들에게 무척 관대했으며, 종교적인 사람이 아니었다. 그는 수없이 많은 자신의 모작들과 마주칠 때도 철저하게 실용주의 노선을 견지했다. "마음에 들게 그렸다면 내 사인을 해주겠어"라고 말이다. 제임스 삼촌 같은 부르주아지가 이들 화가들에게 기만당한다는 것은 당연하다 하겠다.

조르조 데 키리코(1880~1979)는 후기 인상파를 잇는 화가 집단에서 가장 유명한 인물 중 하나였다. 형이상파形而上派로 알려진 이들의 작품은 경매에서 매우 고가로 낙찰된다. 그만큼 훌륭한 투자 대상이라는 의미다. 이탈리아 밖에서는 일반적으로 형이상파를, 살바도르 달리를 수장으로 하는 초현실주의 운동의 일부로 간주했다. 달리의 작품은 그의 잘 가꿔진 콧수염의 끝이 올라간 만큼이나 고가를 구가했다. 달리는, 일생 동안 이 스타일의 범주 안에서 다양한 변화를 모색하면서 꾸준히 그림을 그렸다.

반면에 키리코는 금세 형이상파에 싫증을 냈으며, 나중에는 아예 정나미 떨어져했다. 판매상들이 자신의 형이상적 작품들의 가격을 천정부지로 올려서 팔고 있는 옆에서, 키리코는 그것들이 모두 "키치(저속한 모방품)"이며, "정크(쓰레기)"라고 말하고 다녔다. 그 외에도 혀끝에서 쏟아지는 말이면 뭐든 다 내뱉었는데, 특히 로마에 터를 잡고 살면서부터 그런 형용사는 차고 넘칠 만큼 배울 수 있었다. 이후 그는 루벤스 같은 위대한 거장들의 스타일을 따랐으며, 이따금 털북숭이 백마를 그리는 일만 빼면 그가 초현실주의자였다는 흔적은 어디에도 남아 있지 않았다. 그는 주로 다양한 역사적인 의상들을 입고 있는 그 자신에 대한 초상화를 그렸다.

키리코의 형이상학적인 그림들은 베끼기가 매우 쉬웠다. 회화적인 테크닉이 거의 필요하지 않아서였는데, 그렇게 된 주된 이유는 키리코가 그런 것을 싫어했기 때문이다. 또한 키리코의 그림에는 종종 여성 의상 제작자들이 치수를 잴 때 사용하는 인체 모형, 즉 마네킹이 자주 등장했으며 그 때문에 키리코가 가장 잘 나가던 때에는 대중 사진작가들이 자신의 사진 속에 그런 식의 형이상학적 대상물을 포함시키는 붐이 일기도 했다. 그리고 이런 경향은 다시 원작 그림의 가격을 올리는 결과가 되었다.

키리코는 자신의 그림을 시장에서 빼내기로 작정했다. 그는 발 닿는 곳마다 자신의 그림을 무조건 사들였으나 여전히, 곳곳에서 쏟아지는 모작의 문제는 남아 있었다. 그는 갤러리 주인들에게 치명적인 일격을 가할 수 있는 기회를 포착했다. 그는 피카소보다 한술 더 떴다. 가짜라도 마음에 들면 사인을 하겠다는 말 대신 자신의 말을 경청하고 있던 한 저널리스트에게 이렇게 말했다고 한다. "모작이 형편없을수록 진품이라고 말해 주겠소."

키리코를 가장 열렬히 숭앙한 화가는 시뇨르 레나토 페레티였는데, 키리코의 모작으로 성공한 최고의 위조꾼이었다. 키리코가 사람들의 공경을 받을 만한 나이에 세상을 떠나는 순간, 페레티는 체포되었다. 이 일은 예술품 판매상들 사이에서뿐만 아니라 인플레이션에 대비해 키리코의 작품을 사재기했던 이탈리아의 갑부들 사이에서 일대 소동이 일어나는 원인이 되었다. 물론 억만장자들은 이미 나름의 대처방안을 강구해 놓고 있었다. 납치당할 것에 대비해서 런던에 있는 로이드 사에 보험을 들어놓았던 것이다. 레오나르도 다 빈치와 미켈란젤로의 고향인(뿐만 아니라 퇴임 수상이 저격당하기도 하는) 이 나라에서는, 턱없이 부족한 경찰력을 비웃으며 매년 200건 이상의 납치 사건이 일어나고 있어서 보험료도 대단한 금액으로 올라 있었다.

그러나 백만장자들이 소유한 키리코의 작품들이 한푼의 가치도 없는 가짜라거나, 혹은 황금과 같은 가치를 지닌(또는 그 이상인) 진품이라고 말해 줄 수 있는 유일한 사람을 체포한 이들도 역시 경찰이었다.

판매상들은 한결같이 충격을 받았다. 그들 모두 레나토 페레티를 잘 알고 있었다. 페레티는 키리코만 위조한 것이 아니었다. 그는 당시 판매상들이 대단한 투자가 될 것으로 내다보고 밀어주고 있던 모던 아티스트, 피시스De Pisis도 훌륭히 재현해 낼 수 있는 사람이었다. 그 때까지만 해도 피시스가 국제적인 명성을 얻은 상태는 아니었지만 세 잔도 하루아침에 대형 우량주가 되지 않았던가? 마찬가지로 백만장 자들의 이름도 언제 미리 들어보았던가? 부란 하루아침에도 쌓일 수 있는 것이다.

다행스럽게도 페레티는 부정할 수 없는 재능에 더하여 내면의 침착 성과 유머 감각까지 겸비한 인물이었다. 치안 판사 앞에 선 그의 뇌리 에 사기 죄목에 대한 온갖 사유가 뇌성처럼 스쳐 지나갔다. 그 와중에 사법 당국에서 — 레오나르도 및 누구, 누구, 누구 등등 셀 수 없는 거 장들의 고향인 — 이탈리아의 이름을 수치스럽게 하는 페레티와 같은 사기꾼을 집중적으로 추적하고 있다는 이야기가 들렸다.

그는 과오를 뉘우치는 정중한 사과 끝에 다음날 풀려났다. 그 밤새, 경찰과 치안 판사들은 자신들에게(또한 백만장자들에게) 키리코와 피 시스, 그리고 그 외 거장들의 위조작이 어느 것인지를 말해 줄 수 있는 유일한 사람이 페레티라는 사실을 거듭 확인했던 것이다.

자유의 몸이 된 페레티는 우아한 태도로 텔레비전과 신문의 인터뷰 를 받아들였다. 덕분에 그 상황에 대한 그의 생각을 대할 수 있으니 우리로서는 다행인 셈이다. 그 말들을 인용해 보겠다.

"내가 하는 말을 잘 적으시오." 그는 한 저널리스트에게 이렇게 말 했다.

"나는 위조꾼이 아니라 모사화가일 뿐입니다. 나는 원작자인 저들 천재들에 대해 마음에서 우러나오는 존경심을 가지고 있으며, 따라서 키리코의 작품이거나 피시스의 작품이라고 하면서 내 그림을 팔아본 적은 결단코 없습니다. 나는 항상 레니 다 데 키리코Reni da de Chirico 혹은 레니 다 데 피시스Reni da De Pisis 라고 사인했습니다."

'다da'를 영어로 옮기기란 쉽지 않다. 다만 활용 예를 가지고 유추해 보면 우리가 소년 시절에 배웠던 친숙한 언어인 라틴 문법에 따라 'by', 'with', 내지는 'from' 정도로 옮길 수 있다. 다행히 시뇨르 레나토 페레티는 문법을 가지고 더 이상의 고민을 하지 않아도 되게 한 마디를 덧붙였다.

"물론 내 작품의 완벽함에 감탄한 판매상들 중에 자기네 스스로 '레니 다'를 지워버린 경우는 있다고 들었습니다만, 그것까지 내 잘못이겠습니까?"

『스탐파 세라 Stampa Sera』는 역사와 전통을 자랑하는 신문이다. 그와 인터뷰를 한 기자는 열심히 주어진 숙제를 했다. 그 기자는 시뇨르 페레티가 완벽을 추구하는 과정에서 다양한 경우에 놓일 수 있음을, 부득이 원작 화가의 사인을 모조할 때도 있을 수 있음을 조목조목 지적했다.

이런 식으로 페레티는 난국을 요령 있게 헤쳐나갔을 뿐 아니라 보다 적극적으로 자신을 변호했다.

"사인도 주요한 구성 요소가 아닙니까? 당연히 그렇지요. 그런데 어떻게 최선을 다하는 모사화가로서 그 점을 무시할 수 있겠습니까! 재단사가 정장 한 벌을 지으면서 단추 하나라도 헛되이 여기지 않듯, 나도 마찬가지입니다. 거듭 말하지만 나는 모사화가입니다. 마치 다른 사람이 쓴 대본대로 대사를 되풀이하는 연기자와 같습니다. 그렇다면 말입니다. 내가 물어보겠습니다. 왜 나는 위대한 피아니스트에게는 주어지는 찬사를 똑같이 받을 수 없는 건가요?"

하! 꽤 일리 있는 논박이다. 특히 피아니스트 부분은 더욱 그렇다. 위대한 피아니스트는 악보의 음표 하나하나, 빠르기 부호 하나하나를 충실히 표현해 내야 하기 때문이다. 가장 우레와 같은 박수는 대개 그들이 악보와 완벽하게 일치하는 연주를 할 때 나온다. 이쯤에서 나는 시뇨르 페레티의 훌륭함은 그의 '모사화들' 속에 루바토rubato, 즉 자유재량의 표현이 없다는 점이라는 말을 해두고 싶다. 그런데 불행히도 루바토는 'robbed' 즉 '강탈당한' 이라는 의미도 포함되어 있다. 이제 다음으로 넘어가자.

12

경매인들,
토끼를 모자 속에 넣는 법

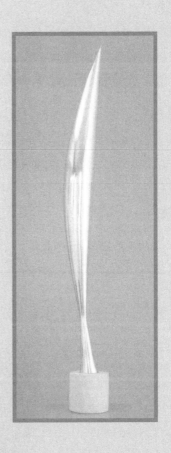

진품과 모조품의 차이

모네가 한 번도 진지하게 생각해 본 적이 없다고 한 화가 고갱의 그림 한 점이 어느 경매에서 엄청난 가격에 팔렸을 때 피카소는 이를 뛸 듯이 기뻐했다. 자신이 소장한 '고갱의 작품'의 가격이 덩달아 올랐기 때문이다.

이제 이야기도 막바지에 이르렀으니 다시금 우리가 처음 떠나온 자리, 경매로 눈을 돌려볼 필요가 있겠다. 분명 여기에는 우리의 제임스 삼촌에게 안전한 천국이 있다. 자유로운 사회에서는 그것이 무엇이 되었든 사물의 가격은 사람들이 그 상품에 대해 그 돈을 낼 것인가 말 것인가로 결정된다. 경마장에서 마권업자의 조수들은 관중이 이기는 말에 돈을 거는지, 혹은 그 반대인지를 전달하기 위해 난해한 몸짓을 자기들끼리 주고받는다. 전세계의 증권거래소에서는 유치원을 방불케 하는 떠들썩한 소란이 연출된다. 그리고 이는 다시 사람들이 돈을 낼 것인지 아닌지에 의해 다시 한 번 정리가 된다. 경매는, 한 집을 가득 채울 만한 가구들이 되었든, 아니면 지금까지 우리가 다루어온 거장들의 작품이 되었든 어느 경우나 공정한 신용 본위의 사업이어야 한다.

소더비와 크리스티 경매는 예술품 경매의 양대 산맥이며, 이는 전 세계가 익히 알고 있는 사실이다. 이들은 마치 바티칸처럼, 혹은 실제로는 그 이상의 위엄과 공신력을 인정받는다. 다만 누구라도 카톨릭 신자가 되고자 할 때는 돈을 낼 필요가 없지만 소더비나 크리스티와 거래하려면 구매자와 판매자 모두 거래 금액의 10퍼센트 또는 그 이상의 수수료를 내야 한다. 자연히 일반인은 가까이 다가가지 못하게 되고, 두 회사는 당연히 그런 분위기를 조장한다.

심사가 꼬인 사람들은, 한 곳은 신사인 척하는 경매인이 모인 곳이며, 다른 한 곳은 경매인인 척하는 신사가 모인 곳이라는 말로 이 둘을 구별짓는다. 각각이 어디를 가리키는 말이었는지는 내 편한 식대로, 잊어버렸다. 그냥 영국 특유의 신사연하는 속물근성은 거론하지 말고 (둘 다 영국 회사이므로) 두 곳 모두 '신사들의 신사들gentlemen's gentlemen' 이라고 하면 될 것 같다.

만약 제임스 삼촌이 그림을 구매할 일이 있어서 이들의 서비스를 이용하기로 결정한다면, 그 즉시 그는 안전함이 무엇인지를 느끼게 된다. 갖가지 전제 조건이 나열되고 완벽한 조명 아래 상품이 전시된다. 모든 것이 정직하고 부정이란 개입될 여지가 없다. 만약 그가, 구매가 아니라 가지고 있는 작품을 처분하고자 할 때도, 이들과의 거래는 은밀한 전당포 분위기와는 거리가 멀다. 그는 이 방면에 정통한 젊은 남녀와 만나게 되며, 그들로부터 시장 상황에 대한 상세한 설명을 들을 수 있다. 구매의 경우, 전시 허가는 아름답게 장식된, 또한 때로 비싸기까지 한 카탈로그에 따른다. 이 카탈로그에는 대부분의 상품에 대해 크기와 연대, 이전의 소장자 등 그가 알고 싶어할 모든 것이 사진과 글로 낱낱이 설명되어 있다.

자, 그럼 제임스 삼촌은 마치 두터운 카펫 위를 걷듯 안전한 것일까? 만약 그가 수완 좋고 냉정하게만 행동한다면 대답은 '예스'이다. 그가 마티스의 작품 하나를 점찍었다고 하자. 진정한 예술애호가로서 그는 이 작품에 진한 감동을 받았다. 그는 카탈로그를 들여다본다. 책자의 정보는, 당연히 고인이 된 거장을 표현하기에는 턱없이 부족하지만 각종 사실 정보는 꽤 명료하다.

"N°1367, 구아슈(아라비아 고무 등으로 만든 불투명한 수채화 채료 - 옮긴이) 수채화, 33cm × 25cm. 마티스."

이 정보는, 그 작품이 위조라는 의미이거나, 적어도 소더비나 크리스티의 고위 관리들이 자신들의 생각을 잘 짜깁기했다는 의미이다. 물론 그들도 확신을 못했을 가능성이 큰데, 그 이유는 앞장에서 살펴본 대로이다. 누군가가 그것이 진품이라고 생각하고 싶어한다 해서 누가 뭐랄 수 있으랴. 그들은 신이 아니고, 따라서 무오류의 존재가 아닌 것을. 그들은 그저 정직한 사람일 뿐이다. 그들은 그 작품이 마티스의 것이 아닌가 생각했고, 그래서 카탈로그에 마티스라고 적어넣었다. 더 이상 어떻게 공정하겠는가?

다음 단계에서는 일의 순서가 좀더 명확해질 것이다. 제임스 삼촌은 그리스도 강가降架(예수를 십자가에서 내림 - 옮긴이)를 그린 작은 스케치에 마음이 많이 끌린다. 카탈로그를 보니 "P. P. 루벤스"의 것이라고 되어 있다. 그제야 제임스 삼촌은 루벤스의 세례명이 페터 파울이란 사실을 알게 된다. 모든 것이 질서정연해 보인다.

그러나 소더비와 크리스티의 사람들은, 카탈로그의 문구가 '내가 위에서 말한 의미'를 담고 있을 경우에는 완벽한 일처리를 위해 필사적으로 애쓴다. 그들은 '그리스도 강가'에 대해 의심을 해본다. 정말로 루벤스가 그린 것일까? 아니면 그림 공부를 하는 학생이거나 시뇨르 페레티 같은 모사화가들의 작품일까? 그러나 그들은 섬세한 지각력를 갈고 닦은 사람들로서, '대가의 작품인지 명확하지 않다'는 따위의 표기를 하는 일은 허락하지 않을 것이다. 게다가 다른 소장자들은 그것이 진품이라고 믿고 있고, 그 사람들의 명단도 카탈로그에 기재되어 있다. 결국 그들은 '그리스도 강가'를 P. P. 루벤스의 것으로 하기로 한다.

그런데 이 대가를 P. P.라고 부르는 사람은 없다. 그 누구도 "나 말야. 한 시간 동안 피피 작품을 감상했지 뭐야. 정말 대단한 사람이야"라고는 하지 않는다. 사실 유명한 예술가 중에 이니셜로 알려진 사람을 찾기란 누구라도 어려운 일이다. 그런 식의 표기는 상업적인 회사의 간부에게나 어울린다. 말하자면 'P. P. 루벤스'는 경매인들이 이 작품에 대해 모종의 의심을 품고 있음을 은근히 나타내는 그들만의 표기 방식이다.

만약 그들이 아무런 의심을 품지 않았을 때는 어떻게 할까? 그런 때 그들은 단순하게 예술가의 세례명을 적는다. 앙리 마티스, 파블로 피카소, 폴 고갱 등.

정리하자면, 제임스 삼촌이 위조품이나 모사품을 개의치 않고 수집할 정도의 별난 구석이 있는 사람이라면 경매장이야말로 그런 작품을 구매할 수 있는 최적의 장소이다. 경매인들은, 특히 가짜에 관한 한 보증할 수 있는 사람들이니까. 물론 제임스 삼촌이 세상 물정에 밝다는 가정 하에서 하는 말이다.

부자들의 지갑을 열어라

경매장 안에서는 모든 것이 조용하고 단정하다. 또한 일반적으로 'Under the hammer', 즉 '경매에 붙여진다'고 하는 말은 우울한 느낌을 주기까지 한다. 특히 자신이 아껴 마지않는 재산이 그런 식으로 사라지는 것을 지켜보는 사람에게는 더 그렇다. 이런 분위기를 감지한 경매인들은 눈치 빠르게 경매장에서 망치hammer를 없애버렸다. 단상의 입찰자는 망치 대신 상아로 된 조그만 무언가를 들고 있는데, 생긴 것이 꼭 무명실을 감은 얼레 같다. 이것을 가볍게 두드리면 '팔렸다'는 표시이다.

입찰은 호가가 점점 올라가서 백만 달러를 넘기기도 하는데, 입찰자는 이를 진정 영국인다운 냉정함으로 차분히 진행시킨다. 실제로 입찰자 중에 영국인은 몇 안 된다. '냉담한 침착성'이라고 할 이런 특질은 영국인들이 예술품을 포함하여 너무 여기저기에 써먹어서 이제는 어느 나라에서건 훌륭한 국립의료시설에서 의사와 상담할 때면 느낄 수 있는 흔한 것이 되었다. 그럼에도 불구하고 입찰자라고 하면 국적을 불문하고 영국식의 '자제심'을 발휘하여 스스로의 마음을 다스린다. 입찰자들은 코를 긁는 행동으로 가격을 올리기도 하고, 안경을 벗거나, 턱수염을 쓰다듬기도 한다. 입찰자들의 이런 행동은 이미 잘 알려져 있기는 하지만 때로는 극단적이 되는 수도 있다. 크리스티 사의 어느 경매에서 그런 일이 실제로 일어났다.

그것은 한 유명한 수집가가 정말로 아무런 행동도 하지 않고서 엄청난 달러를 불렀던 사건이었다. 입찰에 앞서 그는 "내가 앉아 있기만 하면 그게 입찰입니다"라고 딱 잘라 말했다. "만약 입찰이 내가 걸 수 있는 가격을 넘어서면 그냥 일어나서 나가버릴 테니까요." 불행히도 경매인은 이 당부를 잊어버렸고, 수집가가 그렇게도 지독히 갖고 싶어했던 경매 상품을 다른 사람에게 낙찰시켜 버렸다. 미리 약속한 대로 내내 자리를 지켰던 수집가는 소송을 불사할 만큼 격노했다.

그러나 크리스티는 매우 오래된 회사이고 그런 식의 공교롭고도 난감한 사태를 어떻게 넘겨야 하는지를 잘 알았다. 이 회사는 1770년, 사업 시기를 잘 선택한 존 크리스티에 의해 설립되었다. 때마침 프랑스혁명이 시작되었고, 그 와중에 그는 영국으로 망명하는 프랑스 왕당파에게서 그림과 오브제다르objets d'art(작은 미술품, 골동품 – 옮긴이), 모피를 입수하여 매우 성공적으로 사업을 해나갔다. 1978년 이 회사의 매출액은 1억 파운드를 넘어섰으며, 상아 얼레가 낙찰시킨 경매 물품의 최고 가격은 그야말로 상상을 초월한다. 벨라스케스가 자신의 시종을 그린 그림 한 점이 이 조용한 방에서(1970년에) 220만 파운드(462만 달러)에 팔렸던 것이다. 소더비도 뒤질세라 승승장구했다.

이 어마어마한 가격들이 과연 코를 문지르거나 못 박힌 듯 자리에 앉아 있는 단순한 과정에 의해 낙찰된 것일까? 제임스 삼촌을 위해, 나는 그렇다고 기록하고 싶다. 그러나 그가 안경을 벗어서 신호를 보내 그림을 차지하기 전에 그가 알아야 할 것들이 한두 가지 있다.

우선 부자들은 변덕스러울 수 있다는 것이다. 행운아였던 판매상 밀뱅크의 두빈 경은 한때 대단히 많은 돈을 들여서 소장하고 있던 작품들의 올컬러 화보집을 제작한 일이 있었다. 그는 이 책을 자동차왕 헨리 포드에게 보냈고, 포드는 "너무도 친절하게 보내주신 책자를 아내와 함께 넘겨보면서 큰 기쁨을 맛보고 있다"고 감사의 답장을 보내왔다. 그런데 그는 편지 말미에, 그 자신과 아내는 책자가 너무 훌륭하게 그림을 보여주어서 실제 작품을 살 필요가 없다고 생각한다는 말을 덧붙였다. 맙소사!

다음으로 알아야 할 것은 부자들에게는 무엇을 팔기가 어렵다는 점이다. 그들에게는 밀어붙이는 것이 통하지 않는다. 그림이 등장하면 그들은 그 방에 있지도 않으며 대리인도 어디론가 가버린다. 덕분에 박물관 감독들은 일시적인 자금난을 겪기도 하고 수탁자들과 마찰을 일으키기도 한다. 경매인들은 이에 맞서 그들 스스로를(또한 판매자들을) 보호해야 한다.

입찰의 진행을 그들 사이에서는 '오프 더 월off the wall', 즉 즉흥적으로 연출되는 상황이라는 의미의 속어로 부르는 이유가 거기에 있다.

여기서 'wall', 즉 벽이 상징하는 것은 짚으로 만든 인형, 허수아비 같은 대역이다. 흔히 '익명'으로 표현되기도 하지만 실제로는 주요한 인물임이 드러나는 경우가 더 많다. 그는 이름을 대면 알 만한, 판세를 훤히 읽는 판매상이 될 수도 있으며, 그렇지 않으면 경매인들이 즉석에서 지어낸 이름일 경우도 있다. 크리스티 경매는 이 중에서도 나중의 아이디어에 대해 상당히 신경을 쓰는 편이다.

한 점의 그림은 이런 식으로 엽서, 전화 또는 정체를 알 수 없는 대리인에 의해 허위 입찰에 붙여진다. 상아 망치는 20만 달러에 경매를 낙찰시킨다. 유명한 화가의 그림은 모두가 카탈로그에 기재되어 있는 것과 같이 기록된 역사(출처라고 알려진)를 지니고 있으며, 그 그림은 이제 실제로 돈을 낸 사람은 아무도 없지만 20만 달러의 '값어치'를 지니게 되었다. 오래지 않아 '익명 씨' 또는 스타우트 씨, 또는 포스터 씨는 그림을 되팔기 위해 경매인들에게 다시 보내올 것이다. 그런 뒤 1년, 2년, 혹은 그보다 더 오랜 시간이 지나고, 어느 날 예술품을 구매하고 싶어하는 사람이 카탈로그를 살펴보다가 이 작품에 시선이 머물게 된다. 결국 그 그림은 제 집을 찾아 자리를 잡게 된다. 그곳이 개인 컬렉션이든, 일반 갤러리이든. 물론 큰손들이 예술품을 샀다고 하면서 소개되는 어마어마한 금액들이 모두 이런 식으로 만들어진 것은 아니다. 그러나 그런 경우가 상당수 있다는 것은 부정할 수 없는 사실이고, 그 자체가 재미있다는 것이다. 숱한 제임스 삼촌들이 그렇게 속아넘어갔고 덕분에 거장들은 끊임없이 돈을 벌고 있으니!

이런 식의 진행이 작고한 작가들에게만 이용되는 것은 아니다. 때로 현존하는 예술가의 작품이 얼마의 금액에 팔렸다는 이야기도 왕왕 들리는데, 우리로서는 귀가 솔깃하지 않을 수 없다. "그 사람이 정말 '그 정도로' 유명해?"라고 속으로 생각한다. 글쎄, 어쨌거나 스타우트 씨나 포스터 씨, 익명 씨는 적어도 그렇게 생각했을 것이 뻔하다. 경매인들이, 활동하는 어느 예술가를 부자로 만들어 주고 싶다는데 누가 뭐라고 할 수 있겠는가?

우리는 처음, 피카소가 예술과 돈에 대해 "나는 알지. 왜? 나는 부자니까"라고 말하는 장면으로 이 책을 시작했다. 이제 나는 제임스 삼촌, 위조꾼들, 갤러리 주인, 경매인 이야기는 그만하려 한다. 이제 이 책을 도서관에 반납하고서 휑뎅그렁한 각자의 작업실로 돌아갈 어느 화가와 조각가에 대해서만 생각하고 싶다.

　그는 피카소처럼 부자가 아닌, 정말 가난한 예술가이다. 그는 루벤스처럼 화려한 옷을 갖춰 입지 못하며, 그의 아버지는 세잔의 아버지 같은 은행가도 아니다. 그는 모네처럼 빚에 시달리며, 레오나르도처럼 사랑하는 사람들에게 모든 것을 빼앗기고 산다. 그의 가족은 오로지 그 한 사람의 목에 매달려 살아간다. 마치 미켈란젤로처럼. 또 페이디아스처럼 몇몇 억만장자의 부인들에게서 금과 상아로 자신의 조각상을 만들어 달라는 주문을 받으면 그는 기꺼이 금 덩어리에서 한 귀퉁이를 떼어내 감출 수도 있다.

　그는 또다시 붓을 들어 캔버스 앞에 서면서 이런 질문을 할 수도 있을 것이다. "예술과 돈은 정말 무슨 관계일까?"

　누구도 명확히 규정할 수는 없으리라. 하지만 예술이란 창작자들이 떠나면서 남겨놓은 불멸의 걸작들이며 그들의 불가해한 재능의 산물이라는 것, 예술은 돈으로 살 수 없는 가치를 지니며 가난 때문에 결코 멈춰지지 않는 것이라는 점만은 분명하다. 지상의 모든 예술가가 영원한 이유가 바로 이것이다.

남다른 비즈니스 감각의 거장들

　예술가에게 돈이란 과연 무엇일까? 이런 흥미로운 의문으로 시작한 이 책 『돈을 사랑한 예술가들』은 전혀 몰랐던 새로운 이야기들이 곳곳에 숨어 있어 번역하는 내내 큰 기쁨과 흥미를 주었음을 먼저 고백하지 않을 수 없다.

　예술과 예술사, 역사와 인류학에 대한 방대한 지식을 자랑하는 오브리 메넨의 대표작 중 하나인 이 책은 참으로 해박한 그의 지식의 단면을 잘 보여주는 책이다. 예술과 예술가를, 예술사와 경제 발전 과정의 두 관점에서 동시에 바라보는 시각을 기조로 하면서도, 그것이 범인류적인 역사 전개의 관점으로 확대해 갈 수 있는 여지를 제공한다는 점에서 미시사의 좋은 본보기로 여겨진다.

　메넨은 너무도 유명한 예술가, 피카소의 이야기를 책머리로 이끌어 쉽고 재미있게, '예술가에게 돈이란 무엇인가' 라는 화두를 던진다. 그런데 '돈을 내 인생에서 어떻게 수용할 것인가' 가 모든 이의 화두로 등장한 시대를 살아가는 우리로서는 그 질문 자체가 이미 남의 이야기가 아니다. 그래서 이 책은 '바로 지금, 나' 라는 관점으로 읽히는 교양서이자 처세서이기도 하다.

피카소의 이야기로 서문을 시작하면서 메넨은 이 거장이, 흔히 말하는 '속물 근성', 좋게 말해 '남다른 비즈니스 감각의 소유자'라고 이야기한다. 이 부분에서 그는 이미 독자의 반발을 예상하지만 이는 다음 이야기로 관심을 유도해 가는 장치의 역할을 한다. 이는 그가 박학다식할 뿐 아니라 소설적 구성, 그것도 추리소설 풍의 얼개를 짜맞추는 데도 능하다는 사실을 알 수 있게 해준다. 그리고 이런 장치는 각 장마다 심심치 않게 등장한다.

그런 이유로, 이 책에 등장하는 적지 않은 예술가의 이름과 그들이 지닌 배경, 또한 그들이 어떻게 돈이라는 민감하면서도 중요한 문제와 맞닥뜨리고 헤쳐나가는지에 대한 이야기는 곱씹을수록 흥미가 배가된다. 전설적인 그리스의 조각가 페이디아스가 주문받은 조각상의 재료인 금을 훔치는 이야기, 색의 마술사 티치아노가 부와 영광을 누릴 만큼 누린 후 늙어서 자신의 묘지를 장만할 때 거금을 기대하는 수도회 형제님들에게 그림 한 점을 주고 빼앗다시피 했다는 대목은 피카소에 이어 우리들이 지닌 예술가에 대한 환상을 단숨에 깨버리는 놀라운 뒷이야기다. 또한 미켈란젤로라는 불세출의 천재가 지닌 구질구질하기까지 한 가족사는 마치 소년 가장의 비화를 보는 듯 가슴 저리게 하며, 베르니니와 보로미니의 대조적인 삶에서 보로미니의 최후는 비장함까지 불러일으킨다. 모네가 친구와 친지들에게 보냈던 수많은 '돈을 애걸하는 편지' 역시 마찬가지다.

우리가 익히 알고 있듯이, 대부분의 예술가들이 가난에 시달렸다. 그러나 메넨이 말하고자 하는 것은 예술가의 가난이거나, 가난으로 인해 그들의 예술혼이 더욱 빛났다는 단순한 명제가 아니라, 예술이 사회 속에서 인정받아가는 한 과정일 뿐이며, 오히려 예술작품의 가치와 예술가의 물욕은 전혀 별개의 문제라는 점이다.

'정말?' 역자 역시 옮기는 과정에서 이런 질문을 여러 번 되풀이했다.

그러나 점차로 나는 그의 발상에 세뇌되어 갔다. 피카소에 대한, 모욕을 방불케 하는 에피소드의 노출에서 시작된 모종의 반발심과 의구심은, 책이 진행될수록 예술가들이 남다른 창조력과 불굴의 도전정신을 가진, 비범하면서 지극히 평범한 '사람'이라는 깨달음과 함께 그들에 대한 진정한 애정으로 변모되었다. 그들이 돈에 매달렸다는 사실 또한 전혀 거부감으로 느껴지지 않게 되었다. 그것은 그가 일시적이고 즉흥적인 아이디어를 내놓은 것이 아니라, 오랜 시간 자료를 조사하고 연구에 연구를 거듭한 끝에 내린 애정 어린 결론이기 때문이다.

실로 메넨은 이 분야에 대한 방대한 지식과 자료의 소유자이다. 언뜻언뜻 비치는 여러 문장을 통해 그가 이 연구에 얼마만한 노력과 시간과 열정을 바쳤는가를 짐작하면서도, 역자는 도대체 메넨의 예술 부문에 관한 이 많은 지식과 상식, 또한 상식의 틀을 깨는 발상은 어디에서 나온 것일까 하는 감탄을 거듭했다.

한 저자가 예술 및 예술가에 대한 지식은 물론이고, 예술품의 거래 시장, 그리고 시장이 형성된 사회적 배경을 고대에서부터 현대까지 꿰뚫고 있기란 짧은 시간에 이루어지는 일이 아니기 때문이다. 아마도 그가 인디언계 아버지와 잉글랜드계 어머니를 두었고, 런던에서 태어나 이탈리아에서 살았던 배경도 얼마간의 역할을 하지 않았나 짐작할 뿐이다.

역자는 이 책을 옮기면서 마치 그리스 신화를 읽는 듯, 『타임스』나 『이코노미스트』 등을 읽는 듯, 혹은 예술가의 생애를 조명한 영화 한 편을 보는 듯, 흥미진진함과 가슴 절절함을 느낄 수 있었다. 예술가들이 있기에 우리의 삶은 더욱 풍요로울 수 있으며, 그것이 인류를 오늘날까지 지탱하게 한 위대한 힘임을 다시 한 번 느끼며 많은 독자들이 공감할 수 있기를 바라는 마음이다.

2004년 2월
박은영

161쪽 (위) 페이디아스, 「아테나 파르테노스」의 로마 시대 복제품,
2~3세기, 대리석, 국립고고학박물관, 아테네
(아래) 프락시텔레스, 「비너스」의 로마 시대 복제품, 기원전 100년경,
대리석, 디트로이트 인스티튜트 오브 아츠, 디트로이트

162쪽 (위) 「코모두스 황제 흉상」, 191~192년, 대리석과 설화석고,
높이 1.33m, 팔라초 데이콘세르바토리, 로마
(아래) 도나텔로, 「가테말라타 기마상」, 1445~1450년,
청동, 3.35×3.96m, 피아차 델 산토, 파도바

163쪽 (위) 벤베누토 첼리니, 「소금그릇」, 1539~1543년, 에나멜에 금,
26×33.3cm, 미술사 박물관, 빈
(아래) 율리아누스 아르겐타리우스, 「유스티니아누스 황제와
시종들」, 모자이크화, 산 비탈레 성당, 라벤나

164쪽 (위) 미켈란젤로, 「다비드」, 1504년, 대리석, 아카데미아, 피렌체
(아래) 라파엘로, 「율리우스 2세」, 1511~1512년, 목판에 유화,
108×80.7cm, 내셔널갤러리, 런던

165쪽 시스티나 소성당 내부, 바티칸, 로마

166쪽 (위 왼쪽) 레오나르도, 「암굴의 성모」, 1483년경, 목판에 유화,
루브르 박물관, 파리
(위 오른쪽) 레오나르도, 「암굴의 성모」, 1508년, 목판에 유화,
내셔널갤러리, 런던
(아래) 레오나르도, 「자화상」, 종이에 붉은 초크, 레알레 도서관, 토리노

167쪽 (위) 「로렌초 데 메디치」
(아래) 티치아노, 「카를 5세의 기마 초상」, 1548년, 캔버스에 유화,
프라도 미술관, 마드리드

168쪽 (위) 루벤스, 「마리와 앙리 4세의 결혼」(메디치 연작화),
1622~1625년, 캔버스에 유화, 루브르 박물관, 파리
(아래) 루벤스, 「자화상」, 1639년, 캔버스에 유화, 109.5×85cm,
미술사 박물관, 빈

169쪽 루벤스, 「모피를 두른 여인」, 1635~1640년, 목판에 유화, 미술사 박물관, 빈

170쪽 (위) 베르니니, 「페르세포네의 겁탈」, 대리석, 높이 255cm, 1621~1622년, 보르게세 미술관, 로마
(아래) 보로미니, 「산 카를로 알레 콰트로 폰타네 성당」 정면, 1665~1667년, 로마

171쪽 (위) 다비드, 「자화상」, 1794년, 캔버스에 유화, 81×64cm, 루브르 박물관, 파리
(아래) 다비드, 「레카미에 부인의 초상」, 1800년, 캔버스에 유화, 97×80cm, 루브르 박물관, 파리

172쪽 (위) 세잔, 「목욕하는 여인들」, 1900~1905년경, 캔버스에 유화, 필라델피아 미술관, 펜실베이니아
(아래) 세잔, 「레벤망을 읽고 있는 화가의 아버지, 루이 오귀스트 세잔」, 1855년, 캔버스에 유화, 200×120cm, 내셔널갤러리, 워싱턴

173쪽 (위) 모네, 「파라솔을 들고 있는 여인(카미유와 장)」, 1875년, 캔버스에 유화, 100×81cm, 내셔널갤러리, 워싱턴
(아래) 모네 사진

174쪽 (위) 메리 커샛, 「졸린 아이를 씻기려는 어머니」, 1880년, 캔버스에 유화, 100.3×65.8cm, 로스엔젤레스 카운티 미술관, 로스엔젤레스
(가운데) 르누아르 사진
(아래) 르누아르, 「샤르팡티에 부인과 아이들」, 1878년, 캔버스에 유화, 153×189cm,

175쪽 베르메르, 「델프트 풍경」, 1660~1661년경, 캔버스에 유화, 내셔널갤러리, 헤이그

176쪽 (위) 앙리 제르벡스, 「살롱전의 심사위원들」, 1885년, 캔버스에 유화, 294×384cm, 오르세 미술관, 파리
(아래) 콘스탄틴 브랑쿠시, 「공간 속의 새」, 1928년, 황동, 높이 137.2cm, 21.6×16.5cm, 현대미술관(MOMA), 뉴욕

| 찾아보기 |

334